Ri Linn nan Linntean

Taghadh de Rosg Gàidhlig

Ri Linn nan Linntean

Taghadh de Rosg Gàidhlig

air a dheasachadh le

Richard A.V. Cox

is

Colm Ó Baoill

Clann Tuirc
Ceann Drochaid 2005

Air fhoillseachadh airson na ciad uarach an Albainn an 2005 le
Clann Tuirc, Tigh a' Mhaide, Ceann Drochaid, Siorrachd Pheairt FK17 8HT
Air a chlò-bhualadh sa Chuimrigh le Gwasg Gomer, Llandysul

ISBN 0-9549733-0-5 còmhdach cruaidh
ISBN 0-9549733-1-3 còmhdach bog

Fhuair na fir-dheasachaidh tabhartas barantais bho Chomhairle nan
Leabhraichean airson deasachadh an leabhair, agus chuidich a' Chomhairle
le cosgaisean a' chlò-bhualaidh

Clàr-innse

*   *   *

An Ro-ràdh

Is e cruinneachadh de rosg Gàidhlig a tha anns an leabhar seo, sgrìobhaidhean à deifir linn, a bheir dhuinn sealladh air an t-saoghal mar a bha e. Tro litreachas agus tro sheanchas, tron lagh agus tro smuaintean nan daoine fhèin, gheibh sinn dealbh air am beatha, air na bha iad a' dèanamh, a' smaoineachadh no a' creidsinn ann an iomadach cuspair, beag is mòr.

*

AN TAGHADH

Chaidh an taghadh a dhèanamh a rèir na bha ùidheil ann an sgrìob tro leabhraichean, irisean is eile agus chan eil e a' gabhail air a bhith a' riochdachadh sreath àraidh de sgrìobhadairean no seòrsa àraidh de sgrìobhadh.

Cha deach mòran roisg a sgrìobhadh sa chànan Ghàidhlig, air neo a ghlèidheadh, seach an Albais no am Beurla, mus deach a' chiad leabhar a chlò-bhualadh sa Ghàidhlig an 1567. Is e an earrann roisg as tràithe à Albainn a tha againn na notaichean a chaidh a sgrìobhadh eadar na teagsaichean ann an Leabhar Dhèir (*A' Daingneachadh Ire na h-Abaid ann an Dèar, c.1130*); air sgàth seo, tha ceithir earrannan tràth à Eirinn a tha ceangailte ri Albainn nan cuspair air an cur rithe. Nochdaidh an dà chuid *Còir-fhearainn Ileach, 1408* agus *Cùmhnant eadar Iarla Earra-Ghaidheal agus an Calbhach Ó Domhnaill, 1560* an nàdar dàimh a bhiodh eadar uachdaran agus ìochdaran; agus tha *Riaghailt na Slàinte, c.1500* na eisimpleir den t-seòrsa rud air am biodh luchd-lèigh a' beachdachadh.

Is e comharra-crìche a bha ann am *Foirm na n-Urrnuidheadh*,
an t-eadar-theangachadh a rinn Seon Carsuel air *The Book of
Common Order* (*Foirm nan Urnaigh, 1567*), agus sin a' chiad uair a
chaidh leabhar Gàidhlig an clò; ach às an sin suas gu toiseach
na naoidheamh linn deug, is e glè bheag de rosg a chaidh a
fhoillseachadh nach buineadh ri creideamh no ri eaglais. Is
ann a chionn sin gu ìre a tha *Litir o Lachlann Mac Mhic Gille Eòin
gu a Dhotair, c.*1583–96, *Litir às a' Phrìosan, 1604* (le Sir Seumas
mac Aonghais à Ìle) agus *Còig Osnaidhean a Rinn Dia san t-Saoghal,
1636* (à làmh-sgrìobhainn Chathail MhicMhuirich) cho prìseil,
agus sinn an dlùth-làimh ris an fheadhainn a bha am fianais aig
an àm agus a' coimhead na bha tachairt tro an sùilean fhèin;
mar an ceudna an treas earrann à Leabhar Chloinn Raghnaill
(*Alasdair Mac Colla, c.1710*) is an cunntas air iomairt Alasdair
agus e a' cumail taic ri Iarla Mhontròis. Tha an dà earrainn eile
às an leabhar sin (*Somhairle Mac Gille Bhrìde agus na Lochlannaich*
agus *Tighearnas nan Eilean air a Chur an Seilbh*) sònraichte ann
am beul-aithris agus an eachdraidh na dùthcha; mar a tha
còmhdach Lachlainn (*Còmhdach Lachlainn Mhic Mhuirich, 1800*)
agus an cunntas a tha aige air a shinnsearan agus teaghlach
MhicMhuirich a bhiodh a' leanmhainn Chloinn Raghnaill 'mar
bhàrdaibh'.

Cha do nochd an nobhail Ghàidhlig gu an dèidh toiseach
na ficheadamh linn agus cha robh an sgeulachd ghoirid mòran
na bu tràithe. Is ann a bha an sgeulachd agus an seanchas aig
muinntir na Gàidhlig is cha robh uiread feum air a' chlò.
An dèidh sin, bha ionnsachadh sgrìobhadh is leughadh na
Gàidhlig air a bhith ri fhaighinn ann an caochladh sgoiltean
air a' Ghaidhealtachd bhon dàrna leth den ochdamh linn
deug agus, ann an 1807, thug foillseachadh a' Bhìobaill fon
aon chòmhdach agus air chruth beag brosnachadh mòr do
leughadh a' chànain. Mar thoradh air an seo, air adhbharan
foghlaim agus soisgeulach, nochd an iris, no an ràitheachan, sa
chiad leth den naoidheamh linn deug agus ghabh i oirre fhèin
a bhith sgaoileadh seanchas, sgeulachdan, beachdachadh no

mìneachadh air gnothaichean cudthromach agus naidheachdan an latha. Bhuaithe sin, eadar am fearann agus an eilthireachd, am bàrd is an eaglais, am poileataigs agus an t-slàinte, an tinneas agus am bàs, an eaconamaidh agus carbadan-smùide, tha cothlamadh dha-rìribh ann bhon Teachdaire Ghàelach (*An Cogadh Ruiseanach–Turcach, agus na Morairean Dearg, 1829*) suas gu Gairm (*Cùirt Dhùn Eideann, 1997*).

Mar eisimpleir den t-seòrsa rud a chuireadh am follais airson na sgoile, tha *Mu Chuideachd nan Sgoilean Gàidhealach, 1834* agus *Long Mhòr nan Eilthireach, 1828*. Mar a bhiodh dùil, is tric a thèid an eilthireachd ainmeachadh agus luaidh a dhèanamh air a' bhochdainn is air an dìth cosnaidh mar mhàthair-adhbhair dhith (m.e. *Litir on Ollamh Leòdach ann an Glaschu, 1841*); agus tarraingidh *Litir à Canada, 1834* dealbh air a' chruadal a dh'fhaodadh a bhith a' feitheamh ris an fheadhainn a rinn an turas. Nochdaidh taobh eile a' ghnothaich cuideachd, is *Aiseag an-asgaidh do Astràilia, 1848, Litir à New Zealand, 1871* agus *Adhbharan Misnich do Luchd-imrich, 1872* a' brosnachadh dhaoine gu bhith a' dèanamh imrich gu dùthchannan cèine; agus gheibhear sealladh eile air a' bheatha thall thairis ann am *Mu Dhèanamh an t-Siùcair, 1841* agus *Adhartas nan Innseanach an Ceap Bhreatainn, 1928*.

Mar a bhiodh dùil cuideachd, thèid iomradh a dhèanamh air a' Ghàidhlig (m.e. *Cor na Gàidhlig, 1912, A' Ghàidhlig agus na Pàipearan-naidheachd, 1913* agus *A' Ghàidhlig anns a' Chùbaid, 1924*), agus tha e follaiseach gu bheil cuid de na cùisean agus de na h-argamaidean mu a deidhinn air a bhith a' ruith car greis.

A thuilleadh orra sin, tha earrannan à caochladh leabhraichean a chaidh fhoillseachadh eadar 1970–1995: nam measg, feadhainn a chlàraicheas tachartas no àm àraidh ann am beatha an neach-aithris, leithid a bhith ri obair an sgadain (*Clann-nighean an Sgadain, 1987*), a' tòiseachadh san sgoil is a' tachairt ris a' Bheurla airson na ciad uarach (*Aig an Sgoil, 1987*) agus a bhith a' fuireach san taigh-dhubh (*Anns an Taigh Thughaidh, 1992*); feadhainn eile a bheir sùil nas fhaide air falbh, leithid air a' Chogadh Mhòr (*Na Trainnsichean (1915), 1970*), air aimhreit an

fhearainn (*Ar-a-mach am Beàrnaraigh (1874)*, 1980) agus air sgrios
an t-sluaigh le tinneas (*A' Bhreac ann an Hiort (1730)*, 1995).

*

An Deasachadh

Chaidh an rosg a dheasachadh gu ìre bhig airson mearachdan
clòdha agus soilleireachd a' phuingeachaidh, ach, mar as trice,
dh'fhàgadh e mar a bha e; air sgàth sin, molar gun toirear
sùil air a' bhun-theags ma bhios deimhinneachd an teagsa fo
cheist. Bheir fo-notaichean beagan cuideachaidh le brìgh nam
facal a dh'fhaodas a bhith às an àbhaist agus, ri taobh nan
sgrìobhaidhean as sine, tha eagran ann an cànan an latha an-
diugh.

*

An Litreachadh

Tha freumhaichean litreachadh na Gàidhlig a' dol air ais
cho fada ris an t-Sean Ghàidhlig, ach, gu ìre mhòir, is ann mu
thoiseach na naoidheamh linn deug a chaidh modh-litreachaidh
Gàidhlig an latha an-diugh a stèidheachadh. Bha an Tiomnadh
Nuadh Gàidhlig air a chlò-bhualadh mu thràth ann an 1767
agus chaidh a ath-dheasachadh ann an 1796 mun àm a nochd
leabhraichean an t-Seann Tiomnaidh sa Ghàidhlig (1783–1801),
agus bha buaidh mhòr aige seo air litreachadh na Gàidhlig am
bitheantas.

Mar sin, saor bho stoidhlichean pearsanta (agus sin an
crochadh gu ìre air dòigh-labhairt nan ùghdar) agus neo-
chunbhalachd cuid de na sgrìobhadairean, chan fhaighear
cus duilgheadais an-diugh ann a bhith a' leughadh na chaidh
a sgrìobhadh sa Ghàidhlig am feadh an dà cheud bliadhna a
dh'fhalbh.

An dèidh sin, thathas air a bhith a' sgioblachadh modh-
litreachaidh na Gàidhlig mean air mhean bhon uair sin: a' leigeil
às nan asgairean (*de'n* > *den*), a' tàthadh fhacal a tha ceangailte a

rèir brìgh (*an diugh* > *an-diugh*), a' cleachdadh *a* an àite *u* agus *o* ann an lidean boga (*dorus* > *doras*, *airgiod* > *airgead*), agus mar sin air adhart; agus, seach gu bheil litreachadh nan sgrìobhaidhean air fhàgail gun atharrachadh, tha cunntas aithghearr air na prìomh eadar-dhealachaidhean a bhios rim faighinn san eàrr-sgrìobhadh aig deireadh an leabhair sa.

*

BUIDHEACHAS

Tha sinn a' toirt taing do na leanas airson an cuideachaidh: an Dr Sharon Arbuthnot, David Hetherington, Kate Lockhart, Hamish Mac an t-Sagairt, an Dr Cathlin MacAulay, Aonghas MacCoinnich, Iain MacDhòmhnaill, an Dr Nancy R. McGuire, an t-Oll. Ken Nilsen, an Dr Dòmhnall Uilleam Stiùbhart agus Elizabeth Weir.

*

AITHEANTAS

Tha na fir-dheasachaidh fada an comain na leanas airson cead na h-earrannan seo a chleachdadh (tha ainmean nan earrann a chleachdar san leabhar sa ann an camagan shìos):

Acair Earranta airson earrannan à Ealasaid Chaimbeul, *Air mo Chuairt*, Steòrnabhagh 1987: 4–5 (Aig an Sgoil, 1987); Tormod Calum Domhnallach, *Clann-nighean an Sgadain*, Steòrnabhagh 1987: 103–04 (Clann-nighean an Sgadain, 1987); Calum MacFhearghuis, *Hiort: far na laigh a' ghrian*, Steòrnabhagh 1995: 42–43 (A' Bhreac ann an Hiort (1730), 1995).

Cambridge University Press airson earrainn à K.H. Jackson, *The Gaelic Notes in the Book of Deer*, Cambridge 1972: 30 (A' Daingneachadh Ire na h-Abaid ann an Dèar, c. 1130).

Comann Gàidhlig Ghlaschu airson earrainn à Angus Matheson, 'Documents connected with the trial of Sir James MacDonald of Islay', *Transactions of the Gaelic Society of Glasgow* 5, 1958: 211–12 (*Litir às a' Phrìosan, 1604*).

Comann Litreachas Gàidhlig na h-Alba airson earrannan à R.L. Thomson, *Adtimchiol an Chreidimh: The Gaelic Version of John Calvin's Catechismus Ecclesiae Genevensis*, air fhoillseachadh le Oliver & Boyd airson Comann Litreachas Gàidhlig na h-Alba, Dùn Eideann 1963: 232 (Stiùireadh Aithghearr nan Ceist, 1659); R.L. Thomson, *Foirm na n-Urrnuidheadh: John Carswell's Gaelic translation of the Book of Common Order*, Oliver & Boyd airson Comann Litreachas Gàidhlig na h-Alba, Dùn Eideann 1970: 10–11 (Foirm nan Urnaigh, 1567).

An Comunn Gaidhealach airson earrannan às *An Deo-gréine* X, Aireamh 3, 1914: 33 (Togail Shaighdearan air a' Ghaidhealtachd, 1914); W.J. Watson, 'Còir-fhearainn Bhriain Mac Aoidh', *Rosg Gàidhlig*, Inbhir Nis 1915: 182–83 (Còir-fhearainn Ileach, 1408); *An Gaidheal* XIX, Aireamh 3, 1923: 38–39 (Cladh Bhaile na Cille, 1923); *An Gaidheal* XIX, Aireamh 6, 1924: 81–82 (A' Ghàidhlig anns a' Chùbaid, 1924); *An Gaidheal* XX, Aireamh 11, 1925: 161–62 (An Ceann ag Ithe na Maraig, 1925); *An Gaidheal* XXXIX, Aireamh 12, 1944: 133–34 (Na h-Orduighean, 1944).

Cumann na Sgríbheann nGaedhilge airson earrainn à Máire Herbert is Pádraig Ó Riain, *Betha Adamnáin – The Irish Life of Adamnán*, Baile Atha Cliath 1988: 56–58 (Ath-dhùsgadh agus Bàs Bhruidhe, c. 960).

Gairm Publications airson earrannan à Murchadh Moireach, *Luach na Saorsa*, 1970: 17–18 (Na Trainnsichean (1915), 1970); Aonghas Caimbeul, *A' Suathadh ri Iomadh Rubha*, Glaschu 1973: 71–72 (Daoine Eibhinn san Sgìre, 1973); Domhnull Iain MacDhomhnaill, *Fo Sgàil a' Swastika 1940–45*, Glaschu 1974: 60–62 (Mar Phrìosanach aig Deireadh an Dàrna Cogaidh, 1974); Dòmhnall Iain MacLeòid, 'A' Ghàidhlig am Beatha Fhollaiseach an t-Sluaigh', *Gàidhlig ann an Albainn*, air a dheasachadh le Ruaraidh MacThòmais, Glaschu 1976: 13–14 (Cleachdadh na Gàidhlig, 1976); Catrìona NicNèill, *Mo Bhrògan Ura*, Glaschu 1992: 30–31 (Anns an Taigh Thughaidh, 1992); 'Mana an Nisich', *Gairm* 2, an t-Earrach 1953: 15–18 (Mana an Nisich, 1953); 'An Duine agus na Creutairean', *Gairm* 9, am Foghar

1954: 17–18 (An Duine agus na Creutairean, 1954); 'Air an Spiris', *Gairm* 13, am Foghar 1955: 11 (Air an Spiris, 1955); 'Na Rocaidean', *Gairm* 14, an Geamhradh 1955: 125 (Na Rocaidean, 1955); 'Creag Gorraidh', *Gairm* 18, an Geamhradh 1956: 132–33 (Eachdraidh Chreag Goraidh, 1956); 'Cùirt Dhùn Eidinn', *Gairm* 180, am Foghar 1997: 373–77 (Cùirt Dhùn Eideann, 1997).

Iarla Bhuchain airson earrannan à *Guth na Bliadhna* I, Aireamh 3, 1904: 238–39 (Cor na Feadhnach a Chaidh Fhàgail aig an Taigh, 1904); *Guth na Bliadhna* II, Aireamh 4, 1905: 328–29 (An t-Arm Dearg agus an Dearg Amadan, 1905); *Guth na Bliadhna* III, Aireamh 4, 1906: 307, 314–15 (Cuid nam Fineachan, 1906); *Guth na Bliadhna* IV, Aireamh 2, 1907: 183–85 (Am Fearann, 1907); *Guth na Bliadhna* IV, Aireamh 1, 1907: 86–87 (Cuid nam Fineachan, 1907); *Guth na Bliadhna* VII, Aireamh 2, 1910: 107–09 (Lagh nam Bochd, 1910); *Guth na Bliadhna* VIII, Aireamh 1, 1911: 15–16 (Am Fearann agus Cìsean, 1911); *Guth na Bliadhna* IX, Aireamh 1, 1912: 24–27 (Cor na Gàidhlig, 1912); *Guth na Bliadhna*, X, Aireamh 2, 1913: 133–34, 136–39 (A' Ghàidhlig agus na Pàipearan-naidheachd, 1913); *Guth na Bliadhna* X, Aireamh 1, 1913: 27–33 (An t-Each an Albainn, 1913); *Guth na Bliadhna* XVI, Aireamh 3, 1919: 302–03 (Càirdean Sleamhainn, 1919); *Guth na Bliadhna* XVI, Aireamh 4, 1919: 392 (Cò a Thogas na Taighean Ura? 1919); *Guth na Bliadhna* XVI, Aireamh 1, 1919: 104–05 (Fortain à Faraidhean, 1919); *Guth na Bliadhna* XVI, Aireamh 4, 1919: 392–93 (Na Croitearan agus an Taighean, 1919).

Roinn na Ceiltis, Oilthigh Obar Dheathain, airson earrannan à John Mackechnie, 'Treaty between Argyll and O'Donnell', *Scottish Gaelic Studies* VII, Earrann I, 1951, 94–102: 97–99 (Cùmhnant eadar Iarla Earra-Ghaidheal agus an Calbhach Ó Domhnaill, 1560); Derick S. Thomson, 'Unpublished Letters by the Poet Ewen MacLachlan', *Scottish Gaelic Studies* XI, Earrann II, 1968: 210–12 (Litir Eòghainn MhicLachlainn gu Athair, 1811); John M. Bannerman agus Ronald Black, 'A Sixteenth-century Gaelic Letter', *Scottish Gaelic Studies* XIII, Earrann I, 1978: 56 (Litir o Lachlann Mac Mhic Gille Eòin gu a Dhotair, c.1583–

96); Dòmhnall MacAmhlaigh, ' "Aramach am Beàrnaraigh..." 1874', *Oighreachd agus Gabhaltas*, air a dheasachadh le Dòmhnall MacAmhlaigh, Obar Dheathain 1980: 3–5 (Ar-a-mach am Beàrnaraigh (1874), 1980); David N. Dumville, 'Ireland and North Britain in the Earlier Middle Ages: Contexts for *Mìniugud Senchasa Fher nAlban*', *Rannsachadh na Gàidhlig 2000*, air a dheasachadh le Colm Ó Baoill agus Nancy R. McGuire, Obar Dheathain 2002: 201–03 (Mìneachadh Seanchas Fir na h-Albann, c. 950).

Roinn nan Cruinnneachaidhean Sònraichte, Leabharlann Oilthigh Ghlaschu airson earrainn à H. Cameron Gillies, *Regimen Sanitatis: The rule of health, A Gaelic Medical Manuscript of the Early Sixteenth Century or perhaps earlier, from the Vade Mecum of the famous MacBeaths, physicians to the Lords of the Isles and the Kings of Scotland for several centuries*, Glasgow 1911: 19 (Riaghailt na Slàinte).

Scoil an Léinn Cheiltigh, Institiúid Ard-Léinn Bhaile Átha Cliath, airson earrannan à D. A. Binchy, *Scéla Cano Meic Gartnáin*, Baile Atha Cliath 1975: 1 (Eilean Beairteach, c. 900); Ronald Black, 'A Manuscript of Cathal Mac Muireadhaigh', *Celtica* 10, 1973: 201 (Còig Osnaidhean a Rinn Dia san t-Saoghal, 1636); Liam Breatnach, *Uraicecht na Ríar: The Poetic Grades in Early Irish Law*, Baile Atha Cliath 1987: 102 (Am Bàrd agus Ire an Ollaimh, c. 775); Richard A.V. Cox, *The Gaelic Place-names of Carloway: Their Structure and Significance*, Baile Atha Cliath 2002: 187–88 (Both Mhurchaidh, 1985).

Sgoil Eòlais na h-Alba, foillsichear *Tocher* is buidheann glèidhidh na leanas, airson earrannan à *Tocher* 33, 1980: 206 (An Ceàrd agus an Tuil, ro 1926); 'Kingussie Fair' [Notebook I.iii.1, d. 1191], *Tocher* 40, 1986: 246, 233 (Fèill Cheann a' Ghiùthsaich, 1952); 'Pàdruig Mac a' Phearsain a' togail Uisge-beatha' [SA 1963/55 A4], *Tocher* 48/49, 1994: 427–29 (A' Togail Uisge-bheatha, 1963); 'Cutters and Gaugers' [SA 1967/53 A2], *Tocher* 2, 1971: 62 (Aig an Uisge-bheatha, 1967); 'Second Sight' [SA 1968/59/B2], *Tocher* 6, 1972: 192, 194 (An Dà Shealladh, 1968); 'Paghadh an Treobhaiche' [SA 1968/183/A5], *Tocher* 20, 1975:

132, 134 (Pathadh an Treabhaiche, 1968); 'Struan Micheil' [SA 1970/351/A5], *Tocher* 7, 1972: 232 (Struan Mhìcheil, 1970); 'Latha Bàthadh Bhaile Phuill' [SA 1974/142 B2b], *Tocher* 32, 1979/80: 90 (Latha Bàthadh Bhaile Phuill, 1974); [Maclagan MSS, dd. 5003–5], *Tocher* 22, 1976: 242 (Am Mùn is an t-Ionnsachadh, 1976).

Sgoil Eòlais na h-Alba, mar fhoillsichear *Scottish Studies*, airson earrainn à Ronald I. M. Black, 'An Emigrant's Letter in Arran Gaelic, 1834', *Scottish Studies* 31, 1993: 72–74 (Litir à Canada, 1834).

John M. Bannerman, Ronald I. M. Black, David N. Dumville, Dòmhnall MacAmhlaigh agus Derick S. Thomson, cuideachd, a bhuilich gu fialaidh oirnn cead an cuid obrach a chleachdadh.

Rinneadh a h-uile h-oidhirp air lorg fhaighinn air an fheadhainn aig a bheil còraichean nan sgrìobhaidhean a tha a' nochdadh san leabhar seo. Ma bhios beàrn no mearachd sam bith ann, bheir sinn ar leisgeul; agus bhitheamaid fìor thoilichte fiosrachadh sam bith a chuirte thugainn a chur ri ath-dheasachadh den leabhar.

Richard A.V. Cox   Colm Ó Baoill
Ceann Drochaid   Obar Dheathain

*   *   *

Giorrachaidhean agus Samhlaidhean

[ ]	air a chur ris
...	air fhàgail às
.i.	eadhon
7	agus
gin.	ginideach
iol.	iolra
sg.	singilte
tabh.	tabhartach

*   *   *

Na Sgrìobhaidhean

1. AM BÀRD AGUS IRE AN OLLAIMH, C. 775

Atá ... ollam and do-renar secht cumalaib, *ut dicit* fénechas: Cía fili ar secht cumala -dlig ara dínsium, ara díguin, ar thothlu a shét i téol 7 táidiu, ar thlenamain dia chiunn a chétmuintire, ar dídin a fhir meschétlaig muintire for drochbésu? Fili ón at óga fíríana folad, óná ainces berar inna dána dlúim, tria nath, tria laíd, tria éicsi, tria idnai for úaisli -osnai, os é mac filed 7 aue araili.

(Liam Breatnach, *Uraicecht na Ríar: The Poetic Grades in Early Irish Law*, Baile Atha Cliath 1987: 102)

Tha ollamh ann a dhìolar le seachd cumhail[1], mar a chanas fèineachas[2]: Cò am filidh[3] as còir leis seachd cumhail air a thàmailt, air briseadh a thèarmainn, air goid a sheud[4] os àird no os ìosal, air toirt air falbh a mhnatha an dìmeas air fhèin, air toirt gu droch bheusan ball a theaghlaich a tha comasach air aithris? Filidh sin a tha a uidheamachadh slàn fìor, nach cuir duine an imcheist[5] am mòr-chuid a bhàrdachd; tro a dhàn, tro a laoidh, tro a èisge[6], tro a threibhdhireas cuiridh e solas air uaislean, agus is mac filidh e agus ogha filidh eile.

*

2. EILEAN BEAIRTEACH, C. 900

Baí imchosnom im rígi n-Alban iter Oedán mac Gabráin 7 Gartnán mac Æda maic Gabráin, co torchair leth fer n-Alban

---

[1] *cumhal*, aonad air luach trì bà bainne.　　[2] lagh nan Gaidheal.

[3] bàrd.　　[4] maoin a ghabhas gluasad.

[5] Gu litireil, o nach beirear imcheist.　　[6] tro a calain.

etarru hi cathaib 7 imargalaib. A n-Inis moccu Chéin ro-baí in Gartnán; is sí insi is dech con-rótacht i níarthar domain, .i. stíall ar chapar do dercibar cach teach baí isinn indsi la Gartnán ó fhéic co féic imonn indsi uili connici in fialtech; ba do dercór a indsi uili la Gartnán. Seacht seisrecha leis for indair; secht n-áirge leis, .uii. fichit bó cacha háirge. .l. lín fri haige altai, .l. lín fria híascach esti amach. in .l. lín éisc, súainemain estib for senistrib na cuchtrach, cluicine for cind cacha súainemna forind aireanach ar bélaib ind rechtaire; cethrur oc téluch na n-iach cétshnáma dó súas. Éiseum co léic ic ól meda fora cholcaig.

(D. A. Binchy, *Scéla Cano Meic Gartnáin*, Baile Atha Cliath 1975: 1)

Bha connspaid mu rìoghalachd na h-Albann eadar Aodhan mac Ghabhrain agus Gartnan mac Aodha mhic Ghabhrain, gun do thuit leth chuid de dh'fhir na h-Albann eatarra ann an cathannan agus còmhragan. Is ann an Inis moccu Chéin[1] a bha an Gartnan sin; is i an innis[2] a b' fheàrr a chuireadh ri chèile san domhan siar; eadhon is ann à stiall cabair de dhearg-iubhar a bha gach taigh a bha san innis aig Gartnan o mhaide-droma gu maide-droma mun cuairt na h-innse uile gu ruige an taigh-beag; is ann à dearg-òr a bha an innis uile aig Gartnan. Bha seachd seisrichean[3] aige air talamh àitich; seachd àirighean[4] aige, seachd fichead bò air gach àirigh. Lethcheud lìon airson beathaichean fiadhaich, lethcheud lìon airson iasgaich aiste a-mach; an lethcheud lìon èisg, sìomanan bhuapa air uinneagan na cidsin, clag beag air ceann gach sìomain air an ùrlar air beulaibh an reachdaire[5]; ceathrar a' tilgeil nam bradan ciad-shnàmhna suas dha, agus esan ag òl meadh air a' chuibhrig aige.

*

[1] Dh'fhaodadh gur h-e seo an t-ainm a bha air Eilean Ratharsair ro àm nan Lochlannach (Colm Ó Baoill, 'Inis Moccu Chéin', *Scottish Gaelic Studies* XII, Earrann II, 1976, 267–70).

[2] eilean. [3] *seisreach* 'sgioba each-treabhaidh'.

[4] B' e 'àite bleoghain' a bu chiall do *àirigh* aig an àm seo. [5] stiùbhard.

3. MÌNEACHADH SEANCHAS FIR NA H-ALBANN, C. 950

Incipit míniugud senchasa fher nAlban. Dá mac Echdach munremair, .i. Erc ocus Ólchú. Dá mac deac immorra la Erc: .i. a sé díb gabsat Albain – .i. dá Loarnd, .i. Loarnd bec ocus Loarnd mór, dá Mac Nisse, .i. Mac Nisse becc ocus Mac Nisse mór, dá Fhergus, .i. Fergus bec ocus Fergus mór; a sé ali i nHérind – .i. Mac Decill, Oengus *cuius tamen semen in Albania est*, Énna, Bresal, Fiachra, Dubthach ... Fergus mór mac Eirc ainm aile do Mac Nisse mór. *Unum filium habuit*, .i. Domangart. Dá mac immorra la Domangart, .i. Gabrán ocus Comgell, dá mac Fhedlimthe ingine Briúin meic Echach mugmedóin. Oenmac la Comgell, .i. Conall. Secht meic immorra la Conall, .i. Loingsech, Nechtan, Artán, Tuatán, Tutio, Corpri, ... Cúic meic immorra la Gabrán, .i. Aedán, Eoganán, Cuildach, Domnall, Domangart ...

Cét treb i nÍle: Oideich .xx. tech; Freg .cxx. tech; Caladrois .lx. tech; Rois Deorand .xxx. tech; Aird Hes .xxx. tech; Loich Rois .xxx. tech; Átha Cassil .xxx. ... in sin. ...Ceníuil Oengusa .xxx tech Caillnae ... Acht it beca inna feranna tige Ceníuil Oengusa, oen ferann tríchot. Fecht áirmi Ceníuil Oengusa, .i. cóic cét fher. Fecht áirmi Ceníuil Gabráin, .i. .ccc. fher. Mad fecht immorra for imram, dá shechtshess uadib i fecht. It é téora trena Dáil Riatai, .i. Cenél nGabráin, Cenél nOengusa, Cenél Loairnd Móir ...

Trí chaícait fher, ind longas, do-lotar la macu Erc as; is hé in tres coíca Corpri cona muntir. Cenél nGabráin in so: trí .xx. taige ar chóic cétaib; Cend Tíre ocus Crích Comgaill cona insib; dá shechtshess cach .xx. taige i fecht mara. Cenél nOengusa, .xxx. taige ar .cccc. leo; dá shechtshess cach .xx. tech i fecht mara. Cenél Loairnd .xx. tech ar .cccc.[aib] leo; dá shechtshess cach .xx. tech i fecht mara. Is amluid fo théora trenai Dáil Riaddai.

(David N. Dumville, 'Ireland and North Britain in the Earlier Middle Ages: Contexts for *Míniugud Senchasa Fher nAlban*', *Rannsachadh na Gàidhlig 2000*, air a dheasachadh le Colm Ó Baoill agus Nancy R. McGuire, Obar Dheathain 2002: 201–03)

Tòisichidh mìneachadh seanchas fir na h-Albann an seo. Bha dithis mhac aig Eochaidh Munreamhar, eadhon Earc agus Olchu. Agus bha dithis mhac deug aig Earc: eadhon sianar dhiubh a ghabh Alba – eadhon an dà Latharn, eadhon Latharn Beag agus Latharn Mòr, an dithis Mhac Nise, eadhon Mac Nise Beag agus Mac Nise Mòr, an dà Fhearghas, eadhon Fearghas Beag agus Fearghas Mòr; bha sianar eile ann an Eirinn – eadhon Mac Deicill, Aonghas a tha a shìol an Albainn ged-ta, Eunna, Breasal, Fiachra agus Dubhthach.

Is e Fearghas Mòr mac Eirc ainm eile do Mhac Nise Mòr. Bha an aon mhac aige, eadhon Domhanghart. Agus bha dithis mhac aig Domhanghart, eadhon Gabhran agus Coimhgheall, dithis mhac Fheidheilm, nighean Bhriùin mhic Eachach Mughmheadhain. Bha aon mhac aig Coimhgheall, eadhon Conall. Agus bha seachdnar mhac aig Conall, eadhon Loingseach, Neachdan, Artan, Tuatan, Tuitio, Cairbre agus ... Agus bha còignear mhac aig Gabhran, eadhon Aodhan, Eòghanan, Cuildeach, Dòmhnall agus Domhanghart.

Is e seo an sgìre ann an Ile: Oidheich, 20 taigh; Freagh, 120 taigh; Caladh Rois, 60 taigh; Ros Deorann, 30 taigh; Aird Eas, 30 taigh; Loch Rois, 30 taigh; Ath Chaiseil, 30 ... an sin. ...Cineal[1] Aonghais, 30 taigh Caillne ... Ach is beag na fearainn aig taighean Chineil Aonghais, aon fhearann is trìtheid[2]. Is e seo àireamh feachd Chineil Aonghais, eadhon 500 fear. Is e seo àireamh feachd Chineil Ghabhrain, eadhon 300 fear. Agus nam bu fheachd airson iomraimh[3] e, bha dà sheachd-tobhta[4] uapa ann am feachd. Is iad seo trì trian Dhàil Riada, eadhon Cineal Ghabhrain, Cineal Aonghais, Cineal Lathairn Mhòir.

Is e trì caogad fear[5] an loingeas a thàinig a-mach le mic Eirc; is e an treas caogad, Cairbre le a mhuinntir. Cineal Ghabhrain an seo: 560 taigh; Cinn-tìre agus Crìoch Chomhghaill le a innseachan[6]; agus dà sheachd-tobhta gach 20 taigh ann am feachd mara. Cineal Aonghais: 430 taigh leotha; agus dà sheachd-tobhta gach 20 taigh ann am feachd mara. Cineal Lathairn: 420

---

[1] clann.

[2] fearann is deich air fhichead.

[3] turais cuain (gin.).

[4] dà eathar sa bheil seachd tobhtaichean.

[5] ceud fear gu leth.

[6] eileanan.

taigh leotha; agus dà sheachd-tobhta gach 20 taigh ann am feachd mara. Is amhlaidh[1] fo thrì trian Dhàil Riada e.

*

4. ATH-DHÙSGADH AGUS BÀS BHRUIDHE, C. 960

Fecht do-breth corp Bruide meic Bile, ríg Cruithneach, dochum nÍae. Ocus ba sáeth ocus ingar la hAdamnán a écc. Ocus asbert ara tabharthae corp Brude cuccae hi teach ind oidchi-sin. Frithairidh Adhamnán ocin corp co matain isin tech-sin. Isin matain arabhárach an tan ro gabh an corp gluasacht ocus a shúile d'ersluccadh, is ann táinic araile cráibhdhech dochonnercil co dorus an tighe, 7 as-bert: 'Mása dóig todiúscad marbh di Adhamnán, at-berim co ná dingentar appaidh do nach clérech do-rega ina inad mina todiúsca marbu.' 'Atá ní do dligudh ann', ol Adamnán. 'Mása chóra didiu, tabhram bennachtain forsin corp-sa ocus i n-anmain Bruidi.' Ro faíd doridhisi Bruidi a spiorat dochum nimhe co mbennachtain Adamnáin 7 sámhtha Íae. Is and as-bert Adhamnán:

> Mór do ingantu do-gní
> in rí génair ó Muire,
> betha Scuabán i mMuili,
> écc do Bruide mac Bile.

> Is annamh,
> iar mbeith i rríghe thuaithe,
> ceppán caue crínn dara
> im mac rígh Ala Cluaithi.

(Máire Herbert is Pádraig Ó Riain, *Betha Adamnáin – The Irish Life of Adamnán*, Baile Atha Cliath 1988: 56, 58)

Uair a bha ann, chaidh corp Bhruidhe mac Bhile, rìgh nan Cruithneach, a bhreith a chum Idhe. Agus bu truagh agus searbh le Adhamhnan a eug.

---

[1] coltach, mar an ceudna.

Agus dh'iarr e gun tabhairte corp Bhruidhe thuige a-steach an oidhche sin. Fhrithealaich Adhamhnan aig a' chorp gu madainn san taigh sin. Sa mhadainn làirne-mhàireach nuair a ghabh an corp gluasad agus a shùilean fosgladh, is ann a thàinig fear cràbhaidh àraidh a bha gun truas gu doras an taighe, agus thuirt e, 'Mas e is gu bheil na mairbh gan dùsgadh le Adhamhnan, their mise nach dèanar aba de chlèireach sam bith a thig na ionad mura dùisg e na mairbh.' 'Tha ceist dlighe ann,' arsa Adhamhnan. 'Mas còire e a-rèist, tabhaiream[1] beannachd air a' chorp sa airson anam Bhruidhe.' Thug Bruidhe a spiorad suas a chum nèimh a-rithist le beannachd Adhamhnain agus coithional Idhe. Is ann a thuirt Adhamhnan:

> *Is mòr de iongantas a nì*
> *an rìgh a rugadh o Mhuire:*
> *beatha do Sguaban am Muile,*
> *eug do Bhruidhe mac Bhile.*

> *Is ainneamh,*
> *air do fhlaitheanas rìoghachd a bhith aige,*
> *ceapan còsach crìon daraich*
> *a bhith mu mhac rìgh Ail Chluaidh[2].*

*

5. A' DAINGNEACHADH IRE NA H-ABAID ANN AN DÈAR, c.1130

Colum Cille 7 Drostán mac Cosgreg a dalta tángator a hÍ mar ro falseg Dia doib gonic' Abbordoboir, 7 Bede cruthnec robo mormær Buchan ar a ginn; 7 ess é ro thidnaig doib in gathraigsain in saere go bráith ó mormaer 7 ó thosec. Tángator as a athlesen in cathraig ele, 7 do-raten ri Colum Cille sí, iar fa llán do rath Dé. Acus do-rodloeg ar in mormær .i. Bede go-ndas tabrad dó, 7 ní tharat. Acus ro gab mac dó galar, iar n-ére na glérec, 7 robo marb act mad bec. Iar sen do-chuid in mormaer d' attac na glérec go ndéndaes ernacde lesin mac go ndísad slánte dó;

---

[1] thoiream, bheiream.

[2] Is co-ionann Ail Chluaidh agus Dùn Breatann.

7 do-rat i n-edbairt doib ua Cloic in Tiprat gonice Chloic Pette Mec-Garnait. Do-rónsat in n-ernacde, 7 tánic slánte dó. Iar sen do-rat Collum Cille do Drostán in chadraig-sen, 7 ro-s benact, 7 fo-rácaib in mbréther, ge bé tísad ris, ná bad blienec buadacc. Tángator déara Drostán ar scarthain fri Collum Cille. Ro laboir Colum Cille, 'Bed Déar a anim ó shunn imacc.'

(K.H. Jackson, *The Gaelic Notes in the Book of Deer*, Cambridge 1972: 30)

Calum Cille agus Drostan mac Cosgraich, a dhalta, thàinig iad à I, mar a dh'fhoillsich Dia dhaibh, gu ruige Obar Dhobhair[1], agus Beide Cruithneach, a bu mhorair Bhuchain, air an ceann[2]; agus is è a thiodhlaic dhaibh a' chathair[3] sin an saorsa gu bràth o mhorair agus o thòiseach. Thàinig iad às a aithle sin[4] don chathair eile [.i. Dèar], agus chòrd i ri Calum Cille, oir bu làn de rath Dhè i. Agus ghuidh e air a' mhorair, eadhon Beide, gun toireadh e dha i, agus cha toireadh. Agus ghabh mac dha galar, air euradh[5] nan clèireach, agus bu mharbh ach beag e. Air sin chaidh am morair a dh'atach[6] nan clèireach gun dèanadh iad ùrnaigh leis a' mhac[7] gun tigeadh slàinte dha; agus thug e an ìobairt[8] dhaibh o Chlach an Tiobrad gu ruige Clach Peite Mhic Garnaid. Rinn iad an ùrnaigh, agus thàinig slàinte dha. Air sin thug Calum Cille do Dhrostan a' chathair sin, agus bheannaich e i, agus dh'fhàg e am briathar, ge b' e thigeadh ris[9], nach biodh e bliadhnach[10] buadhach. Thàinig dèara[11] Dhrostain air sgaradh ri Calum Cille. Labhair Calum Cille, 'Bitheadh Dèar oirre mar ainm o seo a-mach.'

*

6. Còir-fhearainn Ileach, 1408

Atáimse Mac Domhnaill ag bronnagh 7 tabhairt én mhairg dég go leith dfearann uaim pfhéin agas om oighribh do Bhrian

---

[1] Dà mhìle dheug air fhichead a tuath air Obar Dheathain.

[2] nan coinneimh.   [3] .i. manachainn.   [4] na dhèidh sin.

[5] diùltadh.   [6] a ghuidhe.   [7] air sgàth a' mhic.

[8] mar thabhartas, mar thiodhlac.   [9] na aghaidh.

[10] fada beò.   [11] .i. *deòir* – *déara* san t-seann chànan.

Bhicaire Mhagaodh agas da oighribh na dhiaigh go siorthuighe suthain ar son a sheirbhise...damh pféin agas dom athair romham, agas so air chunnrag agas air chonghioll go tteobhraidh sé féin agas iadsan damhsa agas dom oighribh am dhiaigh go bliadhnamhail ceithre bá ionmharbhtha chum mo thighe, agas acás nach biadh na báth soin ar faghail bhearadh an Brian huas agas oighriogh dhomhsa agas dom oighribh am dhiaigh dá mharg agas dá fhichit marg ar son na mbó cceadna huas.

Agas ar na habharuibh ccéadna atáimse dom cheangal féin 7 ag ceanghal moighriogh um dhiaigh go deiriodh an bheatha na fearainn soin moille re na dtoruibh mara agas tíre do sheasamh agas do chonghbhail don mBhriain Bhiocaire Mhagaodh huas agas da oighribh go siorthuighe na dhiaigh mar an ccéadna, agas as iad so na fearainn thugas dhó féin agas da oighribh go brách, iadhon Baile bhicare, Machaire learga riabhoige, Ciontragha, Graftol, Tocamol, Wgasgog, Dá ghleann Astol, Cracobus, Cornubus, agus Baile Neaghtoin.

Agas ionnas go mbiaidh brígh neart agas láidireacht ag an mbrontanas so bheirim uaim ceanglam arís me féin agas moighriogh go siorthuighe fo ccunrag so do sheasaibh agas chonghbhail don mBhrian reimhráite agas do oighribh na dhiaigh go deiriogh an bheatha le cuir mo láimhe agas mo shéala sios an so a laithair na bfhiaghain so sios, agas an séiseamh lá do mís na bealtuine agas an bhliadhan so do bhreith Chríosta míle ceithre céd agas a hocht.

McDomhnaill

     a
Eoin ✕ Mac Domhaill,
  Chomhartha.

    a
Pat ✕ M'Abriuin,
  Chomhartha.

Fercos MacBeth.

     a
Aodh ✕ M'Cei,
  Chomhartha.

(W. J. Watson, 'Còir-fhearainn Bhriain Mac Aoidh', *Rosg Gàidhlig*, Inbhir Nis 1915: 182–83)

Tha mise, Mac Dhòmhnaill, a' bronnadh[1] *agus a' tabhairt aon mharg*[2] *deug gu leth de dh'fhearann uam fhìn agus om oighreachan do Bhrian Bhiocaire Mhac Aoidh agus do a oighreachan na dhèidh gu sìorraidh suthain airson a sheirbheise... dhomh fhìn agus dom athair romham, agus seo air chùnnradh agus air choingheall*[3] *gun toir e fhèin agus iadsan dhomhsa agus dom oighreachan am dhèidh gu bliadhnail ceithir bà ionmharbhte*[4] *a chum mo thaighe, agus mura biodh na bà sin rim faighinn, bheireadh am Brian shuas agus a oighreachan dhomhsa agus dom oighreachan am dhèidh dà mharg agus dà fhichead marg airson nam bò ceudna shuas.*

Agus air na h-adhbharan ceudna, tha mise dham cheangal fhìn agus a' ceangal m' oighreachan am dhèidh gu deireadh a' bheatha na fearainn sin maille ri an toraidhean mara agus tìre a sheasamh agus a chumail don Bhrian Bhiocaire Mhac Aoidh shuas agus do a oighreachan gu sìorraidh na dhèidh mar an ceudna, agus is iad seo na fearainn a thug mi dha fhèin agus do a oighreachan gu bràth, eadhon Bail' a' Bhiocaire, Machaire Learga Riabhaige, Ceann Tràgha, Gràstal, Tòcamol, Ugasgog, dà Ghleann Astail, Cràgabus, Còrnabus agus Baile Neachdain.[5]

Agus ionnas gum bi brìgh, neart agus làidireachd aig a' bhronntanas seo[6] *a bheirim uam, ceanglaim a-rìs mi fhìn agus m' oighreachan gu sìorraidh fo chùnnradh, seo a sheasamh agus a chumail don Bhrian ro-ràidhte agus do a oighreachan na dhèidh gu deireadh a' bheatha le cur mo làimhe agus mo sheula sìos an seo an làthair an luchd-fhianais seo, agus an sèathamh latha de mhìos na Bealltainne agus a' bhliadhna seo de bhreith Chrìosda,*

---

[1] a' buileachadh.

[2] tìr air luach mairg (*merk* san Albais).

[3] air chùmhnant.

[4] ceithir mairt.

[5] Ged nach eil lorg air Ugasgog an latha an-diugh, a rèir choltais, tha e uile choltach gur h-ann eadar Tòcamol agus Astal a bha e. Tha na fir-dheasachaidh an comain Hamish Mhic an t-Sagairt, Ceann Tràgha, a chuidich le na h-ainmean seo.

[6] aig an tabhartas seo.

mìle ceithir ceud agus a h-ochd.

Mac Dhòmhnaill

    a
Eòin × Mac Dhòmhnaill
chomharra
    a
Pat × Mac a' Bhriuthainn
chomharra
Fearghas Mac Bheatha
    a
Aodh × Mac Aoidh
chomharra

*

7. RIAGHAILT NA SLÀINTE, c. 1500

[A]deirim mar in cétna don digh nach dlighind si beith an méidisin gombeith an biadh ar snámh sa ghaili mar bis ag lucht na meisgi ocus is uime sin aní adeir drong gurub maith beith ar meisgi uair sa mhí is brég e mar foillsighius auerois sa dara partegul dona cantichibh sa treas cantic dég ar fhithit mar an abair Assensus ebrietatis simel in mense est erroneus .i. as seachrannach aontughadh na meisg aon uair is in mí oir ge do na neithibh is mó tarbhaighius don tes nadurra an fín arna gabhail go mesardha is do na neithibh is mó urcoidighius dó ocus don incind ocus dona cétfadhuibh é intan tosgaighius go himurcrach ocus is uime sin adeir annsin gurub ferr uisgi na meala don droing ag ambit feithi anmfhanda na e gidhegh féttar began d'fhín deghbalaidh dotabairt do na sen-daoinibh mar adeir annsin …

(H. Cameron Gillies, *Regimen Sanitatis: The rule of health, A Gaelic Medical Manuscript of the Early Sixteenth Century or perhaps earlier, from the Vade Mecum of the famous MacBeaths, physicians to the Lords of the Isles and the Kings of Scotland for several centuries*, Glasgow 1911: 19)

Tha mi ag ràdh mar an ceudna mun deoch nach bu chòir dhi a bhith sa mheud sin gum bi am biadh air snàmh sa ghoile mar a bhitheas aig luchd na misg; agus is ann uime sin, an nì a their droing[1] gur math a bhith air mhisg uair sa mhìos, is breug e, mar a dh'fhoillsicheas Averrhoes[2] san dàrna pàirt de na rannan san treas rainn deug air fhichead far an abair e, Assensus ebrietatis simel in mense est erroneus, *eadhon is seachranach aontachadh ris a' mhisg aon uair sa mhìos oir ged a tha am fìon, air a ghabhail gu measarra, air fear de na nithean as mò a tharbhaicheas an teas nàdarra, tha e air fear de na nithean as mò a bhios nan urchaid[3] dha agus don eanchainn agus do na ceudfadhan nuair a shiùbhlas e an iomarcaidh[4]; agus is ann uime sin a their e an sin gur feàrr uisge na meala don droing aig am bi fèithean fann na e – gidheadh, faodar beagan de dh'fhìon deagh-bholaidh a thabhairt do na seann daoine mar a their e an sin.*

*

8. Cùmhnant eadar Iarla Earra-Ghaidheal agus an Calbhach Ó Domhnaill, 1560

Is í so an contract 7 an coimhghceanngal do rínedh ar tus eddir Gillaescoib Iarrla Errghaodheal .i. Maccalin guna shliocht agas a oidhreacha 7 An Calbhach O Domhnaill do bi ann sin gan tigernas Tire Chonaill aige agas a shliocht 7 a oidhreacha na dhiaigh 7 an contract cédna ar na dáingníudh 7 ar na comhceangeal eddir Gille Escoib mac an Iarrla adubhrammar .i. Maccalin aga bhfuil Tigernus a athar le toil 7 le comharle cloinne Micguibhne agas dhaone maithe Errghaodheal don taobh sin agas An Calbhach O Domhnaill aga bhfuil tigernas Tire Conaill le toil agas le comharle Thigernadh agas dhaone maithe Conallach don taobh ele. An céd ní .i. an caimhnes agas an phairt do bhí eddir an daonibh rompo do bheth ar buil 7 gu haithridhe an t-Iarrla sin .i. Mac Cailin do chomhnamh agas do cuideachagh le On Domhnaill fa dhuthaig 7 fa thigerrnas athar 7 shenathar i Dhomhnaill do cur ar a laimh 7 fa smacht agas fa umhlacht do go fheadh nearta an iarrla sin fare gunna briste balla do bhrissedh

---

[1] cuid.

[2] Ibn Rushd (1126–1198), feallsanach Ioslamach is lighiche mòr san Spàinn.

[3] cron, dolaidh.   [4] thar a chòir.

chaslen agas le neart daone gach uair imchubhaidh ricfas a leas
iad ar chostus I Domhnaill fein acht cuntabhart an gunna do
bheath ar Maccailin an fad do bhias se sa luíng imcharas e agas
ar On Domhnaill an fad do bhias se ar tir an Erinn 7 costus na
luinge 7 na marinell agas a tuarusdil do bheth ar On Domhnaill
o do fhágfas cala no port an Albainn no go faghann cead trialla o
Erinn AGAS fos Maccailin do dhenamh didín agas coimheda agas
anaccail do Dhomhnaill agas da mhuinnter agas da tigerrnas ar
gach en duine ata fa smacht agas fana cumhachtaibh an Erinn
agas an Albainn mar do dhenadh se da mhac na da bhrathair
no do dhuine eile da dhísle dho AGAS da cheann sin ata An
Calbhach .i. an tigerrna O Domhnaill le toil thigerrnadh agas
uaisledha agas daóne maithe Conallacha aga cheangal ar fein 7
ar a oidhreachaibh agas ar a shliocht coidhce do gabhas trén no
tigerrnas Tire Conaill céd marg Saxanach .i. ceithre ced marg
Albanach do dhíol na do íocc gach en bliadhna do Maccailin agas
da oidhreachaibh agas da shliocht do ghabhas uachtaranacht
no tigerrnas Errghaodheal mur chomhtharrtha umhlacht agas
ogláchais agas mur chís bhithbhuain coidhce o uan Domhnaill
7 ona shliocht do Mhaccailin agas da shliocht AGAS an cís sin
do gherradh agas do thogbhail an duthaig i Domhnaill uile sa
cuigeadh Ulltach 7 na thimcheall fa thigerrnas agas fa dhuthchas
i Dhomhnaill fein agas o Domhnaill da thógbhail sin agas da íocc
le neart Miccailin AGAS fós ata dfiachaibh ar ON Domhnaill agas
ar a shliocht cúig céd buánna do chunnmhail gach en bliadhna
na dhúthaigh an Érinn don iarrla sin .i. do Mhaccailin agas da
shliocht gách uair ricfas O Domhnaill a les búannada do bheth
aige agus an uair nach ricfadh a leis buannadha do bheath aige
sin do bheth fa thoil 7 fa mheacain (?) Mhiccailin faris gach en
ní ele ata sa contracta no sa dentur so AGAS fos Maccailin do
denamh neartaighe agas tresse le muinter I Domhnaill uile a fád
uáidhe agas a fogas do mar do ní le On Domhnaill fein. Dorínedh
agus do ceangladh an contracta so ar tus an tres lo dég do Julii
am bliadhain an Tigerrna mile 7 cuig céad agas a cuig deg thar
dha fithceadh a fiadhnaise Thigerrna Lagharrna agas Gillaescoib

Micdubhghaill agas Chailin Mic Eoin Riabuidh 7 Dhomhnaill
Ghuirm Mic Suibhne agas Aodh Bhuidhe I Domhnaill agas
do athnuadaighedh i aris an ... lo don mhi ... am bliadhain an
Tigerna mile 7 cuig céad agas tri fithched agas do choimhlinadh
na contracta so do cuiredh scribadh láimhe na tigerrnadh sin 7
an sélaidhe re agas asi so an fiadnaise.

Misi Conn O Domnuill

Mesi O Dochartuigh

Echdhonn mac Gille Eoin 7
Con O Domhnuill 7
maighestar Ersibel 7
O Dochartaigh 7
tigerna Cola 7
Maic Seaain 7
Mac Eoin Muidernach

(John Mackechnie, 'Treaty between Argyll and O'Donnell',
Scottish Gaelic Studies VII, Earrann I, 1951, 94–102: 97–99)

*Is e seo an cùmhnant agus an co-cheangal a rinneadh air thùs eadar
Gilleasbaig Iarla Earra-Ghaidheal, eadhon MacCailein, le a shliochd
agus a oighreachan agus an Calbhach Ó Domnaill, a bha an uair sin gun
tighearnas Tìr Chonaill aige, agus a shliochd agus a oighreachan na dhèidh;
agus an cùmhnant ceudna air a dhaingneachadh agus air a cho-cheangal
eadar Gilleasbaig, mac an iarla ro-ràidhte, eadhon MacCailein, aig a
bheil Tighearnas a athar le toil agus le comhairle Chloinn MhicDhuibhne
agus dhaoine matha Earra-Ghaidheal don taobh sin, agus an Calbhach
Ó Domhnaill aig a bheil tighearnas Tìr Chonaill le toil agus le comhairle
thighearnan agus dhaoine matha Conallach don taobh eile.*

*A' chiad nì, eadhon an coibhneas agus an càirdeas a bha eadar an
daoine romhpa a bhith air bhuil agus gu h-àraidh an t-iarla sin, eadhon
MacCailein, a chobhair agus a chuideachadh le Ó Domhnaill mu dhùthaich
agus mu thighearnas athair agus seanathair Uí Dhomhnaill a chur air a
làimh agus fo smachd agus fo ùmhlachd dha fhèin cho fad 's as urrainn dhan*

Iarla sin; agus, thuilleadh, gunna briste-balla a bhriseadh chaisteal agus le neart dhaoine gach uair iomchaidh a ruigeas e a leas iad, air chosgais Uí Dhomhnaill fhèin; ach cunnart a' ghunna a bhith air MacCailein am fad 's a bhios e san luing a dh'iomchaireas[1] e, agus air Ó Domhnaill am fad 's a bhios e air tìr an Eirinn agus cosgais na luinge agus nam maraichean agus an tuarastail a bhith air Ó Domhnaill o dh'fhàgas e cala no port an Albainn gum faigh e cead triall o Eirinn.

AGUS, thuilleadh, MacCailein a dhèanamh dìon agus coimhead agus anagaladh[2] do dh'Ó Domhnaill agus do a mhuinntir agus do a thighearnas air gach aon duine a tha fo a smachd agus fo a chumhachdan an Eirinn agus an Albainn mar a dhèanadh e do a mhac no do a bhràthair no do dhuine eile de a dhìslean.

AGUS, a chionn sin tha an Calbhach, eadhon an tighearna Ó Domhnaill, le toil thighearnan agus uaislean agus daoine matha Conallach, ga cheangal air fhèin agus air a oighreachan agus air a shliochd a-chaoidh a ghabhas treun no tighearnas Tìr Chonaill, ceud marg Sasannach, eadhon ceithir cheud marg Albannach, a dhìol agus ìoc[3] gach aon bhliadhna do MhacCailein agus do a oighreachan agus do a shliochd a ghabhas uachdaranachd no tighearnas Earra-Ghaidheal mar chomharra ùmhlachd agus òglachais[4] agus mar chìs bhithbhuain a-chaoidh o Ó Domhnaill agus o a shliochd do MhacCailein agus do a shliochd.

AGUS an cìs sin a ghearradh agus a thogail an dùthaich Uí Dhomhnaill uile sa chòigeadh Ultach agus mu a thimcheall fo thighearnas agus fo dhùthchas Uí Dhomhnaill fhèin, agus Ó Domhnaill a thogail sin agus dha ìoc le neart MhicCailein.

AGUS, thuilleadh, tha mar fhiachaibh air Ó Domhnaill agus air a shliochd còig cheud saighdear cairteil[5] a chumail gach aon bhliadhna na dhùthaich an Eirinn don Iarla sin, eadhon do MhacCailein agus do a shliochd, gach uair a ruigeas Ó Domhnaill[6] a leas saighdearan cairteil a bhith aige, agus an uair nach ruig e a leas saighdearan cairteil a bhith aige,

---

[1] a ghiùlaineas.

[2] dìon, glèidheadh.

[3] a liubhairt, a dhìol, a phàigheadh.

[4] seirbheis.

[5] *cairteal* 'fàrdach, àite-fuirich'.

[6] Leugh *MacCailein*.

sin a bhith fo thoil agus fo thlachd MhicCailein thairis air gach aon nì eile a tha sa chùmhnant no sa chòrdadh seo.

AGUS, *thuilleadh, MacCailein a dhèanamh neartachadh agus daingneachadh a thaobh muinntir Uí Dhomhnaill uile, fada uaithe agus faisg air, mar a nì e a thaobh Uí Dhomhnaill fhèin. Rinneadh agus cheangladh an cùmhnant seo air thùs an treas latha deug den Iuchar am bliadhna an Tighearna mìle agus còig cheud agus a còig deug air dhà fhichead am fianais Thighearna Latharna agus Gilleasbaig MhicDhùghaill agus Chailein Mhic Eòin Riabhaich agus Dhòmhnaill Ghuirm Mhic Suibhne agus Aodh Bhuidhe Uí Dhomhnaill agus dh'ath-nuadhaicheadh e a-rithist an ... latha den mhìos ... am bliadhna an Tighearna mìle agus còig cheud agus trì fichead, agus gus coileanadh a' chùmhnant seo chuireadh sgrìobhadh làimhe nan tighearna sin agus an seulachan ris, agus is i seo an fhianais.*

Mise Conn Ó Domhnaill
Mise Ó Dochartaigh

Eachann mac Gille Eòin 7
Conn Ó Domhnaill 7
Maighstir Archibald 7
Ó Dochartaigh 7
Tighearna Chola 7
Mic Seathain 7
Mac Eòin Mùideartach

*

9. FOIRM NAN URNAIGH, 1567[1]

[I]s mor an leathtrom agas an uireasbhuidh ata riamh orainde, Gaoidhil Alban agas Eireand, tar an gcuid eile don domhan, gan ar gcanamhna Gaoidheilge do chur a gcló riamh mar ataid a gcanamhna agas a dteangtha féin a gcló ag gach uile chinel dhaoine oile sa domhan; agas ata uireasbhuidh is mó iná gach

---

[1] Seo a' chiad chuid den ro-ràdh a sgrìobh Seon Carsuel ann am *Foirm na n-Urrnuidheadh*, an t-eadar-theangachadh a rinn e air *The Book of Common Order* aig John Knox; agus is e seo a' chiad leabhar a-riamh a chaidh a chlò-bhualadh sa Ghàidhlig.

uireasbhuidh oraind, gan an Biobla naomhtha do bheith a
gcló Gaoidheilge againd, mar ta sé a gcló Laidne agus Bherla,
agas in gach teangaidh eile o sin amach, agas fós gan seanchus
ar sean no ar sindsear do bheith mar an gcedna a gcló againd
riamh, acht ge tá cuid eigin do tseanchus Ghaoidheal Alban agas
Eireand sgriobhtha a leabhruibh lámh, agas a dtamhlorgaibh
fileadh agas ollamhan, agas a sleachtaibh suadh. Is mor-tsaothair
sin re sgriobhadh do laimh, ag fechain an neithe buailtear sa chló
ar aibrisge agas ar aithghiorra bhios gach én-ni dhá mhed da
chriochnughadh leis.

Agas is mor an doille agas an dorchadas peacaidh agas
aineolais agas indtleachta do lucht deachtaidh agas sgriobhtha
agus chumhdaigh na Gaoidheilge gurab mó is mian leó agas
gurab mó ghnathuidheas siad eachtradha dimhaoineacha
buaidheartha bregacha saoghalta, do cumadh ar Thuathaibh Dé
Dhanond, agas ar Mhacaibh Mileadh, agas ar na curadhaibh,
agas ar Fhind mhac Cumhaill gona Fhianaibh, agas ar mhóran
eile nach airbhim agas nach indisim andso, do chumhdach agas
do choimh-leasughagh, do chiond luadhuidheachta dimhaoinigh
an t-saoghail d'fhaghail doibh féin, iná briathra disle Dé agas
slighthe foirfe na firinde do sgriobhadh agas do dheachtadh agas
do chumhdach. Oir is andsa leis an t-saoghal an bhreg go mor
iná an fhirinde.

(R.L. Thomson, *Fòirm na n-Urrnuidheadh: John Carswell's Gaelic
translation of the Book of Common Order*, Dùn Eideann 1970: 10–11)

Is mòr an leatrom[1] *agus an uireasbhaidh a tha riamh oirnn, Gaidheil*
na h-Albann agus na h-Eireann, seach a' chuid eile den domhan, gun
ar cànan Gàidhlig a chur an clò a-riamh mar a tha an cànanan agus an
teangaidhean fhèin an clò aig gach uile cineal[2] *dhaoine eile san domhan; agus*
tha uireasbhaidh nas mò na gach uireasbhaidh oirnn, gun am Bìoball naomh
a bhith an clò Gàidhlig againn, mar a tha e an clò Laidinn agus Beurla,

---

[1] an t-uallach.   [2] clann, sliochd.

agus anns gach teangaidh eile o sin a-mach, agus fhathast gun seanchas ar sean no ar sinnsir a bhith mar an ceudna an clò againn a-riamh, ged a tha rudeigin de sheanchas Gaidheil na h-Albann agus na h-Eireann sgrìobhte ann an leabhraichean làimhe, agus ann an clàr-sgrìobhaidhean nam filidh is nan ollamh, agus ann an sgeulachdan nan suadh[1]. Is mòr-shaothair sin ri sgrìobhadh de làimh, a' feuchainn[2] an nì a bhuailtear sa chlò, cho luath agus cho aithghearr a bhios gach aon nì, air mheud is gu bheil e, air a chrìochnachadh leis.

Agus is mòr an doille agus an dorchadas peacaidh agus aineolais agus inntinne do luchd cumaidh agus sgrìobhaidh agus glèidhidh na Gàidhlige gur mò as miann leotha agus gur mò a ghnàthaicheas iad eachdraidhean dìomhain buaireasach breugach saoghalta, a chaidh a chumadh air Tuatha Dè Dhanann, agus air Clann Mìleadh, agus air na curaidhean, agus air Fionn mac Cumhaill agus an Fhèinn aige, agus air mòran eile nach àirmhich is nach innis mi an seo, a ghlèidheadh agus a leasachadh, a chionn luaidheachd[3] dìomhain an t-saoghail fhaighinn dhaibh fèin, na briathran dìlse Dhè agus sligheachan foirfe na firinn a sgrìobhadh agus a chumadh agus a ghlèidheadh. Oir is annsa leis an t-saoghal a' bhreug gu mòr na an fhìrinn ...

*

10. LITIR O LACHLANN MAC MHIC GILLE EÒIN GU A DHOTAIR, C. 1583–96[4]

Mile bennacht o Lochloinn Mac Mhic Giolla Eoin chum ollibh fein mar ata Giolla Colaim Maicbheath 7 ata se da iaraidh ort air shon fein 7 air son a mic, tigharna Colla, fregara fa dhul dach inghean inghine Meic Cailin 7 do dheinibh gach maithe d'fedfis tu di. Ni beg sin ach mo bennacht chum inghine Mhic Eoin Stiufart 7 a cloine uile.

Misi Lochloinn Mac Giolla Eoin

[1] saoi, saoidh.   [2] a' faicinn, a' meas.   [3] duais.

[4] Airson a' chinn-latha, faic Bannerman agus Black, 'A Sixteenth-century Gaelic Letter', agus Maclean-Bristol, 'Documentary Evidence and One Tradition in Coll in the late Sixteenth Century', *Notes and Queries of the Society for West Highland and Island Historical Research* XXIV, 1984, 7–19: 11.

(John M. Bannerman agus Ronald Black, 'A Sixteenth-century Gaelic Letter', *Scottish Gaelic Studies* XIII, Earrann I, 1978, 56–65: 56)

Mìle beannachd o Lachlann[1] mac Mhic Gille Eòin a chum a ollaimh fhèin, mar a tha Gille Chaluim Mac Bheatha, agus tha e dha iarraidh ort air a shon fhèin agus airson a mic, Tighearna Chola[2], freagairt mu dhol do nighinn ìghne Mhic Cailein, agus a dhèanamh gach math a dh'fhaodas tu dhi. Cha bheag sin[3], ach mo bheannachd a chum ìghne Mhic Eòin Stiùbhart agus a cloinne uile.

Mise Lachlann Mac Gille Eòin

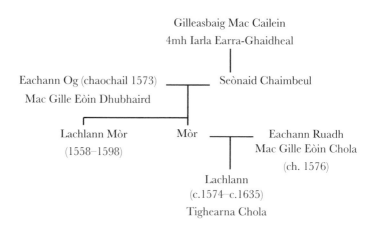

*

[1] Sgrìobh Lachlann Mòr an litir seo gu a dhotair, Gille Chaluim Mac Bheatha (ris an canar cuideachd Malcolm Beaton), a dh'iarraidh air dhol a shealltainn air a phiuthar, Mòr. Is e Mac Eòin (Iain) Stiùbhart an stoidhle no tiotal a bha air ceannard Stiùbhartaich na h-Apann.

[2] Airson ceist litreachadh an ainm-àite, faic Colm Ó Baoill, *Duanaire Colach 1537–1757*, Obar Dheathain 1997: viii–xi.

[3] is leòr sin.

11. Litir às a' Phrìosan, 1604

[Le Sir Seumas mac Aonghais à Ile]

Beanacht cugaib a charde 7 a daoine muintire 7 do chuala me
go ttainic sibh gos in Egluis Bhric: 7 biod fios aguibh go bfuilim-
se cumh buideach daoibh 7 mar go mbeiad feim agum oraib 7
do bhri gac sgeala do bfuair me ni bfuil run agum ni air biot do
deanabh ach a bet mar ataim 7 air an abhar sin ataim da iaraidh
oraibse tilead don bhaile gan muile air biot 7 na teigi ni bhus
faicse don bhaile so no in fad do thainic sib: 7 deanaid run maith
gan duine air bioth d'agail sgeala sibh do beth san tir so ni beg
sin ach na teacaidh ana Sruibhle air air tteileadh egal go fuigeadh
duine air biot sgeala sibh do bet san tir so abair le Domhnall techt
an so anocht 7 cari... mo chuid edaid cugam air ais on Bhlacnes
in la so fein san maidin

mise fur garaid diolas go bas fear mna in taoige

(Angus Matheson, 'Documents connected with the trial of Sir
James MacDonald of Islay', *Transactions of the Gaelic Society of
Glasgow* 5, 1958, 207–22: 211–12)

*Beannachd chugaibh a chàirdean agus a dhaoine muinntire. Agus chuala mi
gun tàinig sibh gus an Eaglais Bhric: agus bitheadh fios agaibh gu bheil mise
cho buidheach dhuibh agus mar gum biodh feum agam oirbh. Agus do bhrìgh
gach sgeòil a fhuair mi, chan eil rùn agam nì air bith a dhèanamh ach a
bhith mar a tha mi. Agus air an adhbhar sin, tha mi ag iarraidh oirbhse
tilleadh don bhaile gun mhaille air bith. Agus na tigibh nas fhaigse air a'
bhaile seo na am fad a thàinig sibh; agus dèanaibh rùn math gun duine air
bith fhaighinn sgeòil sibhse a bhith san tìr seo. Cha bheag sin[1]. Ach na tigibh
ann an Sruighlea air ur tilleadh, eagal is gum faigheadh duine air bith sgeul
sibhse a bhith san tìr seo. Abair le Dòmhnall teachd an seo a-nochd, agus
cuiribh mo chuid èididh[2] chugam air ais on Bhlackness an latha seo fhèin sa
mhadainn.*

Mise bhur caraid dìleas gu bàs, fear mnà-an-taighe

---

[1] is leòr sin.   [2] aodaich (gin.)

*

12. CÒIG OSNAIDHEAN A RINN DIA SAN T-SAOGHAL, 1636

Cúig osnadha do rinne Dia sa tsaodhal. An chéad osna dhíoph
ar a dhíomhaoine chaithes an duine a aimsir. An dara h-osna
.i. na tiodhluicthe do bheir Dia don duine nach beiren a
bhuidhechas ris an Tí tug dó iad. An treas osna nach caoine fear
pecaidh a chomharsan mar a fpecaidh féin. An chethramhadh
osna míceineltacht an duine. An chúigmheadh osna .i. an anail
tig tar an mbél amach nach ag moladh Dé bhíos do shíor.
As móra na sgélasa fuaras ar ball 7 as cruaidh liom iad .i. bás
Domhnuill Ghuirm mhic Aonghuis 7 bás Eoin mhic Ailín mhic
Eoin Mhúideaphartaigh do theacht a n-én sheachtmhain 7 do
sgríbheóbhuinn tuilleadh annso muna bheadh iad 7 ní fhéaduim
anois a bheg do sgríobhadh ag lionn duph 7 ní h-iongnadh sin óir
as mór fuaradar na daoine tánuig romhuinn ó na daoineiph dá
rabhadar. Fuaramar féin mórán uatha féin 7 ní as mó iná sin .i.
grádh a bhfola 7 a n-eólasa aguinn ortha.

anno domini 1636 .15. march

(Ronald Black, 'A Manuscript of Cathal Mac Muireadhaigh',
Celtica 10, 1973, 193–209: 201)

*Còig osnaidhean a rinn Dia san t-saoghal: A' chiad osna dhiubh: air a
dhìomhanas[1] a chaitheas an duine a aimsir. An dara h-osna, eadhon na
tiodhlaicean a bheir Dia don duine nach beir a bhuidheachas ris an Tì a
thug dha iad. An treas osna: nach caoin fear peacaidhean a choimhearsnaich
mar a pheacaidhean fhèin. A' cheathramh osna: mì-cheanaltachd[2] an duine.
A' chòigeamh osna, eadhon an anail a thig thar a' bheòil a-mach nach ann a'
moladh Dhè a bhitheas i gu sìor[3].*

[1] gu dìomhain.
[2] neo-choibhneas.
[3] gu sìorraidh.

Is mòr na sgeòil sa a fhuair mi air ball[1], agus is cruaidh leam iad, eadhon bàs Dhòmhnaill Ghuirm Mhic Aonghais agus bàs Eòin mhic Ailein mhic Eòin Mhùideartaich a theachd an aon sheachdain, agus sgrìobhainn tuilleadh an seo mura biodh iad, agus chan fhaod mi a-nise a bheag a sgrìobhadh aig lionn-dubh[2], agus chan iongnadh sin oir is mòr a fhuair na daoine a thàinig romhainn o na daoine dhan robh iad[3]. Fhuair sinn fhìn mòran uatha[4] fhèin, agus nì as mò na sin, eadhon tha gràdh am fola agus an eòlais[5] againn orra.

15 Màrt, 1636 AD

*

13. STIÙIREADH AITHGHEARR NAN CEIST, 1659[6]

A Leghthora

Mar a rinn a ngrádh do beith aguin do phobul an Tighearna, ata a gnathughadh na teanga gaoidhilg, sinn a bhrosnudhadh ar thús chum a Catachiosma aithghearr so do tharruing as a bhearla dhoibh; is amhluidh do bhrosnuigh an rúnn ceudna sinn anois, tuilleadh do na leabhraibh sin do bhualadh a gclo an dara huair, le claochladh beg ar cuid do na focla ata san cheud Translasion. Oir ni amhain gu bfuil na leabhair anois ro ghann, achd mar a gceudna, dhaithnigh sinn le gnathughadh na nleabhar do bhith aguin, gu raibh an Translasion sin cruaidh ar an phobul, agus do-thuicse, do bhriogh go do lean sinn ro theann ris an bhearla; achd anois ataid na so-thuicse gu mór le began claochlaidh. Uime sin, a Leughthora Chriosduidh, gabh misneach chum na leabhair so do thanig anois amach, do ghnathughadh le dithcheall, ann

---

[1] air a' mhionaid, an ceartuair.

[2] fo lionn-dubh, fo bhròn.

[3] dham buineadh iad.   [4] uapa.

[5] An seo, cleachdar *fuil* agus *eòlas* san t-seagh *muinntir* agus *dachaigh* fa leth.

[6] Nochd an dàrna deasachadh de Leabhar Aithghearr nan Ceist fon tiotal, *Foirceadul Aithghearr Cheasnuighe* 'stiùireadh aithghearr nan ceist'. Chaidh e an clò airson na ciad uarach sa Ghàidhlig ann an 1653, ach chan eil lethbhreac dheth sin air mhaireann (Thomson, *Adtimchiol an Chreidimh*, xxxiv).

a bfuil cinn árid a Chreidimh Chriosduidh ar a ngcur sios go
haithghearra iomlan, oir, Is í so a bheatha shuthain, eólus do
bhith aguinn ar Dia, is ar a mhac Iosa Criosd, Eoin.17.3. Agus
guidh thusa ar an Tighearna, so a bheannachadh mar mheadhon
árid chum eoluis shoisgeil Chriosd a chraobh-scaoiladh ann sna
chriochaibh gaoidhlachsa. Grasa maille riot.

(R.L. Thomson, *Adtimchiol an Chreidimh: The Gaelic Version of John
Calvin's Catechismus Ecclesiae Genevensis*, Dùn Eideann 1963: 232)

A Leughadair,

*Mar a rinn an gràdh a bha againn do phoball an Tighearna, a tha
a' gnàthachadh na teanga Gàidhlig, sinn a bhrosnachadh air thùs a chum
an Leabhair-cheist Aithghearr seo a tharraing às a' Bheurla dhaibh;
is amhlaidh[1] a bhrosnaich an rùn ceudna sinn, a-nis, tuilleadh de na
leabhraichean sin a bhualadh an clò an dara h-uair, le caochladh beag air
cuid de na facail a tha sa chiad eadar-theangachadh. Oir chan e a-mhàin gu
bheil na leabhraichean a-nis ro ghann, ach mar an ceudna dh'aithnich sinn le
gnàthachadh nan leabhar a bhith againn, gun robh an t-eadar-theangachadh
ud cruaidh air a' phoball agus do-thuigsinn, do bhrìgh is gun do lean sinn ro
theann ris a' Bheurla; ach a-nis tha iad nas so-thuigsinn gu mòr le beagan
caochlaidh. Uime sin, a Leughadair Chrìosdaidh, gabh misneach a chum na
leabhraichean seo a thàinig a-nis a-mach a ghnàthachadh le dìcheall, anns a
bheil cinn àraidh a' Chreideimh Chrìosdaidh air an cur sìos gu h-aithghearr
iomlan; oir is i seo a' bheatha shuthain, eòlas a bhith againn air Dia is air
a mhac, Iosa Crìosd (Eòin 17.3). Agus guidh thusa air an Tighearna seo
a bheannachadh mar mheadhan àraidh a chum eòlais shoisgeil Chrìosd a
chraobh-sgaoileadh anns na crìochan Gaidhealach sa. Gràs maille riut.*

*

14. SOMHAIRLE MAC GILLE BHRÌDE AGUS NA LOCHLANNAICH, c.1710
[T]arrla don chuidecht bhig sin do bhí ag leanmhuin Gille
bride 7 Somuirle go rabhadar ar sleibhtibh 7 a coiltibh aird

---

[1] is ann mar sin.

gobhar 7 na morbhairne. 7 tanghas orrtha ansoin slúag mor do Lochlannachuibh 7 dfionnghallaibh, cruinnighid an tiomchall Somuirle an rabha do shoighdeoruibh aige 7 muinntir na caoracht 7 cuirid tús 7 deireadh orrtha. Targes Somuirle anordughadh bláir íad 7 tug taisbenadh mor do naimhuid íonta. ionnus go ttug tri huaire na bfiaghnuis anen chuidecht gur shaoiladar gur ab tri cuidecht do bhí ann. Do ionnsuigh íar sin íad 7 brisder orrtha le Somhuirle 7 le na muinntir, ionnus nar phill on rúaig gur chuir atúath tar abhan tsheile íad 7 an chuid fuair airdrigh dhiobh dona hoilenuibh, Nior sguir do nobuir sin no gur glan se an taobh síar dalban o Lochlannachuibh, acht oilein Fionn Loclann, re nabarthar Innsi Gall 7 búaig ar naimhdibh sgach áonlathair aig. Do chaith aimsir seal re cogadh 7 seal oile re siochtain go ndechuidh se re slúagh abfoghus do Ghlaschú, gur mhurt a pheidsi fein é, tug chenn dionnsuigh an ríogh anno domini 1180. adeir adhàoin féin nach do gheineamh coguidh anaghuidh an rí do chúaidh sé ar an siobhal sin acht dfhaghil siochan, oir is mo do cheannsuidh descardibh an rí na an derna sé do chogad air.

(A. Cameron, *Reliquiae Celticae* II, Inbhir Nis 1894: 154)

Thachair don chuideachd bhig sin a bha a' leanmhainn Ghille Bhrìde agus Shomhairle gun robh iad air slèibhtean agus ann an coilltean Aird Ghobhar agus na Morairne, agus thàinig orra an sin sluagh mòr de Lochlannaich agus de dh'Fhionnghaill; cruinnichidh mu thimcheall Shomhairle na bha de shaighdearan aige agus de mhuinntir na creiche agus cuiridh e tùs agus deireadh orra. Sheall Somhairle an òrdugh blàir iad agus thug e taisbeanadh mòr do a nàmhaid annta, ionnas gun tug e trì uairean nam fianais an aon chuideachd gun do shaoil iad gur h-e trì cuideachdan a bha ann. Rinn e ionnsaigh orra an dèidh sin agus brisear orra le Somhairle agus le a mhuinntir, ionnas nach do thill e on ruaig gus an do chuir e gu tuath thar Abhainn Sheile iad agus a' chuid a fhuair àrdraich[1] dhiubh do na h-eileanan; cha do sguir e den obair sin gun do ghlan e an taobh siar de dh'Albainn o

---

[1] birlinnean, bàtaichean.

Lochlannaich, ach eileanan Fhionn-Lochlann, ris an abrar Innse Gall, agus buaidh air nàimhdean anns gach àite aige. Chaith e a aimsir seal[1] ri cogadh agus seal eile ri sìochaint gun deach e le sluagh a-null faisg air Glaschu, gun do mhurt a phèidse[2] fhèin e, a thug a cheann a dh'ionnsaigh an rìgh am bliadhna an Tighearna 1180. Their a dhaoine fhèin nach ann a dhèanamh cogaidh an aghaidh an rìgh a chaidh e air an t-siubhal sin ach a dh'fhaighinn sìochaint, oir is mò a cheannsaich e de dh'eascairdean an rìgh na rinn e de chogadh air.

*

15. TIGHEARNAS NAN EILEAN AIR A CHUR AN SEILBH, C. 1710

[D]o bhí Ragnall mac Eóin na aird sdiubhor ar Innsibh Gall, anaimsir athar do bheth na aois ársuighe 7 ag riaghladh os a cionn dó ar neg da athair do chuir tionnol ar úaslibh Innsibh Gall 7 ar bhrathribh go haonionadh, 7 tug sé slat an tigernais da bhrathair accill Donnain a neige 7 do goiredh mac Domhnuill de 7 Domhnall ahile anaighuidh baramhla fher Innsi Gall, Do bhfer meduighe cheall 7 mainisdreach an Ragnallsa mac Eoin mic Aongus óig ó na lenmhuid clann raghnaill do rágh re na shliochd Do bhronn sé tír umha dferann anuibhisd do mainisdir Íe siorruidh go brath anonoir Dé 7 Choluim Chill. Do bhí sé na uachdaran ar anoirer athúath uile 7 ar na hoileanuibh no gur ég sé *anno domini* 1376 na mhainer féin san Chaislen tirim, ar fágbhail chuiger afer ann ara shliochd ...

(A. Cameron, *Reliquiae Celticae* II, Inbhir Nis 1894: 160)

Bha Raghnall mac Eòin na àrd stiùbhard air Innse Gall, an aimsir a athar a bhith na aois àrsaidh, agus a' riaghladh os an cionn dha; air eug a athar chuir e tional air uaislean Innse Gall agus air a bhràithrean gu aon ionad, agus thug e slat an tighearnais do a bhràthair an Cill Donnain an Eige,

---

[1] ùine, greis.
[2] òigear an seirbheis tighearna.

agus ghoireadh[1] *MacDhòmhnaill dheth agus Dòmhnall à Ile an aghaidh barail fir Innse Gall. Is e fear meudachaidh cheall*[2] *agus mhanachainnean a bha anns an Raghnall sa, mac Eòin mhic Aonghais Oig, on a leanas sinn Clann Raghnaill a ràdh ri a shliochd. Bhuilich e tìr-unga*[3] *de dh'fhearann an Uibhist do mhanachainn Idhe sìorraidh gu bràth an onoir Dhè agus Chaluim Chille. Bha e na uachdaran air an oirear a tuath uile agus air na h-eileanan gun do dh'eug e sa bhliadhna 1376 san dùthchas aige fhèin sa Chaisteal Thioram, air dha còignear fhear fhàgail ann de a shliochd.*

*

16. ALASDAIR MAC COLLA, c. 1710

[I]s furusda dhuit as an tenguidh choitchinn ina bfuiler ag sgriobhadh san rioghacht fios ar thriobloid na haimsire dfaghail. acht so amháin gurab cuimhnech liom gur ab íad na halbanuidh is taosga do thionnsgain cogadh sa na tri Rioghachtuibh 7 nar bhíad sagsanuigh no eireannaigh; oir tair eis coibhinent no comhchengal do ghenamh anaghaidh an ríogh 7 Shagsanach um na heasbaguibh do chur ar cúl 7 Presbetrí do chur na nionad gur chuiredar fios ar an rabh doifigechuibh albanach san ríoghachtuibh oile taóbh thall dairge 7 gó nde[r]nadar árd chommandair dalasduir Leislí .i. sensoigdeir do bhí fada accogadh ar choigcrich, do ghlúas an tarmsin ar anaghaidh go Sagsan ase sin an chét arm do cuiredh ar chois anaimsir rí Serlais 7 is na aghaidh do bhi se. Do cháigh na riogachta tre na chéile oshin amach san bliaghain do nannaladh tarrla sin 1639 7 an tes na ngnoidhig sin do chuir marcos aontrom .i. Ragnall óg m[c] Ragnaill arannuidh páirtaigh airm a heirinn le hordughadh an ríogh go halbain 7 daóine úasle do chinnedh leó .i. Alasdar mac colla m[ic] Giolla asbuig 7 coileneil Sémus mac Somuirle m[ic] Sémuis nabanna 7 daóine uaisle oile, do cuadar na loinges a mbaile hac amí julí 1644 n[í]or gabhadar cala no tír go rangadar caol múile 7

---

[1] dh'ainmicheadh.   [2] eaglaisean.
[3] meud tìre air luach ùnnsa de dh'airgead.

do cuiredar leigeir ma caislén cheann Loch alann 7 do gabhadar
é 7 do fágsad bárdagha air, do ghluaisedar asa sin go cáislen
mhíogharí, do gabhadar é le mór saothair, do fagbhadh daóine
air da mhuintir, do ghlúais Alasdair mac colla 7 an phártaigh do
ccois go caol reithe, do seol an luinges go loch Eiseórd san srath
go Sir Domnall, do bhi ordughadh an rí 7 an marcois antrom um
chennus na ndaoine do gabhail chuige 7 deirghe leó 7 gach duine
do eirghed leó. Leath bhliadhain roimhe sin fuair Sir Domnall
bas, tairges alasdair mac cholla cennus na ndaoine do Sir Sémus
mac Domnaill 7 diultais Sir Semus sin, oir budh beg leis an
cuidechta 7 an ríoghacht uile na naghaidh 7 gan san chuideacht
ach cúig cét dég fer, gur be comhairle do chuir Aluisdair roimhe
filledh ar ais go heirinn o nar freagradh ordughadh an rí úatha.
Fa nam sin tangadar trí longa móra do loinges choguidh na
Parlameinte albanuidh timchell o líte gur sheóladar go rangadar
bun locha heiseórd 7 luingeas alasdair astigh san loch, tugadar
troid dóibh, gedheadh do gabhadh luinges alasdair, ionnus gur
bheigen dalasdair anmhuin san ríoghacht ina ttarla olc ar mhaith
leis e.
   Gluaisis roimhe tar chaol reithe, tar monadh chuaich, asa
sin doibh go glenn garadh, go nernadar campa ann 7 fuaradar
martacht go sáidhbhir da mhuinntir 7 nior éiridh abheg do
dhaóinibh. asa sin doibh go Báidinech 7 do rinnedar campa an
soin, do fhogradar do mhuinntir na tíre sin techt astech anarm
an ríogh no go loisgfedh 7 go creachfadh an tír, do taisbenadh
an tordughadh dhoibh 7 do thógbhadar leis anordughadh clann
mhuirigh Bháideineach 7 caipdín 7 cennfedhna maith da fuil
fein rompa .i. eogain óg m^c andra m^ic eóghain tug tri chet fer da
fhuil fein leis anarm an ri 7 do bhadar ro shesmach san narm an
fedh do mhair an cogadh do eiridh clann Fhionnlaig Bhraighe
mharr leo 7 cenn fedhna da fuil fein rompa .i. Domhnall óg m^c
Domhnaill m^ic Fionnláigh do gluaisadar asa sin dafall 7 tarrla
Iarrla muntróas doibh amblar anafa afalla accruth ceannuidhe
cláraige 7 máilín fa na bhrághúid ar ttecht o Sagsan 7 ordughadh
an ríogh leís um ginleirecht na harmaraile do bheth aige 7

Alasdair mac colla na mháidseoir Sinirel aige 7 do ghlacadar go toilemhail chuca é, do gabh urmhór fer afall leó clann Donchaidh 7 Sdiubharduigh afall do bhi tosach an fhóghmhuir aca nunámsin, 7 do ghlúais do chum an mhachuir ghallda, Tug arm ail mor dona coibhinentairsi coinne dhoibh angar do Phert an roibh ocht míle fer 7 ni rangadar féine da mhíle coisige do shlúagh acht gedhedh rugadar buaigh orrtha ni dhechaidh as díobh acht an rug luas each úatha. Do gabhadar Pert 7 do badh édalach ionmhussach íad tar éis an catha soin Phert. ni rabh acht cúig la dég eter an cath sin do thabhairt 7 cath oile do bhrisded ag Obuirdhegh ar na covinenters aite abfuaradar cumasg cruaidh 7 troid thenn torannbhorb, do mhétuidh búaigh an da chatha sin misnech 7 menmna Ghaóidheal o sin amach, ionnus nach tugdis cúl do namhaid ar choram na ar anchoram ...

(A. Cameron, *Reliquiae Celticae* II, Inbhir Nis 1894: 176–79)

Is furasta dhuit às an teangaidh choitchinn anns a bheilear a' sgrìobhadh san Rìoghachd fios air trioblaid na h-aimsire fhaighinn, ach seo a-mhàin, gur cuimhne leam gum b' iad na h-Albannaich an toiseach a thòisich cogadh anns na trì Rìoghachdan agus nach b' iad Sasannaich no Eireannaich. Oir, an dèidh cùmhnant no co-cheangal a dhèanamh an aghaidh an rìgh agus Shasannach mu na h-easbaigean a chur air chùl agus a' Chlèir a chur nan ionad, gun do chuir iad fios air na bha de dh'oifigich Albannach sna Rìoghachdan eile taobh thall d'fhairge agus gun do rinn iad àrd cheannard de dh'Alasdair Leislidh, eadhon seann saighdear a bha fada an cogadh an dùthchannan cèine. Ghluais an t-arm sin air an aghaidh gu Sasainn. Is e sin a' chiad arm a chuireadh air chois an aimsir Rìgh Teàrlach agus is ann na aghaidh a bha e. Chaidh na Rìoghachdan troimh-chèile o shin a-mach – sa bhliadhna, a rèir an ama, 1639, a thachair sin. Agus an teas nan gnothach sin, chuir Marcas Aontrom, eadhon Raghnall Og mac Raghnaill Arannaich, buidheann airm à Eirinn le òrdugh an rìgh gu Albainn, agus daoine uaisle de a chinneadh leotha, eadhon Alasdair mac Colla mhic Gilleasbaig agus an Còirnealair Seumas mac Shomhairle mhic Sheumais na Banna agus daoine uaisle eile. Chaidh iad nan loingeas am Baile Hac[1] *am mìos an Iuchair, 1644. Cha do ghabh iad cala no tìr gun do ràinig iad Caol Muile; agus chuir iad lèigeart*[2] *mu Chaisteal Cheann Loch Alainn, agus ghabh iad e agus dh'fhàg iad gearastan air. Ghluais iad às an sin gu Caisteal Mhìogharraidh; ghabh iad e le mòr shaothair; dh'fhàgadh daoine air de a mhuinntir. Ghluais Alasdair mac Colla agus a' bhuidheann den cois gu Caol Reithe; sheòl an loingeas gu Loch Eiseord san t-Srath gu Sir Dòmhnall. Bha òrdugh an rìgh agus a' Mharcais Aontrom [aige] mu cheannas nan daoine a ghabhail chuige agus èirigh leotha, agus gach duine a dh'èireadh leotha. Leth bhliadhna roimhe sin fhuair Sir Dòmhnall bàs. Thairg Alasdair mac Colla ceannas nan daoine do Shir Seumas mac Dhòmhnaill agus dhiùlt Sir Seumas sin, oir bu bheag leis a' chuideachd agus an Rìoghachd uile nan aghaidh agus gun sa chuideachd ach còig cheud deug fear; gum b' e comhairle a chuir Alasdair roimhe tilleadh gu Eirinn o nach do fhreagradh òrdugh an rìgh uapa. Mun àm sin thàinig trì longan mòra de loingeas chogaidh na Pàrlamainte Albannaich timcheall o Lìte, gun do sheòl iad gun do ràinig iad bun Loch Eiseord agus loingeas Alasdair a-staigh san loch; thug iad trod*[3] *dhaibh, gidheadh ghabhadh loingeas Alasdair, ionnas gum b' èiginn do dh'Alasdair fantainn san Rìoghachd san do thachair e, olc air mhath leis e.*

Ghluais e roimhe thar Chaol Reithe, thar Mhonadh Chuaich; às an sin dhaibh gu Gleann Garadh, gun do rinn iad càmpa ann, agus fhuair iad mairtfheoil gu saidhbhir do a mhuinntir, agus cha do dh'èirich a bheag de dhaoine. As an sin dhaibh gu Bàideanach agus rinn iad càmpa an sin. Dh'fhògair iad[4] *do mhuinntir na tìre sin teachd a-steach an arm an rìgh no gun loisgeadh agus gun creachadh iad an tìr. Thaisbeanadh an t-òrdugh dhaibh agus thog iad leis an òrdugh Clann Mhuirich Bhàideanach agus caiptean agus ceann-feadhna math de am fuil fhèin rompa, .i. Eòghann Og mac Anndra mhic Eòghainn a thug trì cheud fear de a fhuil fhèin leis an arm an rìgh, agus bha iad ro sheasmhach san arm am feadh 's a mhair an cogadh. Dh'èirich Clann Fhionnlaigh Bhràigh Mhàrr leotha agus ceann-feadhna de am fuil fhèin rompa, .i. Dòmhnall Og mac Dhòmhnaill mhic Fhionnlaigh. Ghluais iad às an sin do Athall agus thachair Iarla Mhontròis dhaibh*

---

[1] Port an ear air Port Làirge, ceann a deas na h-Eireann.

[2] sèist.   [3] sabaid.

[4] thug iad rabhadh.

am Blàr an Athaill an cruth ceannaiche fiodha agus màileid bheag mu a amhaich, air teachd o Shasainn agus òrdugh an rìgh leis mu sheanailearachd an armailt a bhith aige agus Alasdair mac Colla na mhàidsear seanailear aige; agus ghlac iad gu toileach chuca e. Ghabh mòr-chuid fir Athaill leotha, Clann Donnchaidh agus Stiùbhartaich Athaill. Bha toiseach an fhoghair aca mun àm sin, agus ghluais e a chum a' Mhachair Ghallda. Thug armailt mòr de na Cobhanantars coinneamh dhaibh an gar do Pheairt[1] san robh ochd mìle fear agus cha do ràinig iad fhèin dà mhìle coisiche de shluagh; ach gidheadh rug iad buaidh orra – cha deach às ach na rug luaths each uapa. Ghabh iad Peairt agus bu eudaileach[2] ionmhasach iad an dèidh a' chatha sin Pheairt. Cha robh ach còig latha deug eadar an cath sin a thabhairt agus cath eile a bhriseadh aig Obar Dheathain air na Cobhanantars, àite an d'fhuair iad cumasg[3] cruaidh agus trod theann thorannbhorb. Mheudaich buaidh an dà chatha sin misneach agus meanmna Ghaidheal o sin a-mach, ionnas nach toireadh iad cùl do nàmhaid air chothrom no air ana-cothrom.

*

17. Còmhdach Lachlainn Mhic Mhuirich, 1800

Ann an tigh Phadraic mhic Neacail in Torlum gairid o Chaisteal Bhuirghi ann an Sioramachd Ionbhairnis, a naoithe la d'an chiad mhios d'an fhomhar, anns an dà fhichead bliadhna agus naoideg d'a aois, thainig Lachlan mac Nèil, mhic Lachlain, mhic Nèil, mhic Dhõnail, mhic Lachlain, mhic Nèil mhòir, mhic Lachlain, mhic Dhõnail, do shloinne chlann Mhuirich, ann an lathair Ruairi Mhic Nèil tighearna Bhăra, thabhairt a chõdaich, mar is fiosrach eisean, gur e fein ant ochda glùn dèg o Mhuireach a bha leanamhain teaghlaich mhic 'ic Ailen, ceannard chlann Raonail, mar bhardaibh, agus o an àm sin gu robh fearan Staoiligairi agus ceithir peighinean do Dhrimasdal aca mar dhuais bardachd o linn gu linn feadh choig ghlun dèag: Gu do chaill an seatha glun dèag ceithir peighinean Dhrimasdail, ach gu do ghlèidh an seachda glùn dèag fearan Staoiligairi fad naoi bliadhna dèag dhe aimsir, agus gu robh a fearan sin ar a cheangal dhoibh ann an còir fhad

---

[1] Faisg air Peairt.
[2] beairteach.   [3] iorghail, sabaid.

's a bhiodh fear do chlann Mhuirich ann, a chumadh suas sloinne agus seanachas chlann Dònail; agus bha e mar fhiachaibh orra, nuair nach biodh mac ag a bhard, gu tugadh e fòghlam do mhac a bhrathar, no d'a oighre, chum an còir ar an fhearan a ghleidhe, agus is ann arèir a chleachdai so fhuair Nial, athair fein, iounsacha gu leugha agus scriobha ĕachdrai agus bàrdachd, o Dhõnail mac Nèil mhic Dhõnal, brathair athar.

Tha cuimhne mhath aige gu robh saothair Oisein scriobht ar craicin ann an glèatanas athar o shinsearaibh; gu robh cuid do na craicin ar an deanamh suas mar leabhraichean, agus cuid eile fuasgailt o chèile, anns an robh cuid do shaothair bhard eile, bhărachd ar saothair Oisein.

Tha cuimhne aige gu robh leabhar ag athair ris an canadh iad an leabhar dearg, do phaiper, thainig o shinnsearaibh, anns a robh mòran do shean eachdrai na fineachan Gaidhealach, agus cuid do shaothair Oisein mar bha athair ag innse dha. Chan eil a haon de na leabhraichean sa ar fhaotain an diu, thaobh is nuair a chaill iad a fearan, gu do chaill iad am misneach agus an dùrachd. Chan eil e cinnteach cid e thainig ris na craicin, ach gu bheil barail aige gu tug Alasdair mac Mhaighsdir Alasdair 'ic Dhònail ar falbh cuid diubh, agus Raonal a mhac cuid eile dhiubh; agus gu faca e dha na tri dhiubh ag tàileirean ga 'n gearra sios gu criosaibh tomhais: Agus tha cuimhne mhath aige gu tug mac 'ic Ailen ar athair an leabhar dearg a thabhairt seachad do Sheumas mac Mhuirich a Bàidenach; gu robh e gairid o bhi cho tiugh re Biobal, ach gu robh e na b' fhaide agus na bu leatha, ach nach robh ŭrad thiughaid sa chõdach; gu robh na craicin agus an leabhar dearg ar an scriobha anns an làimh an robh Ghaidhlic ar a scriobha o shean ann Albain agus ann Eirin, mun do ghabh daoine cleachda ar scriobha Gaidhlic anns an làimh Shaghsanaich; gum b'aithne d'a athair ant shean làmh a leugha gu math; gu robh cuid de na craicin aige fein an dèigh bàis athar, ach thaobh is nach do ionnsaich e iad, agus nach robh adhbhar meas aig' orra, gu deachai iad ar Chall. Tha e ag ràdh nach robh haon do shinnsearaibh ar a robh Paul mar ainm, ach gu robh dithis dhiubh ris an canadh iad Cathal.

Tha e ag ràdh nach ann le haon duine scriobhadh an leabhar
dearg, ach gu robh e ar a scriobha o linn gu linn le teaghlach
Chlann Mhuirich, bha ag cumail suas seanachais Chlainn Dõnail,
agus cheannard na fineachan Gaidhealach eile.

An deigh so a scriobha, chaidh a leugha dha, agus dhaidich e
gu robh e ceart ann an làthair Dhõnail mhic Dhõnail, fear Bhaile
Ra'ail; Eoghain mhic Dhõnail, fear Gheara-sheilich; Eoghain
mhic Dhõnail, fear Ghriminis; Alasdair mhic Ghilleain, fear
Hoster, Alasdair mhic Neacail, minister Bheinn bhaoghla; agus
Ailen mhic Chuinn, minister Uist Chinn a tua, a fear a scriobh a
seanachas so.

comhar

Lachlan ✕ Mac Mhuirich.

a làimhe.

Ruairie Machd Neall, J. P.

('Declaration of Lachlan Mac Vuirich, in the Original, made at
Torlum in *Barra* [leugh *Beinn na Fadhla*], 9th August 1800', *Report of
the Committee of the Highland Society of Scotland appointed to inquire into
the Nature and Authenticity of the Poems of Ossian*, Dun Eideann 1805:
275-77[1])

*Ann an taigh Phàdraig mhic Neacail an Torlum, goirid o Chaisteal
Bhuirghe ann an Siorramachd Inbhir Nis, an naoidheamh latha den chiad
mhìos den fhoghar, anns an dà fhichead bliadhna agus naoi deug de a aois,
thàinig Lachlann mac Nèill mhic Lachlainn mhic Nèill mhic Dhòmhnaill
mhic Lachlainn mhic Nèill Mhòir mhic Lachlainn mhic Dhòmhnaill de
shloinneadh[2] Chlann Mhuirich, ann an làthair Ruairidh Mhic Nèill,
Tighearna Bharraigh, a thabhairt a chòmhdaich, mar as fiosrach esan, gur
h-e fhèin an t-ochdamh glùn deug o Mhuireach a bha a' leanmhainn teaghlach
Mhic 'ic Ailein, ceannard Chlann Raghnaill, mar bhàird, agus on àm sin
gun robh fearann Stadhlaigearraidh agus ceithir peighinnean de Dhrèimeasdal*

---

[1] Rinn W. J. Watson deasachadh le atharrachaidhean beaga air an seo ann
an *Rosg Gàidhlig*, Inbhir Nis 1915: 139–41.

[2] sliochd.

aca mar dhuais bàrdachd o linn gu linn am feadh chòig ghlùn deug; gun do chaill an sèathamh glùn deug ceithir peighinnean Dhrèimeasdail, ach gun do ghlèidh an seachdamh glùn deug fearann Stadhlaigearraidh fad naoi bliadhna deug de aimsir[1], agus gun robh am fearann sin air a cheangal dhaibh ann an còir fhad 's a bhiodh fear de Chlann Mhuirich ann a chumadh suas sloinneadh agus seanchas Chlann Dhòmhnaill; agus bha e mar fhiachaibh orra, nuair nach biodh mac aig a' bhàrd, gun tugadh e fòghlam do mhac a bhràthar, no do a oighre, a chum an còir air an fhearann a ghlèidheadh, agus is ann a rèir a' chleachdaidh seo a fhuair Niall, athair fhèin, ionnsachadh gu leughadh agus sgrìobhadh eachdraidh agus bàrdachd, o Dhòmhnall mac Nèill mhic Dhòmhnaill, bràthair athar.

Tha cuimhne mhath aige gun robh saothair Oisein sgrìobhte air craicinn ann an glèidhteanas[2] athar o a shinnsearan; gun robh cuid de na craicinn air an dèanamh suas mar leabhraichean, agus cuid eile fuasgailte o chèile, anns an robh cuid de shaothair bhàrd eile, a bharrachd air saothair Oisein.

Tha cuimhne aige gun robh leabhar aig athair ris an canadh iad an Leabhar Dearg, de phàipear, a thàinig o a shinnsearan, anns an robh mòran de shean eachdraidh nam fineachan Gaidhealach, agus cuid de shaothair Oisein mar a bha athair ag innse dha. Chan eil a h-aon de na leabhraichean sa air fhaotainn an-diugh, a thaobh is nuair a chaill iad am fearann, gun do chaill iad am misneach agus an dùrachd. Chan eil e cinnteach ciod e[3] a thàinig ris na craicinn, ach gu bheil barail aige gun tug Alasdair mac Mhaighstir Alasdair 'ic Dhòmhnaill air falbh cuid dhiubh, agus Raghnall a mhac cuid eile dhiubh; agus gum faca e dha na trì dhiubh aig tàillearan gan gearradh sìos gu criosan tomhais. Agus tha cuimhne mhath aige gun tug Mac 'ic Ailein air athair an Leabhar Dearg a thabhairt seachad do Sheumas mac Mhuirich à Bàideanach; gun robh e goirid o bhith cho tiugh ri bìoball, ach gun robh e na b' fhaide agus na bu leatha, agus nach robh uiread thiughaid sa chòmhdach; gun robh na craicinn agus an Leabhar Dearg air an sgrìobhadh anns an làimh an robh a' Ghàidhlig air a sgrìobhadh o shean an Albainn agus an Eirinn, mun do ghabh daoine cleachdte air sgrìobhadh Gàidhlig anns an làimh Shasannaich; gum b' aithne do a athair an t-seann làmh a leughadh gu math; gun robh cuid de na craicinn aige fhèin an dèidh bàis athar, ach

---

[1] No *de a aimsir.*

[2] air chùram.

[3] gu dè, dè.

a thaobh is nach do dh'ionnsaich e iad, agus nach robh adhbhar meas aige orra, gun deachaidh iad air chall. Tha e ag ràdh nach robh a h-aon de a shinnsearan air an robh Paul mar ainm, ach gun robh dithis dhiubh ris an canadh iad Cathal.

Tha e ag ràdh nach ann le h-aon duine a chaidh an Leabhar Dearg a sgrìobhadh, ach gun robh e air a sgrìobhadh o linn gu linn le teaghlach Chlann Mhuirich, a bha a' cumail suas seanchais Chlainn Dhòmhnaill, agus cheannard nam fineachan Gaidhealach eile.

An dèidh seo a sgrìobhadh, chaidh a leughadh dha, agus dh'aidich e gun robh e ceart ann an làthair Dhòmhnaill mhic Dhòmhnaill, fear Bhaile Raghnaill; Eòghainn mhic Dhòmhnaill, fear Ghearra' Sheilich; Eòghainn mhic Dhòmhnaill, fear Ghrìminis; Alasdair mhic Ghill-eain, fear Hostar[1]; Alasdair mhic Neacail, ministear Bheinn na Fadhla; agus Ailean mhic Chuinn, ministear Uibhist Chinn a Tuath, am fear a sgrìobh an seanchas seo.

comharra
Lachlann × Mac Mhuirich
a làimhe.
Ruairidh Mac Nèill, J. P.

*

18. Litir Eòghainn MhicLachlainn gu Athair, 1811

O thaobh-deas Sraide Mhic Neachdainn,
'an Dunéideann,Diluain, an t-ochdamh la
do'n mhios mheadhoin Shamhraidh 1811

A Ghaoil Athair,

Dh'fhag mi Obairreadhain 'sa mhadainn Dimairt 'sa chaidh, ann cuideachda ri Sir Gilleasbuig Grannd Mhonaidh-mhusga, agus ri Dr MacDhàibhidh a tha gu bhi 'n àite Mhaighistir

---

[1] Is math dh'fhaodte gur h-e Homhsta an Uibhist a Tuath a tha an seo.

Beattie. Ghabh sinn ar 'n àiteachan suidhe ann 'sa charbad mu shia uairean 'sa mhaduinn, 's bha sinn 'an oidhche sin 'am baile Pheairt. Rainig sin Sràid a Phrionnsa ann an Dunéideann Diciaduin mu dha uair a latha. Chuir iad mo chisdeag a's tigh òsda, far an d rinn mi beagan feitheamh gu's 'n do ghlan iad mo bhòtainnean, 's an tugadh dhiomh[1] an fheusag. Rainig mi ann sin tigh an Olluidh Ghriogaraich, an t Aon duine is fearr ionnsachadh ann an Albainn. Cha robh e fein a's tigh, ach fhuair mi Mr Rae a tha 'g ionnsachadh cloinne an Dotair Ghriogaraich. Fhuair Mr Rae aite tàmha dhomh, far a bheil mi fathast. O 'nach eil agam ach tri seachdainean a dh'ùine, tha mi fein a ceannach mo theachd an tir, agus bean an tighe d'a dheasachadh. Thig mo sheomar 10/6 'san t sheachdain – Cha n eil dith bidh no dighe orm; 's tha mi tric a muigh air chuireadh.

Cha ruig mi leas innse dhuibh, gun do chuir Comunn Gaidhealach Dhuneideann da leabhar an'-barrach duilich am' ionnsuidh gu h' Obar'readhain, a dh' fheuchainn an robh dh'innleachd a'm cheann na dheanadh amach iad – Rinn mi 'mach pairt dhiubh: 's bha mi 'n diugh fèin air beul'aobh a chomuinn. 'Se Sir J. Sinclair a b'Fhear Riaghailt, agus bha cach na'n suidhe tim'chioll. Dh'iarr iad ormsa innse gach ni 'bh'agam ri thaisbeineadh mu na leabhraichean duiliche: Dh innis mi dhoibh gach ni a fhuair mi a mach mu na leabhraichibh. An deigh greis bruidhne 'nunn 's a nall, thuirt am Fear Riaghailte:– 'A dhaoin' Uaisle na Coinnimh! a bhrigh 's gu'n d'rinn MacLachuinn a dhleasannas, 's coir dhuinn mean-shealltainn ris a ghnothach. Si mo bheachdsa, gur còir leabhraichean laimh-sgriobhta a chomuinn a chur na laimh gus an dean e 'mach iad, 's gu'n cuir e am folluis eachdruidh is onoir na Gaeilige. Agus an uair a gheibh sinn an t-òrdugh o'n Righ 's on Pharlamaid, gun deantar Eobhon MLachuinn na Ard-Mhaighistir air a Ghaelic, ann an Collaisde Dhunéideann.' Thuirt na Daoin' Uaisle, gu'n seasadh iad uile le h ordugh an Fhir Riaghailte gun amharas.

---

[1] .i. dhìom – is math dh'fhaodte gur h-e mearachd clòdha a tha seo.

'Tha 'mhiann oirn, a Mhic Lachuinn (os iadsan riumsa) thusa 'bhi air a cheart ste, air a bheil do bhràithrean Ard-Mhaighistirean ionnsaiche[1] Dhun-eideann.'

Cha mhor tuillidh a ruigeas mi leas a chur ann am litir. Aig an Dia phriseil a tha brath ciod a thig 'na lorg so: ach 's feudar dhomh aideach gu bheil gach cuis an diugh air deagh neòil. Theid a nise 'm àrdachadh ga rìreamh: 's ma tha Dia fabhorach dhomhsa, cha d'theid sibhse isleachadh. – Leis an fhios seo ann am litir, 's leis an t shòlas a th' air m' inntinn, cha'n urrainn duibhse gu'n phartachadh ann am sholas. Ann deigh ioma bliadhna do dh'fhannlas, do dh aithmheil, 's do dh' an'shocair, 's eibhneach gu bheil onoir is cliù a crunadh gach ni – Olaibh air Glogan-bo-Saidh. A full glass to the Gaelic Professor of Edinburgh – Cha'n eil tuilleadh agam ri ghràthainn, ach mile-mhiltibh beannachd o'n Dia Uilechumhachdach air bhur ceann agus air bhur croidhe, gu saoghal nan saoghal – Cuiridh mi litir a h Obar-readhain a dh'iarraidh nan gillean – Oir is beachd dhomh gu'm bi bliadhna no dhà mu'n d theid mi fathast ann an seilbh mo ghrama – Slan léibh. Tha so ann laimh-sgriobhaidh bhur mic ghradhaich.

Eobhon MLachainn
Maighistir na Gaelige, ann Duneideann

(Derick S. Thomson, 'Unpublished Letters by the Poet Ewen MacLachlan', *Scottish Gaelic Studies* XI, Earrann II, 1968, 202–36: 210–12)

O thaobh deas Sràide Mhic Neachdainn
ann an Dùn Eideann, Diluain, an t-ochdamh latha
den mhìos mheadhain Shamhraidh, 1811

A ghaoil athair[2],
  Dh'fhàg mi Obar Dheathain sa mhadainn Dimàirt sa chaidh, ann

---

[1] .i. ionnsaichte; mearachd clòdha, is math dh'fhaodte.

[2] Air ainmeachadh air a' chòmhdach, 'Mr Donald McLachlan, Fortwilliam'.

an cuideachd ri Sir Gilleasbaig Grannd Mhonaidh Mhusga[1]*, agus ri Dr
MacDhàibhidh a tha gu bhith an àite Mhaighistir Beattie. Ghabh sinn ar
n-àiteachan-suidhe anns a' charbad mu shia uairean sa mhadainn, is bha
sinn an oidhche sin am baile Pheairt. Ràinig sinn Sràid a' Phrionnsa ann
an Dùn Eideann Diciadain mu dhà uair a latha. Chuir iad mo chisteag
anns an taigh-òsta, far an do rinn mi beagan feitheimh gus an do ghlan iad
mo bhòtainnean, is an tugadh dhìom an fheusag. Ràinig mi an sin taigh an
Ollaimh Ghriogaraich, an t-aon duine as fheàrr ionnsachadh ann an Albainn.
Cha robh e fhèin a-staigh, ach fhuair mi Mgr Rae a tha ag ionnsachadh
cloinne an Dotair Ghriogaraich. Fhuair Mgr Rae àite-tàmha dhomh, far a
bheil mi fhathast. O nach eil agam ach trì seachdainean a dh'ùine, tha mi
fhìn a' ceannach mo theachd-an-tìr agus bean-an-taighe dha dheasachadh.
Thig mo sheòmar gu 10/6*[2] *san t-seachdain. Chan eil dìth bìdh no dibhe
orm; is tha mi tric a-muigh air chuireadh.*

*Cha ruig mi a leas innse dhuibh gun do chuir Comann Gaidhealach Dhùn
Eideann dà leabhar anabarrach duilich dham ionnsaigh gu Obar Dheathain,
a dh'fheuchainn an robh a dh'innleachd nam cheann na dhèanadh a-mach
iad. Rinn mi a-mach pàirt dhiubh; is bha mi an-diugh fhèin air beulaibh a'
chomainn. Is e Sir J. Sinclair*[3] *a b' fhear-riaghailt, agus bha càch nan suidhe
timcheall. Dh'iarr iad ormsa innse gach nì a bha agam ri thaisbeanadh
mu na leabhraichean. An dèidh greis bruidhne a-nunn is a-nall, thuirt
am fear-riaghailt, 'A dhaoine-uaisle na coinnimh, a bhrìgh is gun do rinn
MacLachlainn a dhleasnas, is còir dhuinn mion-shealltainn ris a' ghnothach.
Is i mo bheachd-sa gur còir leabhraichean làmh-sgrìobhte a' chomainn a chur
na làimh gus an dèan e a-mach iad, is gun cuir e am follais eachdraidh is
onair na Gàidhlige. Agus an uair a gheibh sinn an t-òrdugh on Rìgh is on
Phàrlamaid, gun dèantar Eòghann MacLachlainn na àrd mhaighstir air a'
Ghàidhlig ann an Colaiste Dhùn Eideann.' Thuirt na daoine-uaisle gun
seasadh iad uile le òrdugh an fhir-riaghailt gun amharas. 'Tha a mhiann*

---

[1] Mòine Muiseig (Iain Taylor, *Ainmean-Àiteachan*, an Teanga 1981: 34).

[2] deich tastain gu leth.

[3] Sir John Sinclair (1754–1835), à Ulbster ann an Gallaibh, a bha na
fhear mòr ri leasachadh an tuathanachais air a' Ghaidhealtachd agus
na cheannard làidir aig Comann Gaidhealach na h-Albann (The Royal
Highland and Agricultural Society of Scotland).

oirnn, a MhicLachlainn,' arsa iadsan riumsa, 'thusa a bhith air a' cheart
stèidh air a bheil do bhràithrean, àrd mhaighistirean ionnsaichte Dhùn
Eideann.'

  Cha mhòr tuilleadh a ruigeas mi a leas a chur nam litir. Aig an Dia
phrìseil a tha brath ciod a thig na lorg seo; ach 's fheudar dhomh aideachadh
gu bheil gach cùis an-diugh air deagh neòil. Thèid a-nise m' àrdachadh dha-
rìribh; is ma tha Dia fàbharach dhomhsa, cha tèid sibhse ìsleachadh. Leis
an fhios seo nam litir, is leis an t-sòlas a tha air m' inntinn, chan urrainn
dhuibhse gun phàirteachadh nam shòlas. An dèidh iomadh bliadhna de
dh'fhannlas[1], de dh'aithmheil[2], is de dh'anshocair, is aoibhneach gu bheil
onair is cliù a' crùnadh gach nì – Ollamh air Glogan-bo-Saidh[3]. A full glass
to the Gaelic Professor of Edinburgh. Chan eil tuilleadh agam ri ràdh, ach
mìle-mhìltibh beannachd on Dia uile-chumhachdach air bhur ceann agus air
bhur cridhe, gu saoghal nan saoghal. Cuiridh mi litir à Obar Dheathain a
dh'iarraidh nan gillean; oir is beachd dhomh gum bi bliadhna no dhà mun
tèid mi fhathast ann an seilbh mo ghrama[4]. Slàn leibh. Tha seo ann an
làmh-sgrìobhaidh bhur mic ghràdhaich.

Eòghann MacLachlainn
Maighistir na Gàidhlig ann an Dùn Eideann

*

19. LONG MHÒR NAN EILTHIREACH, 1828

Air pilleadh dhomh air m' ais o I Chalum Chille, thainig sinn air
an aon fheasgar shàmhruidh a b' àillidh a chunnaic mi riamh,
do àite tearuinte fasg'ach, a tha ann an ceann mu thuath dhe'n
eilean Mhuileach! Air leam[5], nach faca mi cala loingeas idir, a
tha air a dhìon o éirigh fairge agus o chumhachd soirbheis mar
tha e. Tha eilean fada caol ga chuairteachadh air an taobh a
muigh, a' sgaoileadh a sgiathan gu cairdeil, m'an cuairt air gach

---

[1] de sgìths, de chlaoidh.   [2] de dh'aimheal, de dhragh.
[3] far-ainm air fhèin, is dòcha.
[4] .i. mo ghreime (gin.), an dòigh cosnaidh agam.
[5] saoilidh mi.

soitheach beag agus long, a tha 'g iarruidh fasgaidh na thaic, o
dhruim a chuain, no tha feitheamh ri sìde mara gus an rugha
mòr a ghabhail. Air an laimh dheis mar chaidh sinn a stigh,
tha'm fearann ag éiridh gu corrach cas; bha sinn a' seoladh ri bile
nan creag, agus geuga nan craobh a' lùbadh dlù dhuinn, thainig
fàileadh a bharraich oirn air oiteig an t-sàmhruidh, – agus bha
mìl' eun beag le'n ceileiribh binn a' seinn air gach preas, a' cur
fàilte oirn 'nuair a bha sinn a' seoladh seachad oirre gu réidh
sàmhach. Cha robh taobh a thionndain mo shuil nach robh 'n
sealladh taitneach, na beannta àrda Morchuanach[1] 's iad uaine
gu'm mullach, Suaineart le chnoichd[2] 's le thulaichean boidheach
– 's an leathar[3]-Morthairneach a' sìneadh uainn, a' deanamh
gairdeachas ann am blàs an fheasgair shàmhruidh. Aig ceann
shuas a chaoil chi mi,

> – Bheinn mhòr is àillidh sniamh,
> Ceann-feadhna nam mìle beann;
> Bha aisling nan damh na ciabh,
> 'S i leaba nan neul a ceann.

An uair a dhlùthaich sinn a stigh cha robh ri fhaicinn ach
crainn nan loingeas, am brataichean a' snàmh gu fann ris an
t-soirbheas, 's cha robh ri chluinntinn ach fathram[4] ràmh, is
torman nan alld agus nan eas, a bha tuiteam o iomad sgàirneach
àrd de'n chaladh a bha nis a' fosgladh gu farsuing romhainn.
O thaobh gu taobh de'n tràigh air an dara laimh, tha sràid de
thighean mora, co geal ris an t-sneachd, 's gu grad air an cùl tha
uchdach chorrach chas, far a' bheil an calltuinn, an caorrann
agus an t-uinsean, a' fàs gu dosrach, co dlù dhìreach, os ceann
nan tighean tha fòdhpa, 's gu bheil an geugan, air leat, a' lùbadh
m' am mullach. Air bràighe a bhruthaich chi thu chuid eile de'n
bhaile eadar thu 's fàire, ionnas gur doilich dhuit àit' is bòidhiche

---

[1] Sgrìobhadh *Morchuanach*, a rèir choltais, gus ciall a dhèanamh (.i. *mòr* +
chuan + -*ach*) dhan ainm, *Aird nam Murchan*.

[2] .i. le a chnuic.   [3] cliathach, oirthir.   [4] .i. faram, fuaim.

agus is neo-chumanta fhaicinn. Ach 's ann a mach sa chaladh
a bha 'n sealladh a b'fhiach fhaicinn, na ficheadan soitheach
eadar mhòr is bheag, iomad eithear chaol, le'n ràimh uaine, a
bhìorlainn riomhach le siùil gheala, 's an long-chogaidh le croinn
àrda, 's le brataich rioghail; ach nam measg uile chomharraich mi
aon long mhòr a thug barr orr' air fad; bha iomad bata beag a'
gabhail da h-ionnsuidh, is mhothaich mi gun robh iad a'deanamh
deas gu cur fa sgaoil. Bha aon duine leinn a thainig oirn aig
culthaobh Mhuile, is gann a thog a cheann fad an latha, a bha nis
a'g amharc gu h-iomaguineach air an luing mhòir so. An aithne
dhuit, *thuirt mi ris*, ciod i an long mhòr so? Mo thruaighe, *a deir
esan*, 's ann domh is aithne; 's duilich leam gu bheil barrachd 'sa
b'àill leam de m' luchd-eolais innte. Innte tha mo bhràithrean
agus mòran de m' chaomh chairdean, a' dol thairis air imirich
fhada mhuladaich do America mu thuath; agus is bochd nach
robh agams' na bheireadh air falbh mi cuideachd.

Tharruing sinn a nunn gan ionnsuidh, oir tha mi 'g
aideachadh gun robh toil agam na daoine bla-chridheachs'
fhaicinn, a bha'n diugh a' dol a ghabhail an cead deireannach
a dh' Albuinn, air tòir dùchadh[1], far am faigheadh iad dachaidh
bhunailteach dhoibh fein agus d'an teaghluichibh. Cha'n'eil e
comasach a thoirt air aon duine nach robh a làthair, an sealladh
a chunnaic mi'n so, a thuigsinn. – Cha dthig an là a théid e as mo
chuimhne. Bha iad an so eadar bheag agus mhor, o'n naoidhein
a bha seachduin aois a dh' ionnsuidh an t-seann duine a bha tri
fichead bliadhna 'sa deich. Bu dèistinneach ri fhaicinn an trom-
mhulad – an iarguin inntinn – an imcheist, 's am briste-cridhe
a bha air a dheargadh gu domhain air aghaidh a chuid bu mhò
dhiubh a bha 'n so cruinn, o iomad eilean agus earrann de'n
Ghaeltachd.

Bheachdaich mi gu h-araid air aon duine dall aosmhor, a bha
na shuidhe air leth, is triùir no cheathrar de chloinn ghillean m'an
cuairt da, a shean ghàirdeana thairis orra, iad a' feuchainn co
bu dlùithe a gheibheadh a stigh r'a uchd – a cheann crom os an

---

[1].i. dùthchadh (gin.).

cionn, fhalt liath agus an cuaileana dualach donn-san ag amaladh
na chéile, − a dheòir gu trom frasach a'tuiteam thairis orra. Dlù
dhà aig a chosaibh bha bean thlachd-mhor na suidhe, ag osnaich
gu trom ann an iomaguin bròin, agus thuig mi gum b'e a fear-
pòsda a bha spaisdearachd air ais agus air adhart, le ceum goirid,
le lamhaibh paisgte, sealladh a shùl luaineach neo-shuidhichte,
agus aghaidh bhuairte ag innse gu soilleir nach robh sìth na
inntinn. Tharruing mi dlù do'n t-seann-duine, agus dh'fheoraich
mi dheth ann an caoimhneas cainnte, an robh esan ann am
feasgar a làithean a' dol a dh'fhàgail a dhùthchadh? Mis, a deir
esan, a' dol thairis! cha'n'eil, cha'n'eil! Air imirich cha dtheid mise
gus an dthig an imirich a tha feitheamh oirn air fad; agus an uair
a thig, cò an sin a theid fo m' cheann do'n Chill? Dh'fhalbh sibh!
dh'fhalbh sibh! dh'fhàgadh mis am aonar an diugh, gu dall aosda,
gun bhràthair, gun mhac, gun chul-taic; agus an diugh là mo
dhunach, Dia thoirt maitheanas domh, tha thus' a Mhairi, mo
nighean, m' aon duine cloinne, le m' òghaichean geala gaolach
a' dol ga m' fhàgail. Tillidh mis an nochd do'n ghleann ud
thall, ach cha'n aithnich mi an lamh a tha ga m' threorachadh;
cha tig sibhse, a leanaba mo ghràidh, a mach an coinneamh an
t-seann-duine; cha chluinn mi tuille briagail ur beoil ri taobh
na h-aibhne, 's cha ghlaodh mi tuille, ge nach bu leir dhomh 'n
cunnart, fuiribh air ur n-ais o'n t-sruth; 'nuair a chluinneas mi
tabhunn nan con, cha leum mo chridhe ni's faide, 's cha'n abair
mi, tha mo leanabain a'tighinn. Cò a nis a sdiùras mi gu fasga
'n tuim, 's a leughas dhomh an leabhar naomha − c'ait, an ath-
oidhche, 'nuair a theid a ghrian fodha, am bi sibhse a chlann mo
rùin, agus cò a thogas leamsa laoidh an anmoich? O! athair, *ars'*
an nighean, 'si dlùthachadh ris, na bris mo chridhe. − A' bheil thu
'n so, a Mhàiri, *a deir e*, c'àit a' bheil do làmh? thig ni 's dlùithe
dhomh, m'fheudail thu de mhnài an domhain, is sòlasach leam
do ghuth. Tha thu dealachadh rium − cha'n'eil mi cur iomchair[1]
ort, 's cha mhò tha mi 'gearan: falbh, tha mo làn chead agad, tha
beannachd do Dhe agad. Bi thusa mar bha do mhàthair romhad,

---

[1] coire.

dleasnach; air mo shonsa, cha'n fhada bhitheas mi; chaill mi'n
diugh mo gheugan àillidh, agus 's faoin an oiteag a leagas mo
cheann; ach fhad 's is beo mi seasaidh Dia mi, bha e riamh leam
anns gach cruaidh-chas, 's cha treig e nis mi:– dall 's mar tha mi,
tha e fein, buidheachas da ainm, a' toirt domh sealladh air mo
charaid is fearr air a dheas-laimh, agus 'na ghnùis 's leur dhomh
caomhalachd agus gràs ...

(Tormaid MacLeod, *Co'chruinneachadh, air a chur r'a chéile air iarrtas
Comuinn Ard-sheanadh Eagluis na h-Alba; arson an Sgoilean, air feadh
Tìr-mòr agus Eileana na Gaeltachd,* Glaschu 1828: 79–82)

*

20. An Cogadh Ruiseanach–Turcach, agus na Morairean Dearg, 1829

Cha'n'eil teagamh nach 'eil na Rusianaich air faotainn buaidh air
na Turcaich; agus is doirbh a ràdh c'àit an stad iad; no ciod a tha
nam beachd. Tha e air a ràdh gun do chaill iad cheana ceud gu
leth mìle fear, agus gu bheil iad dol a thogail tri cheud mìle eile,
chum am feachd fhàgail do-cheannsachaidh ...

　　Tha na Mor'earan dearg[1] 'an Glaschu san àm; chaidh mòran
a dheuchainn, agus fhuaradh dithis diubh toilltinneach[2] air bàs,
agus tha iad ri bhi air an crochadh air an 29 là de'n mhoì so[3]: tha
àireamh mhòr ri'm fògradh do dhùthaich chéin.

(*An Teachdaire Gàelach* I, 1829: 144)

*

21. An Cor sa bheil Ceàird agus Cosnadh air a' Ghalldachd, 1829

'S duilich leinn a ràdh nach 'eil mòran a tha ro thaitneach againn
r'a innseadh ma'n chùis so. Is ainmig a bha cosnadh do gach

---

[1] na britheamhan.　　[2] .i. toillteanach, airidh.　　[3] den mhìos seo.

seorsa ann an staid is isle na anns a bheil e san àm; gu h-araidh an
fhigheadaireachd. Cha choisinn am fear is fearr air an ealdhain
sin, thairis air tastan san latha; tha mòran diubh nach urrainn
a bheag fhaotainn r'a dheanamh, air chor sgu bheil iad fein
agus an teaghluichean ann am fior bhochduinn. Tha gach gne
oibre eile anabarrach iosal mar an ceudna; ionnas gur faoin do
choigreach tighinn a mach a dh' iarruidh cosnaidh. Am beagan a
th' ann, tha na h-Eirionnaich 'an sàs ann, air tuarasdal co beag 's
gur iongantach mar tha e 'ga'n cumail suas. Tha dòchas againn
m'am falbh an samhradh gun d'theid a chùis ni's fearr.

Do thaobh margaidhean chruidh, is chaorach, 's doirbh
ri ràdh fhathast cionnas a bhios iad, ach mar d'theid cosnadh
ni's fearr, cha dùgh[1] dhoibh a bhi co math 's bu mhiann leis na
Gaidheil.

Cha d'fhuair an siol riamh leabaidh a b'fhearr na fhuair e air
an earrach so, agus tha'n cruithneachd ag amharc gu ciatach.

(*An Teachdaire Gàelach* I, 1829: 23)

*

22. EACHDRAIDH SGEIR NA BAN-TIGHEARNA, 1829
Cò chaidh riamh tre Chaol-muile, no tre'n Linne-sheilich, do
nach do chomharaicheadh amach sgeir na Ban-tighearna.
Sgeir a tha dlù do Mhùstal, ceann mu dheas Liosmòir, agus mu
thimchioll mìle dh'astar san airde-'n-ear do Dhuairt. Be'n Leth-
sgeir a b' ainm dhi gus an do thachair an eachdruidh air a bheil
sinn a nis a' dol a'labhuirt.

Bha aig Gilleaspuig ruagh, (an dàra Iarl' a bh' air Earraghael,
an t-ochdamh Mac Chailean mhòir, agus an seathamh triath
deug do na Guinich,) ceathrar mhac, agus seisear nighean.
Bha Ealasaid, an nighean a b'òige dhiubh, pòsda ri Lachlann
Catanach, Triath Dhubhairt. Thainig connsachadh eadar e
fein 'sa bhan-tighearna. Cha robh clann aca, agus tha beul-

---

[1] .i. cha dùth, cha dual.

aithris ag ràdh, gun robh ise 'g eudach ris, agus gu'n robh esan
toileach air a cur uaithe. 'S e'n ni a thachair gu'n d'fhàg e i air
an sgeir air a'bheil sinn a' labhairt, mu dhorcha nan trà, chums
gun rachadh a bàthadh, 'nuair a thilleadh air an t-sruth. Ach
mar bha'm freasdal càirdeil d'ise chuala sgioba bàta a bha dol
seachad i a'bas-bhualadh agus a' glaodhaich; agus theasraig
iad i o'n bhàs eagallach a bha dlù oirre. Tha aobhar againn a
bharalachadh, o'n eachdruidh a thainig a nuas oirnn o'n àm sin,
gum b' e cuid de Chloinn Illean fein, aig an robh amharus mar
thachair, a shaor o'n ghàbhadh so i, agus a thug i ann an càirdeas
gu Ionar-aoradh tigh a h-athar. Fhuair i litir-dhealachaidh o fear;
phòs i an déigh sin, Triath Achnambreac, agus phòs Lachlann
Catanach nighean fir Threisirnis, màthair Eachainn mhòir, agus
Ailein nan sop. Fhuair e aois mhòr, agus mhortadh e ma dheire
'na leabuidh, ann an Dun-eidean, le Iain Caimbeul, Tighearna
Chaladair, bràthair na ban-tighearn a dh'fhag e air an sgeir, ann
an dioghaltas arson a ghiulain d'a phiuthair, agus droch oidheirp
a thug e air mac a bhràthar, Iain gorm, ceud thighearna Loch-
nan-eala, 'nuair bha e na leanamh. 'S ann anns a bhliadhna 1490
a dh'fhàgadh Ealasaid nighean Ghilleaspuig ruaidh air an sgeir.
Ged a rinn Lachlann Catanach mar sin, cha do chuir so stad air
a chàirdeas a bha eadar a chinne foghainteach treun, agus na
Caimbeulaich. Phòs oghadh a cheart duine sin, Seonaid nighean
Ghilleaspuig Oig, an ceathramh Iarl Aorach, agus b'i so màthair
an duine urramaich sin, Lachlann mòr Dhuairt, a thuit air tràigh
Ghruinaird, anns a bhliadhna 1577.[1]

Cha'n'eil teagamh ann an eachdruidh sgeir na ban-
tighearna, mar dh'aithris sinn san àm i. Ach o cheann bheagan
bhliadhnaichean, chaidh iomad seanachas mearachdach aithris
m'an chùis so. Mas fior, gun do ghabh Mac'Illean air gun
do bhàsuich a bhean ann an Duart; gu'n deach e fein agus a
dhaoine, le ciste-mhairbh do Ionar-aoradh, gun do choinnich
athair-céile agus a dhaoine e ann am bràigh Ghlinn-aoraidh,

[1] Dh'fhaodadh seo a bhith na bu shoilleire: phòs an t-ogha ann an 1577,
ach thuit Lachlann Mòr ann an 1598.

far an d'fhosgladh a chaisil-chrò[1] agus an do nàraicheadh Mac
'Illeain arson a chealgoireachd ...

(*An Teachdaire Gàelach* I, 1829: 85–86)

*

23. Litir o Fhionnlagh Pìobaire a chum a Mhnatha, 1829
A Mhàiri, ĕudail nam ban,
    Gheall mi sgriobhadh ad' ionnsuidh, agus d'a rìreadh is
faochadh do m' chridhe conaltradh beag a bhi agam riut.
Cha'n'eil thu fein no na pàistean tiota as mo chuimhne. Am
chodal no am fhaireach tha sibh fa chomhair mo shùl agus
ann am beachd m'inntinn. Is taitneach leam uaigneas gu bhi
smuainteach oirbh ...
    Bha mi seachduin ann an Glaschu m'an d' fhuair mi cosnadh.
Chunnaic mi Righ Uilleam, 's an t-each odhar – an Eagluis mhòr,
an Tigh-eiridinn, 's am priosun. Chunnaic mi iad a' sniomh an
Tombaca 'sa *Chotain* – a'deanamh na'n gloineachan; chunnaic mi
beartan a' fidheadh leo fein, 's a' falbh co ciallach 's ged a bhiodh
Iain figheadair e fein aig ceann gach snàthainn ...
    'Smòr an cothrom a th'aig na Gaedhil anns a Bhaile mhòr so,
thigeadh iad o'n ear no o'n iar gheibh iad Gaelic an dùthcha fein
ann an eagluisibh a bhaile.
    An saoil thu Mhàiri nach do h-eap[2] Pàra' mòr agus mis' a
bhi sa phriosun an oi'che roimhe. Bha sinn a dol dachaidh gu
sàmhach, cialluch, gun fhocal as ar ceann, mise 'giulan bocsa na
pìoba fo m' bhreacan, 'nuair a thainig triùir no chearthar[3] mu'n
cuairt duinn, agus mu'n abradh tu seachd, spìonar uam bocsa
na pìoba, agus glacar mi fhein air sgòrnan. Mar bha'n tubaist
air Pàra' mòr, dh' éirich e air càch le bhăta daraich, agus rinn
e pronnadh nam meanbh-chuileag orra. Bha clach-bhalg[4] aig
fear dhiu, 's cha luaithe thug e srann aisde, na thainig sgaoth

---

[1] a' chiste-laighe.   [2] .i. nach do theab.   [3] .i. cheathrar.
[4] ionnstramaid a nì gleadhraich, a bhiodh aig a' pholas uair.

dhiu mu'n cuairt duinn, agus giulainear air falbh sinn do àite ris
an abrar am *Police Office*. Ait an uamhais! Tha oillt orm fhathast
smuainteach air. Daoine nan sìneadh air dall na daoraich thall
agus a bhos, a' call fola, is mallachadh 'nam beul; mnathan, (b'e
sin an sealladh gràineil) air an dallanaich, cuid diu caoineadh 'sa
rànaich; is cuid eile 'gabhail òrain, agus, ni maith d'ar teasraiginn,
duine marbh 'na shìneadh air an ùlar. Dh'fheòraich mi fhein co
modhail 's a b'urrainn domh, c'ar son a thugadh 'an so sinn? Chi
thu sin a thiota, deir fear dhiu, 'se cur a làimhe ann am bocsa
na pìoba: thug a phìob ràn brònach aiste, agus chlisg e mar gam
biodh nathair innte. Feudaidh tus' 'Ille mhaith a ràdh, arsa Pàra'
mòr, mar thuirt an sionnach a bha'g itheadh na pìoba. Is biadh
agus ceòl so dhomhsa. Ciod a th'agad air, 'sann a shaoil iad gur
corp leinibh a bh'againn, ach 'nuair a thuig iad mar bha chùis
leig iad as sinn ...

(*An Teachdaire Gàelach* I, 1829: 131–33)

*

24. Mu Charbad na Smùide, 1829

Chuireadh iongantas mòr air an Dùthaich 'nuair a fhuaradh a
mach an t-innleachd leis a' bheil Loinghis, agus soithichean
a' gluasad fo chumhachd teine: agus an uair a thòisich iad ri
màgaran eadar Glaschu agus Grianaig, is beag a shaoil sinn
gu'n gabhadh iad de dhànadas, bliadhna no dha na dhéigh sin,
an cuan mòr a thoirt fo'n ceann; agus seòladh gu neo-sgàthach
eadar na rioghachdan is faide o chéile. 'Nuair a chuala sinn
daoin' a' labhairt ma'n innleachd cheudna arson charbadan,
agus Féunaidh[1] mhòr chuthromach, rinn sinn gàire fanoid uime,
mar nach biodh ann ach spleadhraich, ach fhuaradh a nis a
mach an dòigh chum so a dheanamh, ann an iomlaineachd ris
nach robh fiughair againn fhaicinn anns an linn so. Tha innealan
toit air na deanamh air an fhoghar' a dh'fhalbh de sheòrs' ùr, a

---

[1] cairt.

thàirngeas luchd mòr nan déigh, le luas anabarrach, agus leis an tearuinteachd is mò. Tha aon ri fhaicinn air an àm so ann an Sasunn, nach 'eil mòran os ceann leth tunna air cudthrom, a thàirneas dà-fhichead tunna na dhéigh, agus a shiubhlas leis a chudthrom so ceithir-mìle-deug san uair. 'Nuair nach bi cudthrom co mòr na dhéigh falbhaidh e os ceann deich-mìle-fichead san uair, air an t-seorsa rathaid a tha air uidheamachadh air a shon fein. Tha na h-inneil so co innleachdach 's nach 'eil e comasach gun sgàin an t-àit anns a bheil an t-uisge goileach, agus tha am barrachd cumhachd aig an fhear a bhios air an stiùir air carbad na smùide, seach na th'aig fear-greasaidh na'n carbad eile leis na h-eich is ciallaiche. Is urrainn da stad a chur air ann am prioba na sùl, agus theid e m'an cuairt air rathad mòr a tha deich troighean air leud. 'S e'n connadh a th'aca air a shon gual air a losgadh ann an slochd fo thalamh, agus air a bhàthadh le uisge, connadh a tha eatrom ri ghiùlan air bheag tomaid, agus ro chumhachdach chum an deathach a thogail. Giulainidh carbad na smùide de'n chonnadh so na dh' fhòghnas da a dheanamh leth cheud mìle, agus cha'n fheum e leasachadh uisge ach uair san fhichead mìle. Ma shoirbhicheas leis an innleachd so mar tha dùil aig daoine, cha'n fheumar each às a mhìle de na tha'n greim san àm so; agus is soirbh fhaicinn na bhitheas de lòn ri sheachnadh[1] do'n chinne-daonna, a bha dol a bheathachadh nan each.

Is iomchuidh dhuinn innse gu bheil na ràthaide-mòr air a' bheil na carbadan so a' gluasad air an uidheamachadh air mhodh àraidh air an son fein, agus gu bheil an t-slighe air an ruidh na rothan air a leagadh le h-iarrunn.

Tha na daoin' innleachdach a thùr na carbadan so a' feuchainn ris an acfhuinn so chàramh ri soithichean na smùide; agus 'se barail dhaoine gun soirbhich leo. Agus bithidh so na shochair mhòr a chionn gum bi i ni's cumhaichdiche agus ni's tearuinte, nach bi feum aig na soithichean air na h-uiread ghuail a chur a stigh, an ni bu mhò a bha nan aghaidh air turusaibh fada. A dh'innse na firinn cha'n fhios duinn c'àit an stad na

[1] ri shàbhaladh.

h-innleachdan so; ach thig atharrachadh air na rathaide-mòra anns a Ghael'tachd m'am bu mhiann leinn an tadhall ann an carbad na smùide.

(*An Teachdaire Gàelach* I, 1829: 176–77)

*

25. COMHARRAIDHEAN AIR CAOCHLAIDHEAN NA SÌDE, 1830

Cha'n'eil dùthaich air talamh anns nach faightear a measg a luchd-àiteachaidh, comharraidhean sònruichte leis an tuigear roimh làimh, ann an càileiginn, cuid de na h-atharraichean sin tha teachd air an t-sìd. Tha cuid de bheothaichean ann, aig am bheil mothachadh mòr air caochladh air bith a tha ri teachd air an t-sìd, o theas gu fuachd, no o thuradh gu uisge, no o aimsir chiùin gu stoirm. Tha cuid de lusan a's luibhean, agus de bhlàithean a thaisbeanas na h-atharraichean tha ri teachd air an t-sìd. Tha comharraidhean àraid ri fhaicinn air aogas nan speur agus ann an coslas nan neul, leis an tuig daoine fiosrach tha cleachdadh suim a ghabhail de na nithe so, ciod an t-atharachadh tha ri teachd ...

Chìtear coin no madaidhean a tha stigh ann an seòmar, a' cinntinn trom, codalach, neo-thogarrach agus leisg 'nuair tha'n t-uisge dlùth; caidlidh iad ré 'n latha fa chomhair a ghealbhain agus tha e doirbh air uairibh toirt orra éiridh. Tha'n ni ceudna r'a fhaicinn an giùlan nan cat. Tha 'n deala[1] gu h-àraid mothachail air atharraichean na sìde. Tha i co maith chum eòlas thoirt dhuinn air caochlaidhean na sìde ri gloine-shìde. Ma chuirear ann an gloine shoilleir i, as nach faigh i teachd, agus trì cheathramh de 'n ghloine sin làn uisge a dh'atharraichear uair 'san t-seachduin ré'n t-Samhraidh, agus da uair 'san t-seachduin ré'gheamhraidh, leigidh i fhaicinn iomad caochladh tha teachd air an t-sìd. Ann an aimsir chiùin shamhraidh luidhidh i 'na cuairteig ann an ìochdar na gloine; ma tha 'n t-uisge ri teachd

---

[1] cnuimh a dheòghlas fuil.

roi'n fheasgar, snàigidh i suas gu uachdar an t-soithich, agus ann an sin fuir'ghidh i gus am bi 'n t-sìd socraichte; nuair tha stoirm no doinionn sìde dlùth, cha teid tàmh oirre ach air a h-ais 's air a h-aghart, a suas, 's a sìos; is ainmig leatha socrachadh gus an séid e gu cruaidh; ma tha stoirm mhòr de thàirneanaich agus de dh'uisge dlùth, gabhaidh i tàmh latha no dhà roi'n àm os cionn an uisge, agus tha i a'taisbeanadh co mi-shuaimhneach an-shocrach sa tha i; an àm reothaidh agus sìde shoilleir, luidhidh i air iochdar an t-soithich, agus ri sneachda no uisge togaidh i oirre gu mullach na gloine ...

Ma thuiteas dhuinn a bhi mach an déigh sìd thioram 'nuair tha uisge dlùth, feudaidh sinn mothachadh do spréidh a' sìneadh a mach an amhchannan, agus a' deoghal na gaoithe le'n cuinneinibh fosgailte, agus gu tric a' cruinneachadh ann an cùil no 'n oisinn achaidh le'n cùl ris an t-soirbheas.

Tha ròcail nan gilleacha-cràigean agus nan losgunn – sgreuchail na peucaige, lìonmhorachd nan damhan-alluidh a' streap ris na ballachan, na daolan, 's na durragan a' teachd a mach as am frògaibh 'na'n comharraidhean gu 'bheil an t-uisge dlùth.

Ma mhothaicheas sinn losgainn a' teachd a mach gu lìonmhor as an tuill; ma chì sinn na famhan a' tilgeadh barrachd ùrach os an ceann ni's bitheanta leo; ma chì sinn an ialtag a 'tighinn a stigh, agus ma chluinnear i a' bìdeil feadh an t-seòmair; ma mhothaicheas sinn na mucan a ruith le cònlaich 'na'm beul; an spréidh aig imlich an casan toisich, agus ma chluinnear na luchaidh ri ùpraid àraid 'na'm frògaibh, feudaidh sùil a bhi againn ris an uisge.

Tha caoirich a's gabhair ni's togarraiche gu ionaltradh, agus ni's duilghe'n toirt uaithe roimh uisge na air amannan eile.

Am measg gach comharradh eile, chìtear na seangain ni's dian shaothairiche a' giùlan an uibhean; cluinnear an fheannag 's am fidheach a' ròcail ni's àirde roi'n uisge na's àbhaist doibh.

'S bitheanta leis a' chomhachaig no a chailleach oidhche bhi gearan 's a' glaodhaich ni's tùirsiche roi'n uisge na àm sam bith eile.

'S àbhaist leis an smeoraich òran binn a sheinn gu h-àrd 's gu fada roi'n uisge agus roi'n stoirm.

Tha eòin bheaga dhubha[1] air a chuan leis an cleachdadh fasgadh a ghabhail fo rotal[2] nan luingeas 'nuair tha stoirm dlùth. Ann an Irt tha seorsa de dh'eòin[3] a tha ro fheumail ann an rabhadh a thoirt air atharrachadh gaoithe; nuair philleas na h-eòin sin a dh'ionnsuidh na tìre ann an lìonmhorachd, tuigidh muinntir Irt nach bi gaoth 'n iar ann ré ùin 'fhada; agus air an làimh eile nuair a philleas iad chum a chuain, feudar sùil a bhi ri gaoth 'n iar gu grad ...

T. M^cL., *Campsie*[4]

(*An Teachdaire Gàelach* II, 1830: 182–84)

*

26. MU BHUAIDHEAN SÙGH FEÒIR ANN AM BEATHACHADH SPRÈIDHE, 1831

Nuair tha feur-saidhe[5] agus fodar gann tuigear gu 'bheil sùgh an fheòir air 'uidheamachadh 's an dòigh a leanas ro fheumail, agus 'na chaomhnadh mòr air an innlinn[6] an droch earrach.

Gabh làn do ghlaice de dh' fheur-saidhe agus dòirt thairis air tri ghalain do dh' uisge goileach, cuir bòrd os ceann an t-soithich 's am bheil e, gus an tarruing an t-uisge an sùgh no a bhrìgh as an fheur, ceart mar gum biodh tu deanamh *Tea* agus 'nuair bhios e

---

[1] Sgrìobhar 'the stormy petrels' (an amhlag-mhara no an luaireag) ann am fo-nota.

[2] a' ghaoth no an t-uisge aig deireadh soithich a bhios air ghluasad.

[3] Sgrìobhar 'Procellaria glaciaris' ann am fo-nota. Is iongantach mura h-e seo *Fulmarus glacialis* (Procellariidae) 'am fulmair'.

[4] Tormod MacLeòid (1783–1862), am fear-deasachaidh, a bha na mhinistear ann an Campsie eadar 1825–1835. Dheigheadh Caraid nan Gaidheal a thoirt air mar fhar-ainm a chionn a chuid obrach a rinn e air an fhoghlam agus ri cuideachadh leis a' bhochdainn air a' Ghaidhealtachd ann an deich-air-fhicheadan agus dà-fhicheadan na naoidheamh linn deug.

[5] tràthach.   [6] biathadh, fodar.

fuar thoir do'n spréidh e, no do na h-eich r'a òl – agus ma thuiteas
doibh a bhi gu h-euslan no fo fhasgadh tighe, feudar a thoirt
doibh meagh-bhlàth. Cha 'n òl iad so a cheud uair a thairgear
dhoibh e, ach na toir deoch dhoibh gus am bi pathadh orra,
agus an déigh dhoibh òl aon uair cha'n iarr iad deoch eile ach
so, 's cha ghabh iad deoch eile a roghainn air. Tha e anabarrach
biadhar, fallain; air son crodh bainne cha'n'eil ni a dh' fheudar
a chur mu 'n coinneamh 'sa gheamhradh is fèarr chum bainne
maith a thoirt dhoibh! Tha e tarbhach mar an ceudna airson
laoigh a bheathachadh agus ro mhaith airson each. Tha e 'na
chaomhnadh mòr air innlinn; theid aon cheannag[1] fheòir cho
fada 's an dòigh so 'sa ni deich air dhòigh eile. Tha'n dòigh so air
a chleachdadh 's an Fhraing agus ann an rìoghachdan eile, agus
shaoileamaid gum biodh e ro fhreagarrach ann an Gaeltachd
na h-Alba. Ni 'm feur an dèigh a bhruiche biadh maith do na
beathaichean, agus feudar beag no mòr dheth chleachdadh a réir
an fheum a th'air.

(*An Teachdaire Gàelach* II, 1831: 216)

*

27. LITIR À CANADA, 1834
[Air a sgrìobhadh ann am Megantic County, Quebec, air
15mh den Dàmhair, 1834, le Uilleam Hendry gu mhàthair, a
bhràithrean agus a pheathraichean ann an Arainn]

october the fifteenth 1834
May dear mother brothers and sistes
a mathair greadhich tha me gabhail a cothrom-se air sgriobhadh
dar niunsuidh a ligal a chluintinn duibh gu eil sinn ule gu maith
sanamsa buidhachas do dhia airson a throcairen dhuinn agus a
mhianemig gu biodh e ni ceun agibhse ri ra agus bha duil agum
ri litir a chur dar nionsuid toisach en tamaridh ach gholabh
mi began uine en e steates tiomull da cheud mile on aite so

---

[1] sop.

deic agus tree fichead mile en taobh eile line agus be nobair a
bha agam chuid do nuine bhi deanamh clacha craidha agus
bha uilliam ruagh mo cusinn lam agus cuigear eile do mhuntir
en atie agus thanig sien dhachie ach dhean Peter Hamilton
cairid domh fein agus dhiar e ormsa na bighinn a chur in fhios
dachie ruibhse dhinseadh da mhuintir gun robh e gu maith
agus cha neil e teachd dachie gu cion blianadh ma soirbheas leis
Aagus tha agum ra innseadh dhuibh nach beo shoni chui a bha
lochraoinsa gholabh e leis en tinnis ann e Quebec gu robh en
tighearna uile gar nulamhachadh airson na uair sien. Agus tha
nigean do uilleam kiliston a bha air sanagan a tha duil acha gu
mheil i en tiniscatie agus nighean eile do bhaldy callum nach eil
a faotinn a slainte idir Ach tha en eslaint an sgach atie Aagus
tha mo chairden leis e mheil mi a dol ma guairt gach laa Agus
tha bhrathair mo mhathair agus a theaghlach gu maith, a mheud
dhiu sa tha aig an tigh, ach tha e fein a fainachadh gu mhor agus
tha iad teachd air enaaidh gu maith on a tanik iad do duiche so
tha achda da bo agus beathin bega tha achda air a blianadh so na
deanadh chuidachadh maith do theaghlach na dha a bharrachd
orra fein agus tha e agra nach measadh e bhi riamh na bu sona
na tha e na biodh a clann leis en so cruinn. tha iad cur moran
beannachdan dar nionsuidh agus tha goinag mo chiosin fastage se
namsa aig e mhinisgair tha i cur moran beannachdan nionsuidh
Agus tha ma cairdean leis em bheil mi cur moran beannachdan
dar nionsuidh agus a ghiunsuidh mo shean-mhathair agus un
Keggi puithar mathair agus tha mo chairid caoimh uilliam
adhfurachi air teachd dachie agus tha e gu maith ca dan e ach
ma aon seachduin agus gholabh e risg en de air slighe a dhol don
atie n robh e roimh tiamull sae ceud mile se so ghabh iad sea
mios teachd e nuas roimh leis an raft gu Qebec agus tha uilliam
ruagh mo cusin caoimh gu maith tha e uairean ag obair air en
taoirsneachd agus a chuid eile saoirachadh ferrain agus tha chuid
a dhuil agie gun thig a chuid eile don theaghlach a mach ach
cha neil fhios agie agus tha mi creudsinn gu maith gu biod iad
na bhear en so na tha iad agus moran a thullie orra ach cha neil

mi toirt misneach do dhuine air bith teachd air en uairs oir tha
moran tigheachd nach eil toilite don atie so agus cha neil mi fein
ra tholite don atie so fathest ach faodidh e bhi gle maith air a hon
sin ach tha fhios agam gu biodh mi gu mor na bu tailiteacha na
biodh sibh fein se chuid eile don theaghlach en so agus a chuid
mor a thainig don atie so en toiseachd. thaink iad re iomad
sarachadh ... Cha druin mise in e clearadh air mo lot ... tha e go
fada o margadh snach biodh mor ... ann domh ach na biodh duil
agum ri sibhse e teachd en so thoisachin air ulamhachadh air air
son en so se gholabhain blianadh em o cosnadh a chuidachadh
leibh teachd a mach cha neil fhios agum cocu a tha mi deanadh
gu maith dar taoibhse a bhi fantuinn en so sna nach eil ach se
bhi a bhear lam tha sibhse ligal fhacin air curam dhiomsa gach
uair tha sibh faotnn cothrom air agus cha bo choir domhsa bhi
ro churamach tiomull oirbhse tha fadail orm go fada se tha mi
gun air facinn fein agus mo chairden caoimh uile tha en sin ach
tha dochas agum gu faic mi sibh en so air no en sin en uine gun
a bhi anabar fada ma se sin toil en tighearna tha en tatie so gu
maith fadailach a bhi ann air uairen cha naik snn read se bith
tiomull ach oirn ach e caoile agus ne speran os air cion tha en
gheameradh enso dirach fada agus fuar tha sneachd aguin ma
namse agus cha nainith domh aon do mo chairdean en sin le a
chuidachadh nach feudeadh geainead gle maith en so na biodh
iad aon uair bhos tha chuid don fearun dirach maith agus chuid
gle surrach tha chuid dheagh swampach clachach creagach ach
tha chuid mor dheagh maith airson feum dhaoine tha mi a cur
moran beannachden dar nionsuidh fein agus thiunsuidh mo
sheanmhathair agus un gach brathair athair se brathair mhathair
tha agum agus un gach puthar mhathair es athair agum agus
un gach chairid es banchairid tha agum gad nach urrad mi
nainmsachadh en draist

Ulliam Hendry

Mrs Charls Henry
Penrioch
Island of Arran
Scotland

(Ronald I.M. Black, 'An Emigrant's Letter in Arran Gaelic, 1834', *Scottish Studies* 31, 1993, 61–87: 72–74)

My dear mother, brothers and sisters,

A mhàthair ghràdhach, tha mi gabhail a' chothruim-se air sgrìobhadh dur n-ionnsaigh a leigeil a chluinntinn duibh gum bheil sinn uile gu maith san àm sa, buidheachas do Dhia airson a thròcairean dhuinn, agus a mhiannamaid[1] *gum biodh an nì ceun*[2] *agaibhse ri ràdh; agus bha dùil agam ri litir a chur dur n-ionnsaigh toiseach an t-samaraidh*[3] *ach dh'fholbh mi beagan ùine ann an States tiomall*[4] *dà cheud mìle on àite seo, deich agus trì fichead mìle an taobh eile an Line*[5]*. Agus b' e an obair a bha agam chuid don ùine bhith deanamh*[6] *chlacha cràdha*[7]*, agus bha Uilleam Ruadh, mo chusainn, leam agus cùigear*[8] *eile do mhuinntir an àite; agus thàinig sinn dhachaigh, ach dh'fhan Peter Hamilton, caraid domh fèin, agus dh'iarr e ormsa, nam bithinn a' cur an fhios dachaigh ruibhse, a dh'innseadh da mhuinntir gun robh e gu maith agus chan eil e teachd dachaigh gu ceann bliadhnadh ma shoirbheas leis.*

Agus tha agam ri innseadh dhuibh nach beò Seonaidh Chuithe a bha an Loch Raonasa: dh'fholbh e leis an tinneas ann an Quebec – gun robh an Tighearna uile gar n-ullmhachadh airson na h-uair sin. Agus tha nighean do Uilleam Caolastan a bha air Sannagan a tha dùil aca gum bheil i an tinneas-caithte, agus nighean eile do Bhaldie Calum nach eil a' faotainn a slàinte idir. Ach tha an easlaint anns gach àite.

Agus tha mo chàirdean leis am bheil mi a' dol ma guairt[9] *gach latha, agus tha bràthair mo mhàthar agus a theaghlach gu maith – a mheud dhiubh 's a tha aig an taigh – ach tha e fèin a' fannachadh gu mòr; agus tha iad*

---

[1] Measgachadh de *tha sinn a mhiann* agus *gum miannamaid* 'gum miannaich sinn'.

[2] ceudna.   [3] an t-samhraidh (gin.).   [4] timcheall.

[5] A' chrìoch eadar Canada is na Stàitean Aonaichte.

[6] Bhiodh an lide cruaidh goirid ann an Arainn (Nils M. Holmer, *The Gaelic of Arran*, Baile Atha Cliath 1957: 62; Black, 'An Emigrant's Letter in Arran Gaelic', 82, Nota 18).

[7] chlachan crèadha (gin.).

[8] còignear.   [9] mun cuairt.

teachd air an aghaidh gu maith on a thàinig iad don dùiche seo[1]: tha aca dà bhò agus beathaidhean[2] beaga. Tha aca air a' bhliadhnadh seo na dheanadh chuideachadh maith do theaghlach no dhà a bharrachd orra fèin agus tha e ag ràdh nach measadh e bhith riamh na bu sona na tha e nam biodh a chlann leis an seo cruinn. Tha iad cur mòran bheannachdan dur n-ionnsaigh. Agus tha Deònaid[3], mo chusainn, fastaid[4] san àm sa aig a' mhinistear – tha i cur mòran bheannachdan dur n-ionnsaigh. Agus tha mo chàirdean leis am bheil mi cur mòran bheannachdan dur n-ionnsaigh agus a dh'ionnsaigh mo sheanmhathar agus thun Keitidh, piuthar m' athar.

Agus tha mo charaid caoimh, Uilleam 'acMhurchaidh, air teachd dachaigh agus tha e gu maith. Cha d'fhan e ach mu aon seachdain agus dh'fholbh e rìst[5] an-dè air slighe a dhol don àite an robh e roimhe, tiomall sè[6] ceud mìle às an seo. Ghabh iad sè mìos teachd a-nuas roimhe leis an raft gu Quebec.

Agus tha Uilleam Ruadh, mo chusainn caoimh, gu maith. Tha e uairean ag obair air an t-saoirsneachd agus a' chuid eile a' saothrachadh fearainn, agus tha chuid a dhùil aige gun tig a' chuid eile don teaghlach a-mach ach chan eil fhios aige, agus tha mi creidsinn gu maith gum biodh iad na b' fheàrr an seo na tha iad – agus mòran a thuille orra – ach chan eil mi toirt misneachd do dhuine air bith teachd air an uair sa, oir tha mòran tigheachd[7] nach eil toilichte don àite seo, agus chan eil mi fèin ro thoilichte don àite seo fathast ach faodaidh e bhith glè mhaith air a shon sin, ach tha fhios agam gum biodh mi gu mòr na bu toilichteacha nam biodh sibh fèin is a' chuid eile don teaghlach an seo agus a' chuid mhòr a thàinig don àite seo an toiseachd. Thàinig iad ri iomad sàrachadh ...

Cha d'rinn mise aona chlearadh air mo lot ... Tha e co fada o mhargadh is nach biodh mòr ... ann domh. Ach nam biodh dùil agam ri sibhse a' teachd an seo thòisichinn air ullmhachadh air ur son an seo, is dh'fholbhainn bliadhnadh am chosnadh a chuideachadh leibh teachd a-mach. Chan eil fhios agam cò aca a tha mi deanamh gu maith dur taobh-se a bhith fantainn an seo no nach eil, ach 's e bhith a b' fheàrr leam. Tha sibhse leigeil fhaicinn

---

[1] don dùthaich seo.
[2] beathaichean.
[3] *Seònaid.*
[4] air fhastadh.
[5] a-rithist.
[6] sia.
[7] tighinn, teachd.

ur cùram dhìomsa gach uair tha sibh faotainn cothrom air agus cha bu chòir
domhsa bhith ro chùramach tiomall oirbhse; tha fadail orm co fada is a
tha mi gun ur faicinn fèin agus mo chàirdean caoimh uile tha an sin, ach
tha dòchas agam gu faic mi sibh an seo air neo an sin an ùine gun a bhith
anabarr fada – mas e sin toil an Tighearna. Tha an t-àite seo gu maith
fadalach a bhith ann air uairean; chan fhaic sinn read¹ sa bith tiomall oirnn
ach a' choille agus na speuran os ar cionn. Tha an geamaradh² an seo dìreach
fada agus fuar – tha sneachd againn mun àm sa.

   Agus chan aithne domh aon do mo chàirdean an sin, le a chuideachadh,
nach feudadh deanadh glè mhaith an seo nam biodh iad aon uair bhos. Tha
chuid don fhearann dìreach maith agus chuid glè shuarach; tha chuid dheth
swampach chlachach chreagach, ach tha a' chuid mhòr dheth maith airson
feum dhaoine.

   Tha mi a' cur mòran bheannachdan dur n-ionnsaigh fèin agus
dh'ionnsaigh mo sheanmhathar agus thun gach bràthair athar is bràthair
màthar tha agam, agus thun gach piuthar mhàthar is athar tha agam,
agus thun gach caraid is bancharaid tha agam ged nach urrad³ mi an
ainmsachadh⁴ an-dràst.

*

28. Mu Chuideachd nan Sgoilean Gàidhealach, 1834

Tha nis còrr agus seachd bliadhna deug o shocraicheadh an
Comunn so. Mhothaich iad le mòr dhoilghios⁵, ged a rinneadh
mòran airson nan Gàidheal leis gach cuideachd eile, gu'n robh
anabharra fathast r'a dheanamh. Ged a bha 'm Bìobull air
'eadar-theangachadh do'n Ghaelic, saor r'a cheannach, agus
soirbh r'a fhaotainn, cha robh mòr sheadh dhoibh ann, do bhrìgh
nach robh e 'nan comas a leughadh.

   'S e 'n ni àraidh a tha comharachadh a mach na cuideachd
chàirdeil so, agus a chuir na Gàidheil co mòr 'nan comain, gum
b'iad a' cheud Chomunn a thug fainear, gur i a' chainnt a tha

---

¹ rud.   ² an geamhradh.
³ urrainn.   ⁴ ainmeachadh.
⁵ le mòr dhragh.

daoine 'labhairt a's usadh[1] dhoibh fhòghlum; agus thionnsgainn[2] iad air na Gàidheil a theasgasg a réir na dòigh so. Ann an àite tòiseachadh anns na sgoilibh le leabhraichibh Beurla, mar a rinn a' Chuideachd urramach eile[3], agus na sgoilean sgìreachd, thòisich iadsan sa' cheud dol a mach anns a' Ghaelic; agus do thaobh so, ann an ùine ghoirid thug iad dearbhadh sòlasach seachad air a' ghliocas co math 's air a chaoimhneas leis an do thòisich iad air an obair so. Dh' ionnsuich na Gàidheil, mar dh'fheuidte smuaineachadh, ann an trian na h-ùine a ghabhadh iad anns an dòigh ghnàthaichte[4]. Thuig iad na bha iad a' leughadh, mar bha iad a' dol air an aghaidh. Bha'n inntinn san obair. Bha'n eòlas air a mheudachadh, agus bha iad air an deasachadh san àm cheudna air teachd gu dian air an aghaidh anns an oilean Bheurla[5]. Tha gach aon a tha mion-eòlach uime so, agus as am feudar earbs' a chàramh[6], a dh' aon-inntinn sa' chùis so. Agus bhuineadh do Ghàidheil a thoirt fainear, ge nach robh luach-saoithreach[7] a b'àirde 'an lorg na dòigh theagaisg so na ruigheachd air a' Bheurla, ni gun teagamh a tha feumail, gum bu chòir dhoibh co-aontachadh leatha. Ach cha'n ann idir chum fòghlum saoghalta thoirt seachad, a chuireadh a' Chuideachd so air bonn: 'se cor spioradail nan Gàidheal a dhùisg bàigh a' Chomuinn. B'e 'm miann, gu h-àraidh, comas a thoirt do dhaoinibh focal Dé a leughadh anns a' chànain anns an deachaidh an teanga an tùs

[1] .i. as fhasa.

[2] thòisich.

[3] Is iongantach mura h-e seo an SSPCK (the Society in Scotland for Propagating Christian Knowledge) a bha a' ruith Sgoilean na Gaidhealtachd fo riaghailt aca nach ionnsaicheadh na pàistean leughadh na Gàidhlig san sgoil mum faigheadh iad leughadh na Beurla. Bha an riaghailt sin ann gu 1824, agus an uair sin ghèill iad, gu ìre, do theagasg na Gàidhlig (faic Murdo MacLeod, 'Gaelic in Highland Education', *Transactions of the Gaelic Society of Inverness* XLIII, 1963, 305–34: 310–11).

[4] anns an dòigh àbhaistich.

[5] anns an fhòghlam Bheurla.

[6] a chàradh.

[7] dìoladh, duais.

air chòmhradh. Mun do thòisich a' Chuideachd so, b'ainneamh
an ni Bìobull fhaotainn ann an tigh air bith sa' Ghàidhealtachd.
Is mòr gu dearbh a rinn an Comunn Lunnuinneach chum an
sgaoileadh, gidheadh, bha iad dìreach dhoibh mar leabhar glaiste
do-thuigsinn; ach a nis anns a' bhothan a's aonaranaiche tha'n
leabhar naomh so r'a fhaotainn; agus ma shoirbhicheas Dia leis
gach saothair a th' air a chleachdadh, cha bhi 'n leanabh a's
bochda san dùthaich gun bhi 'na urrainn a leughadh.

Cha'n'eil na sgoilean Gaelic seasmhach, suidhichte ann
an aon àite, mar sgoilean eile; ach o ghleann gu gleann, 's o
eilean gu eilean, chum cothrom a thoirt dhoibhsan a bha ana-
goireasach air ruigheachd air fòghlum air aon dòigh eile. 'Nuair
a thòisich iad air tùs, bha iad mar thobair bheaga san fhàsach,
ach tha iad a nis mar shruthaibh làidir leis am bheil tìr nan
gleann 's nam beann gu pailt air a h-uisgeachadh. 'S e'n dòigh
ghluasadach san robh iad a dh'fhàg iad co freagarach do chor
na dùthcha, agus bu chòir da so a bhi 'na aobhar-brosnachaidh
dhoibhsan a tha sealbhachadh sochairean nan sgoilean Gaelic,
feum math a dheanamh dhiubh am feadh 's a tha iad aca. 'Se
miann dùrachdach a' Chomuinn so gu'n deanadh na Gàidheil
còmhnadh ri càch a chéile chum am fòghlum a tha iad a' faotainn
uathasan a cho-roinn ri muinntir eile aig nach 'eil an cothrom
ceudna; agus cha b'ìoghnadh ged a dheanadh iadsan sin, 'nuair a
tha coigrich a' deanamh na h-uiread air an son féin.

Tha aon ni a thachair ann an lorg nan sgoilean so, nach feud
gun sòlas a thoirt do'n chridhe cheart: 'se sin an tlachd, cha'n e
'mhàin a th'aig an òigridh, ach, mar an ceudna, aig a' mhuinntir
a thàinig gu aois, ann am fòghlum na Gaelic, chum cothrom a
bhi aca gu focal Dé a thuigsinn 'nan cainnt féin ...

(Tormod MacLeòid, *Leabhar nan Cnoc: comh-chruinneachadh do nithibh
sean agus nuadh airson oilean agus leas nan Gàidheal*, Grianaig 1834:
180–82)

*

29. OIDHIRP AIR A' BHÀNRIGH A MHURTADH, 1840

Chaidh deuchainn a chur air *Oxford*, an duine thug oidhirp air a'
bhan-righ a mhurtadh, o chionn ghoirid, agus an déigh a' chùis a
sgrùdadh 's a rannsuchadh air gach dòigh bu chothromaiche air
am b' urrainnear smuainteachadh, b' e barail na cùirte nach robh
teagamh air bith mu'n droch rùn leis na loisg e na h-urchraichean,
ged nach robh iad idir cinnteach an robh no nach robh peileirean
anns na dagachan. Bha iad a dh' aon bharail gu 'n robh 'n duine
truagh so thar a bheachd; agus, a réir cleachda na dùthcha, thug
iad binn 'na aghaidh, gu 'n caitheadh e a' chuid tha ri teachd d'
a làithean ann am prìosan far nach urrainn e oidhirp sam bith
do 'n t-seòrsa thoirt fhad 's is beò e. Nach h-anabharrach a'
chneasdachd agus an tròcair tha ann an laghanna na duthcha so?
Ann an duthchannan eile rachadh a chur gu bàs air an dòigh bu
phiantala air am b' urrainnear smuainteachadh. Bha mòran am
barail an toiseach gu 'n robh companaich aige san oidhirp oillteil
a thug e; ach tha nis am pobull uile a' smaointeachadh nach robh
sin fìor, agus gur h-oidhirp duine air a' chuthach a bh' ann; agus
gu cinnteach 's ann mar sin a bhà, oir có air thalamh ach duine
cuthaich a dheanadh a leithid, gun aobhar gun riasan?

(*Cuairtear nan Gleann* I, 1840: 143–44)

*

30. SGAOILEADH NA PÀRLAMAID, AGUS LOUIS BONAPARTE, 1840

Tha a' Phàrlamaid, ard-chomhairle na rìoghachd, air sgaoileadh
fad na bliadhna so; agus da rìribh, taobh mach do chonnsuchadh,
agus do dheasboireachd, agus caint ard, 's beag a rinneadh o'n
chruinnich i. Tha comhstri làidir eadar an dà bhuidhinn mhór
tha sa' Pharlamaid, na *Whigs* agus na *Conservatives*, (mar theirear
riù sa Bheurla,) có a bhios a stigh agus có a bhios a mach. Tha
sporan mór na rìoghachd an làimh na dara buidhne; agus, mar is
nàdurra, rinn iad greim bàis air. Tha 'n fheadhain eile a' togairt[1]

---

[1] a' togradh, a' miannachadh.

'fhaotainn 'nan cumhachd féin. Cha do labhradh barrachd riabh ann an Seisein Parlamaid, na air a' bhliadhna chaidh seachad; agus cha d' rinneadh riabh anns an ùine cheudna, nas lugha do mhaith. 'Móran sgalan 's beagan ollainn,' mar thuirt moisein[1] 's e 'lomairt na muice.

Thugadh oidhirp amaideach le *Louis Bonaparte*, mac bràthar *Napoleon* air rìoghachd na Fraing a thogail as a leith fein, agus ceannairc a dhùsgadh an aghaidh an teaghlaich rìoghail, tha air an àm, thairis orra. Bha 'm baothaire[2] gun chiall a thug an oidhirp so, ann an Glaschu, far am faca sinn e. 'Na dhealbh 's 'na dhreach tha e coslach ri bràthair 'athar. Chaidh an duine so, agus tri fichead do dhaoine cho bras, amaideach ris féin, thairis á Sasunn do bhaile-mór air leathar[3] na Frainge, ris an canar *Boulogne*, (no Beul-na-h-aibhne). An déigh dhoibh dol air tìr, thog iad am bratach, agus dh'fheuch iad na saighdearan a mhealladh gu éiridh maille riutha; ach chaidh so 'nan aghaidh: bha 'n t-arm dìleas do 'n rìgh agus cha d' fhuair an sgaomaire[4] so a h-aon a sheas e. B' éiginn da teicheadh. Thug e an soitheach air, ach ghlacadh i. Thug e'n sin bàta air, e féin 's a luchd-leanmhuinn. Chaidh am bàta thairis; ghabh iad gu snàmh, loisg na saighdearan orra, mharbhadh cuid diubh, bhàthadh cuid eile, agus ghlacadh càch.

Tha *Louis Bonaparte* a nis an gainntir, fo ghlais agus fo fhreiceadan; tha a' chùirt a tha r'a fheuchainn gu suidhe an ùine ghoirid; agus is dòcha 'n àite coron rìgh a bhi air a cheann, gur taod na croiche 'chuirear mu 'amhaich, no gur prìosan is dachaidh dha a' chuid is mò d'a làithean ...

(*Cuairtear nan Gleann* I, 1840: 167–68)

*

---

[1] muisean 'spìocaire'.

[2] an t-amadan.

[3] oirthir.

[4] gealtaire.

31. LITIR ON OLLAMH LEÒDACH ANN AN GLASCHU, 1841

D'a chairdean sa' Ghàidhealtachd, mu dhéibhinn na h-imrich
air a bheil daoine 'labhairt a tha ri dol air aghart o eileanan na
h-Alba do dh-America mu thuath.

Mo luchd-dùthcha ionmhuinn,
    Chuala sibh gu'n robh cor nan Gàidheal bochda air a thoirt
fo bheachd na Parlamaid le MR BAILLIE, duine fiachail tha
'suidhe ann an ard-chomhairle na rìoghachd air son siorramachd
Inbhirnis. Thug e a leithid do chùnntas air a' bhochduinn fo'n
robh móran do na Gàidheil a' fulang 's gu 'n do chuireadh air
leth, mar deirear sa' Bheurla, *committee*, 'se sin buidheann àraidh
do mhuinntir na Parlamaid chum a' chùis so a rannsuchadh,
agus an comhairle thoirt ciod bu chòir a dheanamh. Ghairm
a' bhuidheann thaghta so daoin' uaisle bha eòlach air staid na
Gàidhealtachd, suas do Lunnuinn, gu bhi air an ceasnachadh
'nan làthair. Ghairmeadh deich no dusan fianuis suas, agus 'nam
measg sin bha mise. Cha bhuin e dhòmhsa a ràdh, ged robh fios
agam air, gun tighin air nach 'eil làn fhios agam fhathasd air,
ciod na nithe mu 'n do chruinnicheadh càch, ach feudaidh mi a
ràdh gu 'n do cheasnaich iad mise fad trì làithean mu dhéibhinn
gach nì air an robh fios agam mu chor nan Gàidheal, mu 'n
bhochduinn anns an robh mòran diubh — mu 'n anacothrom a
bha iad a' fulang — an droch lòn a bha aca air uairibh r'a itheadh
— an dìth aodaich — an droch thighean — an dìth aodach-leapach
a bha air anabharra dhiubh, gu h-àraid sna h-eileanan tuathach
— an droch cothrom a bha aig cuid do chroitearan beaga, agus
aig coitearan bochda — mu gach seòrsa cosnaidh a bha iad a'
faotainn, aig iasgach, aig buain, agus anns na bailtean margaidh
— mu staid nan sgoilean agus gach ni eile bha feumail chum cor
na Gàidhealtachd a leigeil ris doibh.
    Dh' fheuch sinn so uile a dheanamh co soilleir dhoibh 's a b'
urrainn duinn. Bha do litrichean againn air ar siubhal, a thainig
d'ar n-ionnsuidh as na cearna sin 'nuair a bha sinn a' cur na
mine agus a' bhuntàta d'an ionnsuidh anns a' bhliadhna 1836

agus 1837, 's gun robh e 'nar comas gach ceisd a fhreagairt.

Dhearbh sinn doibh gun robh, a réir gach cùnntais a b' urrainn duinn fhaotainn, fichead mìle teaghlach sa' Ghàidhealtachd ann am fìor bhochduinn, a' tighin suas air dhòigh a bha truagh r'a thoirt fa' near, agus mur biodh ni-eiginn air a dheanamh air an son, nach robh fios againn ciod a dh' éireadh dhoibh, gu 'n robh iad, móran diubh, gun aodach gun chaiseart, leis am b' urrainn doibh dol gu féill no gu clachan, gun chosnadh sam bith a b' fhiach ainmeachadh, gun chomas ceaird no ealaidh[1], no sgoil no foghlum a thoirt d'an teaghlaichean; agus gum b'i ar barail, nam b' urrainn doibh, gu'n rachadh mòran diubh thairis do dh-America, ach nach robh so 'nan comas, nach robh aca air aghaidh an t-saoghail na dhìoladh an t-aiseag, gun tighin air aodach-cuirp no leapa leis am b' urrainn doibh imeachd; ach nam biodh doigh ann air am b' urrainnear an toirt thairis, agus fearann a thoirt doibh an déigh ruigheachd, agus pòr a' cheud bhliadhna, gu 'n robh sinn làn chinnteach gu 'n robh na mìltean ann a ghabhadh an t-aiseag gu taingeil, gu h-àraid nam faigheadh iad féin agus an cairdean, sean agus òg falbh le chéile, agus socruchadh le chéile san aon àite ...

Ciod a thig á so 's duilich ìnnseadh; cha 'n fhaod mi a ràdh gu bheil mo dhòchais féin ard. Cheasnaicheadh mar an ceudna daoin'-uaisle o Chanada, a dhearbh gu soilleir gu 'n robh gu leòir do dh-fhearann thall acasan r'a sheachnadh, agus ged a rachadh na ficheadan mìle a nùnn, gu 'n robh cosnadh agus obair, agus farsuingeachd na leòir ann air an son. Dhearbh iad so gur h-iad na Gàidheil an sluagh bu taitniche leò ann an Canada, gum b' fhèarr leo am faotainn nam measg na Eirionnaich, Sasunnaich no Goill; gu 'n robh iad na bu chruadalaiche na seòrsa eile, gu 'n robh iad teóm, iasgaidh lùthmhor, làidir, gu'n seasadh iad fuachd agus iomadh anacothrom nach seasadh feadhain eile.

Cha 'n eil òr no airgiod, do réir coltais aig a' bhan-righ r'a sheachnadh; tha iad ag ràdh gu bheil sporan mór na rìoghachd

---

[1] ealain, sgil.

an impis a bhi falamh; nach toir iad cuideachadh air bith dhuinn le airgiod, ach tha seòrsa do dh-aobhar dòchais gu'n toir iad luingis chum iadsan tha toileach falbh a ghiùlan thairis. Ma ni iad so féin, agus gu'n cuidich na h-uachdarain leò 's gu 'n gabh muinntir Chanada cùram dhiubh an déigh ruigheachd, mar tha aobhar-dhòchais gu 'n dean iad, bidh so féin 'na chothrom agus 'na chuideachadh mór: ach bheireamaid comhairle do'r luchd-dùthcha faighidinn a bhi aca, 's gun nì air bith a dheanamh gu h-obann no gu cabhagach. Chìtear an ùine ghoirid ciod thig as a so; bidh a' chùis an ceann mhìos air a' chuid a's faide, air a toirt fo bheachd na Parlamaid, agus an sin bidh fios againn ciod bu chòir dhoibh a dheanamh. Tha eagal oirnn nach faighear móran a dheanamh air an earrach so tuillidh; ach 's mór ma nitear uidheamachadh air son toiseach na h-ath bhliadhna.

Tha fios againn gu bheil móran a' faotainn coire dhuinn airson a bhi 'cuideachadh chum an imrich so a chur air aghaidh; tha fios againn mar tha cuid san àite so féin 'gar smàdadh, mar gum bu mhiann leinne ar luchd-dùthcha fhògradh air falbh agus an saodachadh as an tìr. Tha móran nach dean dad iad féin, nach teid leud bonn am bròige nùnn no nall air son maith an lùchd-dùthcha, ach a tha ard-bhriathrach gu leòir ann an labhairt an aghaidh feadhnach eile aig a' bheil miann math a dheanamh. Tha uiread ghràidh againne d' ar luchd-dùthcha ri duine air uachdar an t-saoghail, agus faodaidh sinn a ràdh gun do dhearbh sinn so an àm am feuma; agus ged is duilich leinn na daoine treuna teó-chridheach, dìleas, rìoghail, fhaicinn a' fàgail na dùthcha, tìr an òige, 's duilghe leinn gu mór a bhi 'gam faicinn a' bàsachadh le gort, agus ann an cor co déisneach mhuladach 's a tha iad ...

Tormoid MacLeòid
Glaschu 30 là do'n Mhàirt, 1841

(*Cuairtear nan Gleann* II, 1841: 56–58)

*

32. Mu Dhèanamh an t-Siùcair, 1841

Se 'n Campa Siùcair a their muinntir America ris an àite 'sam
bithear ris an obair iongantaich so, agus cha b' uilear do neach
sam bith leis am bu mhìann am campa 'chur air dòigh mar a
dh' fheumadh e, sealltuinn ri ghnothach, fada, fada roimh àm
tòiseachaidh air. 'Se sin, e 'chothrachadh a mach, cò an ceart
bhall is iomchaidh' air a shon, a thaobh coille agus fearainn;
agus an sin a choille-làir a ghearradh cho iosal ris an talamh 'sa
ghabhas i agus a trusadh suas gu sgiobalt á's an rathad air duine
agus ainmhidh. Dh' fheumadh so uile bhi deanta cho trà ri
tòiseach a gheamhraidh, mu 'n laidh an sneachda ro dhomhainn,
oir an sin cha bhiodh dòigh idir air a gearradh mar bu chòir.

'Se 'n ath rud air an còir làmh a thoirt Coireachan freagarach
fhaotuinn, agus amair a dheanamh a chumail an t-sùigh. Is ann
de 'n Uiseann-dubh is còir iad so a dheanamh, oir is fiodh e nach
mill aon-chuid a bhlǎs no a dhǎth; agus is buaidh chotharaicht'
eile air, nach eil e ullamh air sgoltadh leis a ghréin. Bhiodh e
feumail, mar an ceudna, connadh n'is-leòir a bhi air an làraich'
gearrta – spealgta – cruachta, ann an tràth. An sin, 'nuair a thig
an t-Earrach, ma-dheire-thall, 'sa chithear fiamh an aiteimh air
aghaidh an t-saoghail mhòir gu leir, thoir an 'Càmp' ort – gabh
tuagh no tora – cuir beum, ann an taobh ma-dheas gach craoibh
a shònruicheadh leat air-son a ghnothaich so – cuir sgǒr le
cruinn-gheilb fo 'n bheum – spàrr spealtag 'san sgǒr, agus càirich
amar gu h-iosal ri bun na craoibh, a ghleadhas an sùgh mar a
ruitheas e sios air an spealtaig. Biodh na coireacha nis air ghleus,
fadaidh fhèin an teine – càirich air, seas aige. Cuir na balachain
air falbh le soithichibh a ghiùlan an t-sùigh thugad – dòirt 'sna
coireachaibh e – cuir goil gharbh bhuaireasach air, agus chì thu,
an ùine ghearr, gu' fàs e troma-dhonn 'san dath, ged a bha e 'na
staid nàdurraich, ceart co shoilleir, agus, gun teagamh, mòran
na bu ghloine no Stǔth-na-tòiseachd[1] – leasaich ris: mar is mò 'n
toit 'sè feothas na cùise – Blais, a nis, ma 'sè do thoil e, toradh
do shaothrach. Feuch tha e milis! Ro-mhath, 'se foighidinn 'ni

[1] uisge-beatha.

'n t-iasgach,' lean air – Blais a ris e. Tha e dorcha-ruadh agus ni's mìllse no dad idir a bhlais thu riamh roimhe, tha eadhoin do bhilean a leantuinn ri chéile leis – tha e nise air fàs gu math ni's tiuighe agus deatach anbarach ag éiridh as. Ma tha, lughdaich an teine, agus bi air t-fhaicill – gabh sleaghag[1] agus cuir m'a 'n cuairt e, a chum 'snach dòth e; agus co luath 'sa thig 'goil a bhrochain' air feumaidh tu 'bhi ro chùramach uime. Bithidh e freagarach mu'n àm so, searrag bhainne no meall fala 'chuir ann, 'ga ghlanadh. Cha luaithe ghoileas e'n deigh so a chuir ann, n'a dh' éireas gach grùid agus salchar a bhios ann air uachdar, air chŏr is gu faodar an t-anabas[2] so 'thilgeadh dheth, gun a bheag de 'n t-Siùcar a chall. Beagan eile bruichidh agus faodar a thoirt bhàrr an teine ...

(Robert McDougall, *Ceann-iùil an Fhir-imrich do dh'America mu-thuath*, Glaschu 1841: 96–98)

*

33. Sgiorradh Muladach, 1841
Air an t-Slighe-Iaruinn eadar Glaschu agus Paisleig.

Bha aon do luchd-frithealaidh na slighe, da'm bu dréuchd seasamh aig an *Tunnel* – 'se sin, toll a chladhaich iad troimh theismeadhoin cnuic, air ghaol[3] an còmhnard a ghleidheadh do na carbadan. B'e dleasnas an duine so sanas a thoirt do gach carbad a thigeadh dlùth dha, a dh'ìnnseadh c'iù bhà no nach robh an t-slighe réidh.

Bha'n duine mi-fhortanach so 'na shuidhe a' gabhail a dhìnnearach air bruaich na slighe, agus a bhean 's a nighean 'nan suidhe r'a thaobh. Chual' e carbad a' teachd dlùth orra, agus leum e suas a chrosgadh na slighe, oir 's ann air an taobh eile

---

[1] seòrsa biorain.

[2] cop, cobhar.

[3] air tàillibh.

bu chòir dha bhi. Ghabh a bhean eagal, agus rug i air sgiort a chòta g'a chumail air ais. Chuir so grabadh air, ach le 'uile neart thug e oidheirp air an taobh eile ruigheachd; ach, mo thruaighe! chaidh an carbad thairis air. Bhristeadh a dhà shliasaid 's a dhà ghàirdean, agus sgaradh a cheann o'n chorp! Cha'n eil e coltach gu'n d'fhuiling esan mòran cràidh, ach bu truagh staid a mhnatha 's a nighin. Bha e 'na dhuine riaghailteach, béusach, agus fo dheagh chliù.

Tha luathas nan carbadan so anbharrach mealltach. Ged nach 'eil leud na slighe thar trì no ceithir do cheumannan, dh'fhéumadh neach a bhi, air a' chuid bu lugha, leth-cheud slat o'n charbad mum biodh e sàbhailte oidheirp a thoirt air crosgadh.

(*Cuairtear nan Gleann* II, 1841: 238)

*

34. TECUMSHEH[1], 1841

Cha neil rìgh no uachdaran am measg nan Innseanach, ach cinn-fheadhna, dìreach mar a bha na cinn-chinnidh 'aon uair am measg nan Gael. Bi'dh iad cho bìdh[2] ris an luchaig an làthair a chinn-fheadhna so, agus b-olc an airidh mur bitheadh; oir bi'dh easan cheart co cùramach mu dhìllsean[3] 'sa bhiodh athair mu aon duine cloinne. 'Stric a thaisbein iad an cùram so, eadhoin ri uchd bàis, mar a thachair ann an cor fir dhiubh a bha le còmhlan de dhìllsean a' cuideachadh nam Breatannach, ma's math mo chuimhne, aig Brockville. Chunnaic *Tecumsheh* (deadh-chuimse) gun robh a choslas air na *Yankaich* buadhachadh, agus, air an aobhar sin, bhruidhinn e ri ceannard an airm-bhreatannaich.

---

[1] Rugadh Tecumsheh, no Tecumseh, an 1768. Anns a' Chogadh 1812, rinn e càirdeas ri na Breatannaich gus an cuidicheadh iad ri dùthchas nan Innseanach a thilleadh thuca. Bhàsaich e ann am Blàr Mhoraviantown, no the Battle of the Thames, ann an Canada an iar air Detroit ann an 1813.

[2] bìth, sàmhach.   [3] luchd-cinnidh.

'Tha mi a' faicinn,' ars easan, 'mar téid sinn 'nar n-earalas[1] gu'm faigh iad miann an cridhe oirnn, ni an sgiath ud thall a bhochduinn buileach mur cuirear grabadh oirr; ach leig thusa dhomhsa 'tarruinn air ais beagan le trì cheud de mo dhaoine agus gabhaidh mi lom gach ath-ghoirid[2] tre 'n choille; cha bhì mi fad air an rathad, agus theid mi 'n urras, 'nuair a ruigeas mi gu'm faigh an dromannan an tachas a chuir ast.' 'Cha neil mi 'tuigsinn ciamar 'dheanadh tu sin cho math 'sa tha thu 'n dùil,' thuirt an Sasannach. 'Coma leat-sa, leig thus' an gnothach 'an earbsa' rium, agus chì thu ciod a thachras.' 'Ta, 's mise 'm fear nach dean sin,' thuirt an Gall. 'Mur dean lean do dhroch comhairle fhein, agus chì càch mar a bhios deireadh an latha, ach cha 'n fhaic mise e! tha beagan uair fhathast agam ri chaithidh, agus tha mi 'cuir romham nach dean mi droch bhuil diubh! cha 'n fhaic thusa no fear eile an ruaig air *Tecumsheh*!' Le so a ràdh thug e chùl da, las confhadh a chléibh[3], thog e iolach[4] le sgairteachd bhuaireasaich a chuireadh crith agus déistinn[5] air 'caogad[6] mìlidh', agus mar bheithir theinntich, bhuail e staigh am buillsgean[7] a nàmh, a' deanamh *deadh-chuimse*, gun ag[8], air gach taobh dheth; oir bha e

> 'Gan spadadh marbh a's 'gan liodairt[9],
> A's 'gam fàgail 'san ionad gun deò,'

gus na lom-sguab e a chearna de'n àrfhaich air an robh e. Ach, mo chreach! 'se lionmhoireachd nan làmh a ni 'n obair,' ged nach deanadh fear eile beud *do*, agus ged nach robh dol as aig fear eile *bho' dheadh-chuimse* féin, ann an comhrag-deise; gidheadh, aig cho lionmhor 'sa bha nàimhdean mu'n cuairt da 'sa chath neo-chothromach so, fhuair iad fàth air a leònadh o chùl; bha e 'call fhala gu bras agus sior fhannachadh, ionnas gu'm b-fheudar dha tàirsinn air dheireadh agus aomadh ri maladh cnuic am

---

[1] nar faicill. [2] uachdar gach fri-rathaid.
[3] chaidh e air a chuthach. [4] èigh, glaodh.
[5] eagal. [6] lethcheud. [7] meadhan.
[8] sòradh, stad. [9] leadairt, lèirsgrios.

measg nan closach beubanaicht[1] a bha 'nan suain 'san raon. Cha
b-fhada bha a làthaireachd gun ionndrainn le dhìslibh; phill fear
no dhà g'u h-ealamh a dh' fhaicinn ciod è mar bhà. 'Nuair a
thàinig iad dlù' na fhochair, leig gach fear a chudthrom air ceann
a shleagha a' dùr amharcadh air, 'sna deòir, mar chùirneanan de
dhealt a chéitein, a' cuir char dhiubh air leth-taobh an gruaidh.
Mhothaich iad togradh[2] bhi aige ni-éiginn a labhairt. Ghrad leum
fear agus thog e a cheann gu fòil[3], o'n làr. 'Tha sinn, tha sinn, a'
dealachadh fhearaibh,' ars' easan, 'taghaibhse ceann-fheadhna!'
'Thà sinn a' dealachadh, tha mo thruaigh!' ars' iadsan, 'ach cha
neil taghadh ri 'dheanamh air Ceann-feadhna, 'sgun agad ach an
t-aon mhac, is gur e t-aon duine cloinne e.' 'Bha sibh 'nur sluagh
dìleas domh riamh, agus na cuiribh suarach m' athchuinge
dheireannach, guidheam oirbh!' ars' easan, 'Guidheam oirbh! na
biodh cuid no gnothach agaibh ris, ach taghaibh fear eile!' 'Cha
chuir sinn suarach t-ath-chuingich, bu mhòr a ghabha-maid! ach
nach leig thu leinn a thuigsinn carson nach gabhamaid do mhac!'
'Tha e co coltach ri *Saganash*[4] 'na chruth, is gu bheil eagal orm
gu'm bi e co coltach riu 'na inntinn is nach fhiù e sluagh earbsadh
ris!' Ma 'n gann a bha 'm facal ás a bheul; dh' iath suain a bhàis
mu 'rosgaibh, bhuail na Breatannaich ratreut, thàir gach fear ás,
agus dh' fhan *Tecumsheh* 'san àrfhaich; ach, mar a thuirt e fein,
cha'n fhac easan sin.

(Robert McDougall, *Ceann-iùil an Fhir-imrich do dh'America mu-
thuath*, Glaschu 1841: 42–45)

*

35. Air Sean Chleachd Sgiathanach, 1842

Cha'n 'eil a mach air ceithir-fichead bliadhna o bha e na
chleachd anns an Eilean Sgiathanach, an uair a bhàsaicheadh
tuathanach, gu'n deanadh an t-uachdaran greim air an each-

---

[1] reubte.   [2] deuchainn.
[3] socair, cùramach.   [4] Sasannach.

ursainn – 'se sin, an t-each is feàrr ann an seilbh na bantraich – le bhi 'cur a mhaoir 'ga iarraidh gu h-ealamh an deigh an adhlaic!

Bha'n sluagh a' strìochdadh[1] do'n chleachd an-iochdmhor so, agus a' cur suas leis gu foighidinneach, gus an do chuireadh air chùl e air an dòigh so a leanas. Ann an sgìreachd an t-Sratha, air do thuathanach còir do Chloinn Ionmhuinn bàsachadh, chaidh am maor mar a b'àbhaist, an deigh an tiodhlaic, a dh'iarraidh an eich air a' bhantraich; ach chuir e an dleasnas a dh'àithneadh dha an gnìomh air mhodh co cruaidh-chridheach, 's gu'n do chuir a' bhantrach bhochd gu dian na aghaidh. Dh'éirich connsachadh agus aimhreite co mòr eatorra, air achd[2], air do'n mhaor fearg a ghabhail, 's gu'n do bhuail agus gu'n do chiùrr e a' bhean bhochd agus mhuladach so, gus an robh a fuil, trid nam buillean a thug e dhi, a' taomadh gu frasach air an làr. Air d'i a bhi air a claoidh[3] leis an droch càramh a fhuair i, labhair i ris, ag ràdh, gu'n robh i an dòchas gu'n rachadh a mac a chaomhnadh, nach robh aig an àm sin ach bliadhn' a dh'aois, gu dìoghaltas a dheanamh airson na dòigh air an do bhuineadh rithe air an là sin.

Ochd bliadhna deug an deigh sin, chaidh am maor ceudna do'n ath bhaile air a' ghnothuch cheudna, far an do nochd e mòran mi-mhodh do bhantraich thruaigh eile, le bhi 'toirt a h-eich air falbh gu tur an aghaidh a toile! Thainig na cùisean gu h-ealamh gu cluasaibh Mhic-Ionmhuinn, mhic na ceud bhantraich a dh'ainmicheadh, a bha 'san àm sin na òganach sgiamhach flaitheil, aig nach robh coimeas anns an t-Sratha gu léir airson tàbhachd, neirt, agus tréubhantais! Ghrad lean e am maor. Rug e air mar astar thrì mìle o Chìllmari, àite-còmhnuidh an uachdarain. Dh'iarr e each a' bhantraich air, agus chuir e 'na chuimhne an droch càramh a rinn e air a mhàthair ochd bliadhna deug roimhe sin. Dhiùlt am maor an t-each a liubhairt, agus chuir e uile bhagraidhean an òganaich ann an suarachas! Chaidh na fir an sin an glacaibh a chéile; agus air doibh a bhi nan

---

[1] a' gèilleadh.

[2] *air achd is gu* 'a chum is gu, gus'.

[3] air a sàrachadh, air a sgìtheachadh.

dithis nan curaidhibh calma, bha'n tuasaid[1] car tamuill dian agus
garg: ach bhuadhaich Mac-Ionmhuinn; agus leis an sgian-duibh
gheàrr e an ceann de'n mhaor, agus dh'ionnlaid 'se e ann an
tobar a bha ri taobh an rathaid, deth an goirear 'Tobar a' Chinn'
gu ruig an là an-diugh! An sin leum e air druim an eich, agus
bha e gu h-ealamh aig dorus an uachdarain, a' giùlan a' chinn
fhuiltich air bàrr na sgeine! Chòmhlaich seirbhiseach e, a ghabh
eagal an uair a chunnaic e an sealladh sgreataidh so! Ghrad ruith
e a steach, agus dh'innis e d'a mhaighstir gu'n robh Donnachadh
Mòr aig an dorus, le ceann a' mhaoir air bàrr a bhiodaig, agus
gu'n robh e 'g iarraidh 'fhaicinn. Cha chreideadh an t-uachdaran
an toiseach gu'n d'rinneadh gnìomh co déistinneach, air da a
bhi aineolach air na nithe a b'aobhar da. Ach an uair a chaidh
e mach, chunnaic e gu'n robh na chual e fior; agus air da na
cùisean a chluinntinn o Dhonnachadh Mòr, agus fios fhaotuinn
air an laimhseachadh ghoirt a fhuair a mhàthair o'n mhaor, an
uair a bha Donnachadh na leanabh, thug e maitheanas da gu
saor – rinn e maor dheth an àite an fhir a mharbhadh; agus thug
e òrdugh a mach nach rachadh each, na nì eile, a thoirt tuilleadh
o bhantraich sam bith air 'oighreachd-san an deigh an latha sin!

(*Cuairtear nan Gleann* III, 1842: 156–57)

*

36. Facal san Dealachadh, 1842

Calum Dubh á Leóbhas.– Tha thu ceart. Theid litir do cheàrn air
bith de na trì rìoghachdan airson sgillinn Albannach, ma theid
an sgillinn a chuir leatha do'n *Phost-Office*: mar teid, bithidh i dà
sgillinn do'n neach gus am bheil i 'dol. Cha'n e so a mhàin, ach
ged robh ceithir litrichean fo'n aon chleòca, mar cothromaich
iad còrr a's *leth-unnsa*, cha bhi iad tuilleadh. 'S math leinn gu'n
do chuir thu 'cheist oirnn, oir is tric a ghabh sinn nàire de
aineolas nan Gàidheal mu'n chùis so. An uair mu dheireadh a

---

[1] sabaid.

bha Eachann Chola 'mach, thug e deich litrichean 'na phòca do Ghlaschu, gu fear is aithne dhuinne. Chuir am fear so anns a' *Phost-Office* iad. Chosd iad dà sgillinn an t-aon do na càirdean; agus, o nach do liubhair e iad gus an là 'bha e fàgail a' bhaile, chaill iad cothrom an *smack*[1] dhiubh. Nan cuireadh iad 'sa' *Phost-Office* ann an Cola iad, agus sgillinn leo, bhiodh iad an so roimh Eachann, agus bhiodh an goireasan aig na càirdean dhachaidh leis an *smack*.

(*Cuairtear nan Gleann* III, 1842: 142)

*

37. MARGADH CLÒIMH IS CHAORACH INBHIR NIS, 1842

Sheas am margadh so air a mhìos a chaidh seachad. Cha deach mòran reiceadh a dheanamh; ach na chaidh 'reic, b'ann air prìsean ni b'ìsle na bha 'dol air a' mhargadh cheudna an uiridh. Bha na h-uain o naoi sgillean gu dà thasdan an ceann ni b'ìsle, agus muilt o leth-chrun gu cóig tasdain. A' chlòimh airson an d'fhuairear o chóig-tasdain-deug gu sèa-deug a's sèa-sgillinn an uiridh, cha d'ràinig i am bliadhna ach o dhà-dheug a's sèa-sgillinn gu ceithir-tasdain-deug.

Latha no dhà an deigh margadh Inbhirnis, bha margadh de'n t-seòrsa cheudna aig Peairt, far an robh prìsean ni b'fheàrr a' dol; ach dh'fhuirich mòran de gach seòrsa gun reiceadh. Cha'n eil teagamh nach éirich prìsean mu'n tig meadhon an fhogharaidh. Tha uile choltas gum bi am fogharadh tràth agus pailt – cha'n fhacar riamh sìd is fàbharaiche. Tha ath-bheothachadh a' tighinn air malairt an cumantas. Tha àrd mharsantan na rìoghachd a' gabhail misnich, agus mòran gnothaich a' dol air aghart 'sna tighean-cuspuinn.

(*Cuairtear nan Gleann* III, 1843: 170)

*

[1] bàta.

38. NA H-EILEANAN FALCLAND, 1842

Am measg nan eileanan sin a bhuineas do Bhreatunn, agus gun duine cha mhór 'gan tuineachadh, tha Eileanan Falcland. Tha mu thimchioll cóig fichead do na h-eileanan a tha fo'n ainm so 'nan luidhe dlù d'a chéile, ann an cuan mór na h-àirde Deas, mu cheithir cheud agus ceithir fichead mìle an taobh so do dh-America na h-àirde Deas, agus mar astar trì cheud mìle o mhaol mhór deiseal America – 's e sin, *Cape Horn.* Tha'n t-aon a's mò do na h-eileanan so mu thuaiream sèa fichead mìle air fad, agus leth-ched mìl' air leud, air a chuartachadh le bàghan, agus calachan, agus ionadabh acarsaid co math, fhasgach, thèaruinte, 's a tha san t-saoghal uile. Cha'n eil air an àm duine beò a chómhnuidh air an eilean so, an t-eilean a's mò dhiubh, a tha uiread ri Muile, Ìle, 's an t-Eilean Sgiathanach le chéile, agus gu mór na's tarbhaiche. Cha'n eil crodh, na caoraich, no eich, san eilean mhór so, ach am feur a' grodadh air an làr o bhliadhna gu bliadhna! Tha an dara h-eilean a's mò ceithir fichead mìle air fad, agus leth-cheud air leud. Tha caol eadar cóig 's a sèa mhìltean air leud eadar an dà eilean so – caol ro'm faodadh cabhlach Shasunn seòladh co glan, réidh, thèaruinte, 's a b'urrainn duine iarraidh, agus acarsaidean fasgach air gach taobh dhe. Tha seòrsa do bhaile beag air an eilean so, ris an can iad Port Leódhais. Tha ochd-pearsa-deug a chòmhnuidh air an eilean so, a mhuinntir America mu Dheas; ach 's le Breatunn iad, agus tha còir Bhreatunn air a h-aideachadh a nis le gach rìoghachd. Tha long-chogaidh a nis do ghnàth ann, chum còir Bhreatunn air an eilean so a dhion. Tha eileanan beag eile mu'n cuairt do'n dà eilean mhór so, mu mheudachd Chola, 's Chana, 's Eilean-nam-Muc, agus gun duine 'gan tuineachadh. Tha na h-eileanan so anabharrach uile coslach ri h-Innse-Gall na h-Alba ...

(*Cuairtear nan Gleann* II, 1842: 302–03)

*

39. Aiseag an-asgaidh do Astràilia, 1848

Tha mòran de'r luchd-dùthcha eòlach, bho iomradh, air
Australia – eilean ro mhòr, farsuing a tha aig taobh eile an
t-saoghail – far am bheil daoine aig a' cheart àm so a'n toiseach
a' gheamhraidh – far am bheil iad a' dol a luidhe 'nuair a tha
sinne ag éiridh – agus am bi iad an dùdlachd a' gheamhraidh
an uair a tha sinne an àin-teas an t-samhraidh. Ach ged a tha'n
fheadhainn a tha fàgail na dùthcha so a' faghuinn a' h-uile
gnothaich 'car mu chrios' marsud an uair a ruigeas iad thall, tha
'dol aca air cur a suas gu maith leo. Cuiridh, as buainidh iad –
ithidh as coidlidh iad ann a cheart co maith 'sa dheanadh iad 'san
t-seann Ghaedhealtachd: agus tha mòran Ghaedheal a chaidh a
sud bho cheann deich, no dusan bliadhna, nach tilleadh air an ais
ged a gheibheadh iad deagh bhaile fo stoc mar cheannach[1]. Tha
aon bhuaidh shonruichte air an dùthaich ud, gu'm bheil an sìon,
no'n t-sìd anabarrach ciùin, taitneach agus fallain. Cha'n 'eil a
bheag de ghaillinn 'sa gheamhradh, no de theas loisgeach 'san
t-samhradh; agus tha iomad aon a d'fhàg cladach Bhreatuinn
gle bhreòite a tha nis làidir, fulangach[2]. Tha aig an àm cheudna
iomad mì-bhuaidh air. Tha gu sonruichte Eaglaisean, as Sgoilean
ro ghann. Tha mòran de dhroch dhaoine a chaidh fhògradh as
an dùthaich so ann – rag-mheirlich co olc 's a tha air aghaidh
an t-saoghail mhòir – dearg-shloightearan co eucorach, aingidh
air gach dòigh 's a sheas riamh air balt bròige! as tha buidhnean
de dhaoine fiadhaich an àite féin (gu bitheanta fo cheannas
feadhainn de 'n ghràisg so) nach sòr[3] creachadh, na mort – agus
tha an duthaich air uairibh a' fulang mòran bho thiormachd, 's
bho thart.

A nis cha'n 'eil sinn ga mheas mar ar gnothach-ne a ràdh
ri'r luchd dùthcha co dhiu bu chòir dhoibh feuchainn ri dol do
Australia 's nach bu chòir. Am fear a tha gu maith aig a' bhaile
's mairg e 'bhi ris an imrich; oir 'is beag an imrich nach dean

---

[1] *mar cheannach* 'air phrìs bhuannachdail'.

[2] cruaidh, calma.

[3] seachain.

drughall[1].' Ach am fear nach urrainn a ghreim a ghleidheil 's a' chalamh 's am bheil e is buidhe leis cluinntinn mu chalamh tearuinte air bith eile 's am faigh e fasgadh.

Thugadh gach duine breith air a shon féin; agus deanadh e mar a tha e am beachd is mò bhios chum a mhaith aimsireil agus spioradail.

Tha sinn aig an àm cheudna toilicht' innseadh gu'm feud *Oireanan* (*Sgalagan*) — se sin feadhainn a tha suas ri àiteachadh gruinnd — *Cìobairean*, no *Buachaillean chaorach* — *Luchd ceaird* mar a tha *Goibhnean dùthcha* — *Saoir-chairtean*, agus *Saoir-thighean* — *Banaraichean*, agus *Searbhantan-tighe* aiseag fhaghuinn a nasgaidh do Australia ma thig iad fo na cunntais so a leanas:

1. Muinntir shingilte — se sin gun phòsadh — a tha eadar ochd-bliadhna-déug, agus cuig-bliadhna-déug thar fhichead.

2. Càraidean òga air ùr phòsadh aig nach 'eil clann.

3. Càraidean pòsda nach 'eil thar dà-fhichead-bliadhna — aig nach 'eil tuille na dithis chloinne fo sheachd, no triùir fo dheich bliadhna 'dh' aois.

4. Càraidean aig am bheil mòran de chloinn uirbhich — se sin air tighin gu neart — ged a bhitheas iad féin beagan thar an dà-fhichead bliadhna.

Gheibh an leithidean so, a tha fo dheagh theisteas agus a tha fallain, slàn, aiseag do Australia gun pheighinn airgid a dhìoladh ach Punnd Sasunnach arson gach pearsa os ceann aois cheithir bliadhna déug, agus deich tasdain airson gach duine cloinne fo 'n aois sin: agus ma ghnàthaicheas siad iad féin gu maith air an luing gheibh iad air ais fiach an airgid ann an aodach-leapach 's an goireasan eile co luath 's a ruigeas iad tìr. Bithidh rogha, 's tagha càraidh[2] orra ré an turuis. Nithear gach còmhnadh[3] leo gu seirbhis fhaotainn 'nuair a ruigeas iad thall, agus bheirear lòn, as fasgadh dhoibh car cheithir-là-déug an deigh dhoibh ruigheachd. Cha 'n eil fasdadh, no fang[4] orra bho'n luchd-riaghlaidh a tha

---

[1] drùidheadh, buaidh.

[2] *càradh* 'suidheachadh, rèiteachadh'.

[3] cuideachadh.

[4] *fasdadh, no fang* 'grabadh no bacadh'.

toirt an aisig dhoibh. Aon uair 's gu'm bheil an cas air tìr tha gach aon air urra' féin – tha'n taod m'a chluasan agus feudaidh e aghaidh a thoirt air aon bhealach a thogras e ...

(*Fear-Tathaich nam Beann* IV, 1848: 156–57)

*

40. MUN *CHOLERA*, 1848
Seòlaidhean arson a Sheachnaidh agus a Leigheas

Is ro dhuilich leinn a ràdh gu'm bheil a' phlàigh eagalach so air i féin a nochdadh gu soilleir 'an ioma cearna feadh Albainn agus Shasuinn. Cha'n 'eil i fathasd co ro bhàsmhor 's a bha i air an turus roimhe; ach tha i a' gearradh as iomadai: agus tha e ro choltach gur e sgaoileadh a ni i. Gu cinnteach buinidh do shluagh smuaineachadh gu cùramach, agus gu sòileimte 'n uair a tha iad cheana a' fulang o ghort', agus a nis plàigh – 'a' phlàigh 'tha gràineil goirt,' le céumannan luatha, millteach a' tighin n'an caramh. Buinidh dhuinn uile bhi gar n-irisleachadh féin fo laimh chumhachdaich an Dé mhòir a tha mar so 'g ar smachdachadh, agus a bhi 'g éigheach arson trócair'. Ach na malladh duin' e féin le shaoilsinn gu'm foghain dha ùrnuigh, no éigheach ma tha ghnàthachadh a' marsuinn mì-dhiadhaidh mar a b' àbhaist ...

Biodh gach duine air tùs matà a' rannsachadh a mach *plàigh* a chridhe féin, agus a' feòraich c'arson a tha Dia a' buntainn mar so ris? a' feòraich mar an céudna 'a Thighearna ciod a b' àill leat mise a dheanamh?' Ach tha e dleasnach aig an àm chéudna gu'n cleachdtadh gach meadhon iomchuidh arson na pearsa ghleidheil o ghalar a tha co millteach, bhàsmhor; agus tha sinn ro thoilichte gu'm bheil aguinn seòlaidhean a thugadh seachad le ligheachan co ainmeil 's a tha 's an rìoghachd gu léir: mar so seòlaidhean co maith 's is urrainnear fhaghuinn 'an àite air bith aig an àm. Tha ann an Lunnainn Comunn air an cur air leth le luchd-sdiùraidh na rìoghachd chum nan nithean is feumaile arson slàinte 'n t-sluaigh a chomharrachadh a mach. *General Board of Health* a theirear riuth. Tha iad so 'an déigh riaghailtean us seòlaidhean a thoirt seachad a thaobh a' *Cholera*; agus feuchaidh sinn ri suim agus brìgh nan nithean a tha iad ag ràdh a chur fa chomhair ar luchd-léughaidh 'am fad 's a ghabhas sin deanamh ann an Gàelic.

Tha iad so 'an toiseach a' cur an céill nach 'eil an *Cholera* GABHALTACH *(contagious)* ann an seadh coitchionn an fhocail sin. Cha'n 'eil iad a' ciallachadh nach feud duin' air bith a ghabhail bhàrr duin' eile. Ma tha duin' a' fantuinn ann an tigh cumhan, salach, far am bheil aon, no dhà gu tinn leis a *Cholera*, tha e uile choltach gu'n gabh e 'n galar – 'se sin gu'n dean cor mi-fhallainn truaillidh an àilidh m'a thimchioll esan a thoirt gus a cheart staid easlainte a chum an tug e an fheadhain eile. Ach aig an àm cheudna tha e làn dearbhta gu'm feud duine a tha slàn, fallainn frithealadh do dhuin' air am bheil an *Cholera*, ma tha'n àile car glan m'a thimchioll gun a' bheag air bith de chunnart dha féin. Tha sinn ag ràdh gu'm bheil so làn dearbhta, oir cha 'n e corra dhuine, ach na céudan, agus na mìltean 'an *India*, 'an *Russia*, agus am Breatunn a bha 'frithealadh do luchd a' *Cholera* agus nach do ghabh riamh e iad féin – a mhair slàn fallain, agus e air gach làimh dhiubh. 'An uair matà nach gliocas do dhuin' air bith dol 'an luib a' ghalair so gun aobhar, cha ruig daoine leas a' gheilt, 's an oillt sin a bhi aca roimhe a tha aig mòran, gu sònruichte cha ruig iad leas smaoineachadh air teicheadh gu gealtach, 's gu mi-nàdurra o'n càirdean 's o'n teaghlaich mar a bha iomad aon gu tàmailteach a' deanamh 'n uair a bha'n galar so 'n ar measg roimhe.

(Fear-Tathaich nam Beann XI, 1848: 333–34)

*

41. LEIGHEAS AIR BOCHDAINN NA GAIDHEALTACHD, 1849

Fhir-Thathaich Runaich,

...Tha cor mòran de'n Ghàedhealtachd aig an àm ro bhochd, agus deuchaineach; 's cha'n 'eil cùisean a' fàs dad nas gealltanaiche. Is goirt le'm chridhe gur ann glé dhorcha, bagarrach a tha n-iarmailt os ar ceann aig a' cheart àm. Tha iomad seòladh ga thoirt seachad air son còmhnadh a dheanamh leosan air a bheil an ganntar 's an dubh-bhochduinn a' deanamh greim. Tha mòran dhiubh sin maith annta féin, ach tha na h-urrad dhiubh nach urrainn daoine bochd a leantuinn, agus feadhain eile nach lean iad ged a dh'fheudadh iad a dheanamh. Is aithne dhuibh gu maith an seanfhocal a tha 'g ràdh, 'Saoilidh am fear a bhios 'na thàmh gur i 'làmh féin is fhearr air an stiùir'; agus d'a réir so tha mis' 'am beachd gu'm bheil leigheas agam air bochduinn na Gàedhealtachd nas fearr agus nas 'usa na aon a thugadh seachad fathast. Tha fios agam ma ghabhas daoine ris gu'n dean e maith do na mìltean, agus nach dean e cron do dhuine beò. Tha fios agam air aon ni sònruichte gu'm feud a h-uile duine 's an dùthaich ruigheachd air an leigheas so. Cha dean bochduinn an fhir a's bochduinne a dhruideadh a mach uaithe.[1] Cha dean dlùth-shaothair an fhir a's mò a tha 'na chabhaig le obair a ghleidheil uaithe; agus cha'n urrainn am fear a's leisge, 's a's lunndaiche[2] 's an tìr gearan gu'n cuir e dragh air. Air an làimh eile, meudaichidh e maoin an uireasbhaich. Bheir e an tuille ùine do'n t-shaothraiche, agus cuiridh e sgairt anns an t-slaodaire. Cha'n eil e ag iarraidh air daoine tuille a dheanamh na tha iad a' deanamh; ach a mhàin leigeil le ni a tha iad cleachdta r'a dheanamh. Tha e ag iarraidh orra dìreach sgur de aon chleachduinn a tha aca, agus ma ni iad so feudaidh am pailteas lòin 'us éididh a bhi aig gach Gàedheal uireasbh'each.

Agus ciod i a' chleachduinn a tha 'n so? Tha *òl an Uisge-bheatha*, 's gach deoch mhisgeach coltach ris ...

(*Fear-Tathaich nam Beann* XVII, 1849: 523)

*

---

[1] .i. cha tèid an duine a chumail, a chionn na bochdainne, o bhith a' *ruigheachd air an leigheas so.*   [2] as dìomhaine.

42. LITIR À NEW ZEALAND, 1871

Pàirt dheth litir a fhuaradh o cheann ghoirid ann a' Lochaills' á *New Zealand.*

Bàgh Hawkes, an New Zealand
an dara là deug deth cheud mhios a Gheamhraidh, 1871

A Shàir Ionmhuinn,
Tha mi 'sgriobhadh na litreach so gu innse dhut gum beil sinn uile slàn. Sgriobhainn do d' ionnsuidh ni bu luaithe, ach bha mi 'fantuinn gus am faicinn cia mar a chòrdadh an dùthaich so rium. Faodaidh mi 'nis innseadh dhut gu-n thionndaidh mi mo chùl ris a' bhochduinn an là dh' fhàg mi L——. Cha robh euslainte sam bith 's an luing ré 'n turuis – gaoth fhàbharach fad an aiseig, ach ceithir no cuig a làithean nach do choisinn sinn a bheag le droch aimsir – ceithir fichead là 's a ceithir o fhearann gu fearann. Bha aon nighean deug thar fhichead air bòrd, 's cha luaithe 'ràinig sinn Napier na fhuair iad maighistirean, oir bha farraid[1] gu leòr orra. Phòs cuid dhiubh 'n ceann ceithir latha deug an deigh teachd air tìr. Ghabh mi féin muinntireas fad bliadhn' aig duin' uasal a tha mu leth-cheud mìle mach air an dùthaich. Tha mi 'faotainn leth-cheud punnd Sasunnach 's a dhà, le taigh 'us teine 's lòn; tha mo bhean a' faighinn fichead punnd Sasunnach air son nigheadaireachd, agus tha deich puinnd fhichead Shasunnach aig a ghiullan Uilleam mo mhac, air son a bhi 'n a charbadair: tha sin ceud punnd Sasunnach 's a dhà th' againn 's a bhliadhna, maille ri ar beathachadh; ach tha Uilleam a' fuireach 's an taigh mhòr. Fhuair Niall 'us Donnachadh àitean am muigh air an dùthaich. Tha na boirionnaich a thàinig á Lochaills' ann a' seirbhisean gle mhath. Tha cuig mìle deug caora, ceud mart bainne, ceud each, a thuilleadh air spréidh eil' air an fhearann air am beil mise. Tha i so 'n a dùthaich ro àillidh, thlusail agus bhlàth. Tha cothroman grinn' aig daoin' òg' air airgiod a dheanamh na 'n cumadh iad o dhibh làidir, a tha gle dhaor 'an so. Tha lòn m' an cuairt do 'n

[1] iarraidh.

aon phrìs 's a tha e aig an taigh, a mhàin gum faighear ceathramh
muilt-fheola air son sea sgillinn air uairibh, no faodaidh e bhi
sgillinn am punnd.

Tha mi 'faighinn caora h-uile seachduin, dà
chlach phlùir, cuig unnsachan *tì*, trì puinnd shiùcair, agus pailteas
buntàta 's bainne.

Tha mi gle dhuilich nach tàinig mi 'n dùthaich
seo 'n uair bha mi 'n am dhuin' òg, agus tha mi 'n dòchas gu-n
comhairlich thu do chuid deth m' chàirdean a thighinn a nall gun
dàil ...

(An t-Urr. P. Barclay, *Geàrr-chunntasan air New Zealand airson Feuma
Luchd-Imrich*, Dùn Eideann 1872: 31)

*

43. Adhbharan Misnich do Luchd-imrich, 1872

... Cuirear a nis a sios earrann a litir a fhuair sgriobhadair an
leabhrain so o chaileig a chaidh gu ruig *New Zealand* an uiridh,
anns a luing *Halcione*:– 'Bha turas-mara gle thaitneach againn a'
tigh'n a mach ... Bha pailteas a dh-aimsir ghairbh againn, ach
cha robh gaillionn ann. Bha 'n caiptean gle chaoimhneil ruinn;
cha-n e 'mhàin gu-n d' rinn e na h-uile ni taitneach, ach rinn e
na bha 'n a chomas gu ar toileachadh ... Ràinig sinn *Wellington*
ann an ceithir fichead là 's a cuig, agus bha sin air a mheas 'n a
thurus a bha gle aithghearra ... 'N uair thàinig sinn air tìr ann a'
Napier bha na h-uile ni goireasach romhainn; 's ghabhadh ruinn
gu caoimhneil le na h-uile neach a bhuineadh do 'n Chomunn a
chuir a-mach sinn ... Cha d' fhuirich sinn ach aon oidhch' ann am
Bùthan an Luchd-imrich (*Immigration Barracks*) 'n uair ghabhadh
sinn gu seirbhis, cuid anns a' bhaile agus a chuid eil' a mach air
an dùthaich. Chunnaic mi 'chuid a 's mò dheth na nigheanan
uaithe sin, agus tha iad uile toilichte le 'n suidheachadh ... Tha mi
'smuaineachadh nach 'eil dad gu bacadh a chur air neach air bith,
a ni 'chuid a tha ceart, o fhaighinn air aghart gu sàr mhath ann
a' so ... Faodaidh mi ràdh mu 'n dùin mi 'litir so, gum beil mi làn
thoilicht' ann a' Napier. 'N uair 'thàinig mi air tir, chuir àilleachd

na dùthch' ìoghnadh orm. Dh' iarrainn taing a thabhairt dhut air son mo chur gu ruige seo; agus tha dòchas agam gu-n cuidich Dia leam, gu mo dhleasannas a dheanamh, air chor 's nach bi aithreachas ort air son gu-n do chuidich thu mi.' Tha-n earrann a leanas o Iomradh Mhaighstir Cailean Allan, fear-ionaid Comuinn an luchd-oibre 'an Dunedin:– 'Chithear o 'n fhreagairt a sgriobh mi, gur iad sgalagan agus searbhantan theaghlach seòrs' air am mò 'tha dh'iarraidh anns a' Mhòr-roinn ... Tha-n t-aslachadh[1] a 's maireannaich 's a 's déine a' tigh'n a steach o 'n dùthaich air son searbhantan theaghlach agus banaraichean; agus shluigte suas àireamh air bith a bhoirionnaich a tha freagarrach airson seirbhis, aig tuarasdalan o Dheich puinnd fhichead Shasunnach, gu Dà fhichead punnd Sasunnach 's a cuig 's a' bhliadhna.' ...

(An t-Urr. P. Barclay, *Geàrr-chunntasan air New Zealand air son Feuma Luchd-Imrich*, Dùn Eideann 1872: 25–26)

*

44. MUN GHÀIDHLIG A BHITH AIR A TEAGASG SNA SGOILTEAN, 1875
Leis an Urr. an t-Olla MacLachlainn[2]

Tha ceisd air éirigh aig an àm, co dhiubh bhuineadh do 'n Ghàilig bhi air a teagasg do chloinn 's na sgoilibh ùra 'tha air an cur suas 's an tìr a réir an Achd Phàrlamaid a thugadh a stigh o cheann ghoirid. Bha buidheann o Chomunn nan Sgoilean Gàidhealach ann an co-labhairt ris an 'Lord Advocate' air a' phuing so, ag agradh nach bitheadh dearmad air seana chànain na dùthcha; ach tha cuid 'n a aghaidh, 'us tha cuid eile meagh-bhlàth.

Is fiù aire a thoirt do na their daoine an aghaidh na cùise. Their cuid, mar is luaithe a theid a' Ghàilig ás gur h-ann is fearr.

---

[1] guidhe.

[2] An t-Ollamh Tòmas MacLachlainn (1815–1886) às a' Mhòigh, Inbhir Nis, a bha na mhinistear an Dùn Eideann.

Cha 'n urrainn do dhuine a bheul fhosgladh mu 'n phuing air a'
Ghalldachd, nach fhaigh e sud 's an aghaidh. Their iad gu'm b'
fhearr nach bitheadh ach aon chainnt 's an rìoghachd, gur h-ann
a tha a' Ghàilig a' cur bacaidh air maith na Gàidhealtachd,
agus gu 'm buineadh a h-uile meadhon a chleachdadh a chum
a cur ás an tìr. Their cuid eile nach 'eil a' chainnt cho fiùghail,
foghainteach, ris a' Bhéurla, nach 'eil focail innte air son iomadh
ni a tha am measg dhaoine an diugh, agus mar sin nach airidh i
air gu 'm bitheadh i air a teagasg ann; agus ma theid a teagasg
anns na sgoilibh, nach 'eil sin ach 'g a cumail beò an uair a b'
fhearr gu'm bàsaicheadh i.

Ach stadadh iad sud orra tacan gus am faicear ciod a ghabhas
a ràdh air an taobh eile. Cha 'n 'eil amharus air nach fheairrd
na Gàidheil eòlas a bhi aca air a' Bhéurla. Duine gun Bhéurla 's
an là 's am bheil sinne ann, is duine e air leth làimh. Agus ma's
éigin doibhsan an dùthaich fhéin fhàgail, agus, mo chreach!
cha mhòr caidreamh a gheibh iad innte (ged a b' e an aithrichean
a choisinn, agus a ghleidh an cuid do shinnsribh nan daoine a
tha nis 'g am fògradh aisde), agus ma bheir iad na bailtean mòra
orra, no ma dh' iarras iad am beòshlainte ann an tìribh céin, mar
a rinn mòran diubh, is anacothrom nach beag dhoibh a bhi gun
Bhéurla. Bu cho maith dhoibh, air àmaibh, a bhi gun teangaidh.
Faigheadh iad a' Bhéurla ma ta. Cha chuir an caraid an aghaidh
sin. Ach an déigh sin uile cha 'n 'eil i aca fhathasd; 'us ged a
bhitheadh, cha mhisd i a' Ghàilig a bhi 'n a cuideachd. Tha
faisg air trì cheud mile de shluagh na h-Alba do 'n i a' Ghàilig
fhathast an cainnt mhàthaireil. Cha 'n 'eil i aca ri fhoghlum –
tha i aca mar thà; 'us tha sinne coma cho fada 's a bhitheas a'
chùis mar sin. Ach is i a' cheisd, ma 's i a labhaireas iad, c'arson
nach léughadh iad i. Tha sinn a' meas gu 'm buineadh do na h-
uile duine a' chainnt a labhaireas e a léughadh, air neo is duine
leth-ionnsaichte e. Ciamar a fhreagradh e do 'n t-Sasunnach gur
h-i a' Ghàilig a dh' fhéumadh e fhoghlum an toiseach. Is fhurasd
a thuigsinn nach ann le gean maith a dh'éisdeadh e ris an ni 'g
a agairt. Agus ma 's fìor sin carson a sparradh e a chainnt fhéin

sìos an amhaichean nan Gàidheal, mar an t-aon nì a b' fhiù fhoghlum ...

(*An Gaidheal* IV, 1875: 16–17)

*

45. AM PÌOBAIR AOSDA AGUS A PHÌOB, 1876

... Cha'n 'eil teagamh nach robh càirdean Thearlaich lionmhor, dìleas, agus cumhachdach. Am measg chàich bha am piobair aosda, air an toirear a nis gearr-iomradh. Bha e 'na charaid dian, agus dileas do'n Phrionnsa. Bha e 'na là agus 'na lìnn fein comharraichte, cha'n e mhàin air son a neart, agus a thréubhantais, ach mar an céudna air son an fheabhais leis an cluicheadh e a' phiob-mhòr. B' aon de chloinn Sgéulaich e, Iain MacGriogair, a rugadh 'sa bhliadhna 1720, ann an Fartrichill[1], ann an siorramachd Pheirt, far an robh a shinnsear cliùiteach rè iomadh linn, mar na piobairean a's fearr 'san dùthaich air fad. Bha clann Sgeulaich ceart co iomraiteach 'sna lìnntibh a dh' fhalbh ri cloinn Mhic Criomain Dhùnbheagain, no ri cloinn Mhic Artair, piobairean Mhic Dhomhnuill nan Eilean. Bha Ian MacGriogair 'na dhuine tapaidh, tréun, agus bu tearc e r'a fhaotuinn a chuireadh a dhruim ri talamh. Bha spéis gun tomhas aige do'n Phrionnsa, agus ceart cho luath 'sa chàraich e a chos air mòr-thìr na h-Alba, ghrad thug Ian leis a' phìob-mhòir do Ghleann Fhionghain air agus chuir se e fein fo bhrataich Thearlaich Oig. Cha b' fhad air an laimh eile, gus an robh mòr-thlachd aig a' Phrionnsa dha, agus cha dealaicheadh e ris 'na chuairtibh anns gach àite. Chumadh e còmhradh càirdeil ris a' phiobair bhochd, agus dh' iarradh e a chomhairle anns gach cùis. Cha robh, gidheadh, ach eòlas ro bheag aig Iain còir air a' Bhéurla, agus cha b' urrainn da comhradh freagarrach a dheanamh ris a' Phrionnsa. Ach cha b' fhad gu's an d' rinn

---

[1] Fartairchill ann an Siorrachd Pheairt.

Tearlach gréim air earrannaibh sònraichte dhe'n Ghäelig, agus
an trà 'sa rìs, ghlaodhadh e ris a phiobair, – 'Séid suas do phiob,
Iain.' An uair a chaidh Tearlach a steach do Dhùnedin, agus
an uair a theich Cope agus a mharc-shluagh aig Prestonpans,
ghlaodh am Prionnsa gu cruaidh, cabhagach, 'Séid suas, séid
suas do phiob, Iain.' Chaidh am piobair bochd anns an ruaig gu
Derbi, – bha e 'lathair 'san Eaglais-Bhric, agus aig séisd Chaisteil
Shrìghlaidh, – agus mu dheireadh aig faiche mhi-shealbhaich
Chùilfhodair, far an d'fhuair e an sealladh mu dheireadh de
ghnùis thlà a' Phrionnsa. An deigh iomadh déuchainn agus
cruaidh chàs, phill MacGriogair air ais gu sgìreachd a bhreith, far
an robh e gu là a' bhàis. Bha ceathrar mhac aige, agus ochdnar
oghaichean, agus bu phiobairean air fad iad. Ach dhe 'n àireamh
so gu léir cha bheò an diugh ach a h-aon.

Bha 'phiob chéudna leis an do dheachd MacGriogair
misneach agus spiorad a chuid companach anns a' chath,
aig ogha dha, Iain MacGriogair eile, a chaochail ann an
Druimcharaidh, ann an sgireachd Fhartrichill o cheann beagan
bhliadhnaichean air ais, mu cheithir fichead a dh'aois. Bha e 'na
dhuine stuama, measail, agus cliùiteach, d'on robh mòr speis
aig a luchd-eòlais gu léir. Bha 'n t-seann phiob ann an deagh-
ghléus agus òrdugh, an uair a chaochail MacGriogair, agus goirid
o là a' bhàis, bha e 'na shòlas da' chridhe a bhi 'ga séideadh
suas, an uair a bha eadhon an anail goirid. Ach tha i fathast a
làthair aig Diùc Athol 'na chaisteal fein ann am Blàr. Cha robh
aice riamh ach da dhos, de bhrigh nach robh an treas dos air a
chleachdadh anns na h-amannaibh o shean. Bha'n sionnsair
air a chòmhdachadh le bannaibh airgid, làn sgriobhaidh ann
am Beurla 'san Gäelig. Chuir an Ridir Iain Athol MacGriogar
nach maireann, clàr leathann airgid air, leis an sgriobhadh a
leanas anns an dà chàinnt:– 'Bha 'phìob so, a bhuineas do Iain
MacGriogair, piobair Dhiùc Athoil, air a cluicheadh le shean
athair Ian MacGriogair, ann an cogannaibh Phrionns' Teàrlaich
Stiùbhart 'sa bhliadhna 1745–6; agus chuireadh an sgriobhadh so
oirre le 'Cheann-cinnidh fein, an Ridir Iain Athol MacGriogair,

'sa bhliadhna 1846, mar chùimhneachan air obair urramuich na pìoba.'

Bha Iain MacGriogair so mu dheireadh aig an robh a' phiob 'na fhear-cluiche ro eireachdail gu deireadh a làithean. Choisinn e a' phiob-mhòr mar dhuais-cluiche ann an Dùnedin, ann am mios mu dheireadh an t-sàmhraidh 1811. Bha e rè iomadh bliadhna 'na phiobair aig Diùc Athol, agus a rìs aig Mac Fhionnlaidh, Mhonaltri, agus an déigh sin aig Mac Fhionnlaidh, Finghein. Chluich e 's a bhliadhna 1813 aig co'-chruinneachadh nan uachdaran 'san Eilean Mhanainneach, aig Ceinn Thinbhailt. Bha e a' cluicheadh air ceann nan Griogaireach ann an Dùnedin, an uair a thàinig an righ 'sa bhliadhna 1822. Bha e 'na phiobair aig Gaidheil Dhiuc Athol aig Faoin-chòmhrag Eglinton ann an 1839, agus chuireadh an t-urram air cluicheadh an làthair na Banrighinn aig Caisteal Bheallaich. Ach mu dheireadh luidh an aois gu tròm air Iain còir. Dh'fhàs e diblidh, fann le luchd nam bliadhnaichean a chaidh thairis air a cheann. Agus a thuilleadh air sin, dh' fhàs e glé ghann 'na chuid, 'na laithibh deireannach. Chuir e litir o làimh fein dh' ionnsuidh an Sgiathanaich, air da a bhi 'na fhear-cinnidh dha, dh' fhéuchuinn an gabhadh duin'-uasal éigin tlachd dhe'n t-seann phiob, chum gu'm biodh i air a gleidheadh re linntean ri teachd mar chuimhneachan air a seirbhis 's an àr-fhaich. Chuir an Sgiathanach eachdraidh Chloinn-sgéuluich agus na pìob anns na litrichibh naigheachd mar a rinneadh eadhon a nis, agus thàinig na h-uiread dhaoin'-uaiilse[1] air an aghaidh a bha deònach gréim fhaotuinn air a' phiob, agus a bheireadh suim airgid do'n t-seann duine chòir air a son, ach am measg chàich chuir Diùc Athol nach maireann fios gu'n suidhicheadh e uiread 'sa bhliadhna, fhad s' bu bheò e, air a' phiobair aosda air son na piob. Gheall e uiread 'sa dh' fhàgadh an seann duine còir soimeach[2], socaireach rè uile làithean a' bheatha. Rinn an Diùc mar a gheall, agus shìneadh laithean a' phiobaire gu beagan bhliadhnaichean an déigh sin,

---

[1] uaisle.   [2] cofhurtail.

a' sealbhachadh le taingealachd tairbheartais an Diùc. Ach mu dheireadh fhuair e am bàs, agus fhuair an Diùc a' phiob, – agus cha'n eagal nach gleidhear tearuinte i leis an teaghlach àrd-uasal sin re linnte ri teachd.

Sgiathanach[1]

(*An Gaidheal* V, 1876: 19–21)

*

46. LEABAIDH AN EUSLAINTICH AGUS NÀDAR FIABHRAIS AN GEÀRR-LOCH, 1877
[Le D. Mac'Ille-Dhuibh, Lighiche, Poll Iùbh]

Tha sean leaba do fhiodh le cuirteinibh mi-fhallain do neach slàn no euslàn. 'Si leaba iarruinn is fearr, agus leab-iochdrach do ghaoisid. 'N uair a dh' fhaodas tu leig ris a ghaoith an t-aodach leapa. Gach trìd[2] a bhitheas timchioll air neach tinn a chumail tioram glan, an cur ris an teine m' am bean iad ri chraicionn. Ma ni thu dearmad bithidh e cunnartach an fallas a chuireas e dheth gun sùigh e stigh 'na chraicionn féin air ais e as an aodach leapa 's as an aodach eile a bhitheas timchioll air agus gun tog sin beagan fiabhruis dha. Cha-n iongantach sin 'nuair a tha neach air an leabaidh a leine 's aodach leapa o là gu là no o sheachduin gu seachduin a' sùghadh fhallais 's gun an cur ri gaoith no ri teine ré na h-ùine. Ann an iomadh gnè thinnis tha e ro fheumail an craicionn a nighidh le uisge 's siabunn le spuing; mar 'eil e freagarrach a neach tinn a chur ann an àite failcidh, (tuba mhòr) ma tha 'se is fheàrr. Gu sònruichte ann an tinneas cloinne tha e feumail an craicionn a bhi glan; am fallas a thig as, tha e a' fuireach air, mar 'eil e air a ghlanadh dheth,

---

[1] B' e seo an t-Urr. Alasdair MacGriogair (1806–1881), à Inbhir Nis (faic *Scottish Gaelic Studies* XX, 2000: 79, 85).

[2] brèid, pìos aodaich.

agus 'na chulaidh bhacaidh air slainte. Tha tuillidh eagail aig
luchd dùthcha roimh uisge, na tha aig luchd bhailte mòra; agus
aig daoinibh bochda na tha aig daoinibh beartach. Tha neach
tinn a faighinn comhfhurtachd mhòr an deigh a ghlanadh. 'S
còir do'n bhanaltruim a bhi cuimhneach neach tinn a chumail
glan. An deigh a nigheadh ma bhios e feumail an léine-oidhche
cheudna a chur air a rithist, dean blath ris an teine i m' an cuir
thu air i. Tha 'n leine a chur e dheth car tais, agus ni an teine
tioram i 's bheir e fàileadh an fhallais aisde. Tha banaltrum glé
chùramach mu thiormachadh aodaich o thaisaltachd[1] ghlan,
ach cha-n 'eil toirt fainear aice air aodach a chur ri teine ga
thiormachadh o thaisaltachd shalaich. Tha e anabharrach feumail
aodach, agus seòmar tinnis a chumail tioram; fàileadh ùrail le
gaoith agus teine. Tha ma thimchioll seachd ùnnsacha deug thar
fhichead, ag éiridh na smùid, no na cheò o'n sgamhan agus o'n
chraicionn aig neach slàn eadar an là agus an oidhche. Ann an
euslainte tha ni 's mò na so ag éiridh o neach. Tha nàdur cronail
anns a' cheò so, breun, ullamh gu grodadh no malcadh. C'aite a
nis am bheil an ceò so a' dol? Tha cuid mhòr dheth dol feadh an
aodaich leapa, agus a chuid eile feadh an t-seòmair. A thuilleadh
air so tha droch ceò mi-fhallain ag éiridh o gach ni a théid troimh
chom neach tinn. Tha h-uile ni 'g a chur, ré beagan ùine ann am
poit fo 'n leabaidh, 's tha an ceò a tha ag éiridh as a' dol troimh
taobh iochdair na leapa. Tha gach seòrsa dheth so cronail agus
cunnartach. Tha leaba a tha 'n còmhnuidh air a lìonadh le ceò
mar so cha 'n e amhàin ullamh gu tuillidh trioblaide a thogail, ach
tha i cunnartach air tinneas as ùr a thogail. Dh' òrduich nàdur na
nithe so a dhol a mach as a choluinn, gun tilleadh air ais tuillidh.

Tha nàdur tinnis no fiabhruis ann an sgìreachdaibh
Ghèarrloch agus Lochbhraoin 's theagamh ann an sgìreachdaibh
eile feadh na Gàidhealtachd a tha glé bhitheanta ag éiridh an
déigh iomadh gnè do thinneas eile, mar tha fuachd agus tinneas
a tha 'g éiridh le fuachd o'n sgamhan, agus ann an leabaidh

---

[1] *taisealtachd* 'taiseachd, fliche'.

shiùbhla. Tha broth mìn dearg, no sgàrlaid an lorg an tinnis so; air uairibh tha e garbh ann am bàrr a chraicinn. Tha iad a' cur mòran fallas dhiu leis. 'N uair a théid am fallas salach sin a stigh, tha iad trom, tinn, neo-shunndach, 's pian 'n an cnàmhaibh aca; gus am brùchd am fallas salach a mach as an fheòil, 's tha iad an sin gu math gus an téid am fallas 's am broth a stigh air ais. Tha 'm broth 's am fallas a' dol a mach 's a stigh an déigh a chéile ré ùine, theagamh seachduinn an déigh seachduinn. Tha an seòrsa fiabhrais so air leth o gach seòrsa eile feadh na dùthcha. Cha-n 'eil e aon chuid gabhaltach, no marbhtach. Cha-n fhiosrach mi ach aon neach a chaochail leis, agus b' ann an déigh tinnis eile.

(D. Mac'Ille-Dhuibh, *Eòlas agus Seòladh air son Luchd-euslainte*, Glaschu 1877: 22–23)

*

47. AM MÒD GAIDHEALACH, 1892

Bha cruinneachadh mor aig na Gaidhil ann san Oban air an treas latha deug dhe'n mhios s'a dh'fhalbh. Chuir na Gaidhil an cinn cuideachd ann san earrach air a bhliadhna 'n uiridh agus shuidhich iad Comunn Gaidhealach aig am bheil 'san amharc math nan Gaidheal 'sna Gailig. Be aon de na nithean a chuir an Comunn so rompa gum biodh coinneamh no Mod aca 'h-uile bliadhna aig am biodh duaisean air an toirt seachad air son bardachd Ghailig na litreachas, ceol, seinn, agus nithean eile. Tha coinneamh dhe'n t-seorsa so aig na Welshich o chionn iomadh bliadhna 's tha soirbheachadh mor ri fhaicinn na lorg. Be 'n cruinneachadh so aig an Oban ma ta, a cheud Mhod a bh' aig a' chomunn Ghaidhealach, agus chaidh leotha gu math. Bha comhthional mor sluaigh cruinn, agus dhearbh iad mar a tha'n *t-Oban Times* ag radh, nach eil spiorad nan Gaidheal no a Ghailig idir marbh ...

(*Mac-Talla*, 5 Dàmhair 1892)

*

48. AN COGADH MÒR AIR FÀIRE, 1892
Tha rioghachdan na Roinn Eorpa gle an-earbsach as a cheile. Tha eagal air an darna rioghachd gu'n tig an rioghachd eil' oirre gun fhios. Tha'n Fhraing a feitheamh ri cothrom math fhaotainn gu dioghaltas a dheanamh air a Ghearmailt air son cogadh 1870–71 ged is i fhein a thoisich an cogadh sin. Tha Ghearmailt ag ullachadh air son na Frainge. Tha Russia 'feuchainn ri cothrom fhaighinn air an Tuirc, agus mar sin sios. Tha iad uile air an lan armachadh agus a feitheamh ris a cheud bhuille. Tha e cho docha nach bi cogadh gu ceann aireamh bhliadhnaichean fhathast, ach tha e tighinn, agus bi'dh e na chogadh eagallach. Cha'n eil teagamh nach biodh spog aig Breatuinn ann mu'm biodh e seachad, agus aig rioghachdan eile mar an ceudna. Tha Breatuinn na haonar a gabhail a ghnothuich air a socair 'sa feuchainn ri cuisean a cheartachadh aig an tigh.

(*Mac-Talla*, 11 Ogmhios 1892)

*

49. ANNASAN ANN AN NEW YORK, 1892
Tha duin og foghlumichte de dheagh theaghlach ann an New York, a cuir fios ann am paipear, 's ag radh gu'm pos e te bheairteach sam bith a bheir airgiod dha a cheannicheas litir-dhealich do'n bhean a tha aige, leis nach urrinn dha cuir suas!

Bha spiocaire duine ann an New York, aig an robh moran de dh' airgiod paipear air fhalach ann am bocsa fiodha na thaigh. Air reir coltais cha robh tamhachd 'san taigh ach e fhein 's teaghlach no dha de luchinn. Bha e cho gleidhteach air a storas 'sa b' urrinn dha, 's be'n fhior eigin a bheireadh air dolair a thoirt as. Chaidh e chunntas a chuid airgid an la roimhe 's fhuair e gu robh na luchinn an deigh nead a dheanamh dheth, 's gu robh e air a ghearradh na phiosan cho beag 's nach robh feum sam bith ann!

(*Mac-Talla*, 10 Dùdlachd 1892)

*

50. FÈIN-RIAGHLADH NA H-EIREANN, 1893

Oidhche Dior-daoin air an t-seachdain s'a chaidh, bha 'm 'bill' a tha dol a thoirt fein-riaghladh do dh'Eirinn air a leughadh an darra uair. Tha'n darra leughadh a cuir aonta Tigh nan Cummantach ris, ach faodidh atharrachadh mor a bhi air a dheanamh air mu'n tig e gu bhi na lagh. Tha aireamh mhath dhe na fir-pharlamaid a tha air taobh a bhill deonach air Ulster fhagail fo riaghladh na Parlamaid Bhreatunnach mar a tha e'n drasda, o'n a tha sluagh na mor-roinn sin a nochdadh gu soilleir nach eil fein riaghladh a dhith orra. Ach ged a rachadh am bill troimh Thigh nan Cummantach gun atharrachadh sam bith a dheanamh air, is cinnteach an ni gum bi e air a dheagh chonablachadh mu'n teid e troimh Thigh nam Morairean; agus tha e cheana cho docha nach fhaigh e troimhe idir, oir tha uaislean an taighe sin a leigeil ris cheana nach eil gradh sam bith aca dha. Ma thilgeas iad a mach am bill sgaoilidh Gladstone a pharlamaid agus bheir e a chuis aon uair eile fa chomhair sluagh na rioghachd. Ma bheir iad-san barrantas ur dha a dhol air adhart theid aig air buaidh a thoirt air na morairean agus bidh a dhoigh fhein aige gun taing dhaibh; ach ma's ann a bheir an sluagh a mach a bhinn na aghidh, bidh Eirinn cho fada bho fhein-riaghladh 'sa bha i riabh.

(*Mac-Talla*, 29 Giblin 1893)

*

51. RÒIDEAN URA DO LEÒDHAS, 1893

Tha luchd riaghlidh Bhreatuinn an deigh coig ceud deug punnd Sasunnach a thoirt do mhuinntir Leodhis air son roidean ur a

fhosgladh ann an cearnan iomallach de 'n eilean far nach robh
roidein aca roimhe so idir. Bheir an t-airgiod a tha gu bhi mar so
air a bhuileachadh ni do 'n t-sluagh air am bheil iad ro-fheumach
o chionn fhada, agus a thuilleadh air sin a toirt dhaibh-san a tha
air dhroch caradh leis mar a chaidh am barr 'san t-iasgach nan
aghidh, comas air cosnadh a dheanamh gus iad fein a chumail
suas.

(*Mac-Talla*, 11 Gearran 1893)

*

52. SGEULACHD SGÌRE MA CHEALLAIG, 1898[1]

Bha Gille òg ann uair 's chaidh e dh' iarraidh mnà do Sgire-
ma-cheallaig, agus phòs e nighean tuathanaich, 's cha robh aig
a h-athair ach i fhéin, agus 'n uair a thàinig àm buaine na mòine,
chaidh iad do 'n bhlàr mhòine 'nan ceathrar. Chuireadh a' bhean
òg dhachaidh air thòir na diathad, agus air dol a staigh dhi
chunnaic i srathair[2] na làrach brice fos a cionn, agus thòisich i air
caoineadh 's air ràdh rithe féin, dé a dheanadh ise na 'n tuiteadh
an t-srathair, 's gu 'm marbhadh i i féin 's na bha air a siubhal.
'N uair a b' fhada le luchd buain na mòine a bha i gun tighinn
chuir iad a màthair air falbh a shealltuinn dé bha 'ga cumail.
'N uair a ràinig a' chailleach fhuair i a' bhean òg a' caoineadh
a steach, 'Air tighinn ormsa,' ars' ise, 'dé a thàinig riut?' 'O', ars'
ise, ''n uair a thàinig mi steach chunnaic mi srathair na làrach
brice fos mo chionn, 's dé 'dheanainn-sa na 'n tuiteadh i 's gu 'm
marbhadh i mi fhéin 's na tha air mo shiubhal!' Bhuail an t-seana
bhean a basan. 'Thàinig ormsa an diugh! na 'n tachradh sin, dé a
dheanadh tu, no mise leat.' Bha na daoine a bha 'sa bhlàr mhòin'
a' gabhail fadail nach robh aon de na boireannaich a' tighinn, o
'n bhuail an t-acras iad.

Dh' fhalbh an seann duine dhachaidh a dh' fhaicinn dé 'bha
a' cumail nam boireannach, agus 'n uair a chaidh e steach, 's ann

---

[1] Chaidh seo fhoillseachadh airson na ciad uarach ann an *Gael* I, 1871.

[2] pillean, seòrsa dìollaide do dh'each cartach.

a fhuair e 'n dithis a' caoineadh 's a' bas-bhualadh. 'Ochòn,' ars'
esan, 'dé a thàinig oirbh!' 'O,' ars' an t-seana bhean, ''n uair a
thàinig do nighean dhachaidh, nach fac i srathair na làrach
brice fos a cionn, 's dé a dheanadh ise na 'n tuiteadh i 's gu 'm
marbhadh i i-féin 's na bha air a siubhal.' 'Thàinig orms',' ars' an
seann duine 's e bualadh nam bas, 'na 'n tachradh sin.' Thàinig
an duin' òg am beul na h-oidhche làn acrais, 's fhuair e 'n triùir a'
comh-chaoineadh. 'Ubh ùbh,' ars' esan, 'gu dé a thàinig oirbh.'
Dh' innis an seann duine dha. 'Ach,' ars' esan, 'cha do thuit an
t-srathair.' 'N uair a ghabh e biadh chaidh e 'laidhe, agus anns
a' mhaduinn thubhairt esan, 'Cha stad mo chas gus gu 'm faic
mi triùir eile cho gòrach ribh.' Dh' fhalbh e so air feadh Sgìre-
ma-cheallaig, agus chaidh e steach do thaigh ann, agus cha robh
duine a steach ach triùir bhan 's iad a' snìomh air còig cuigeilean.
'Cha chreid mi fhéin,' ars' esan, 'gur h-ann a mhuinntir an àite
so a tha sibh.' 'Ta,' ars' iadsan, 'cha'n ann; cha chreid sinn fhéin.'
''S cha 'n ann,' ars' esan. 'Mata,' ars' iadsan, 'tha na daoine a tha
'san àite so cho faoin, 's gu 'n toir sinn a chreidsinn orra a h-uile
ni a thoileachas sinn féin.' 'Mata,' ars' esan, 'tha fàinne òir agam
an so agus bheir mi e do 'n té agaibh a's feàrr a bheir a chreidsinn
air an duine.' A' cheud fhear a thàinig dhachaidh de na daoine
thuirt a bhean ris, 'Tha thu tinn.' 'Am bheil?' ars' esan. 'O tha,'
thuirt ise. 'Cuir dhiot do chuid aodaich 's bi a' dol a laidhe.' Rinn
e so; agus 'n uair a bha e anns an leabaidh, thuirt i ris, 'Tha thu
nise marbh.' 'O am bheil?' ars' esan. 'Tha,' thuirt ise, 'dùin do
shùilean 's na gluais làmh no cas.' Agus bha e so marbh. Thàinig
an so an dara fear dhachaidh, agus thubhairt a bhean ris, 'Cha
tu a th' ann.' 'O nach mi?' ars' esan. 'O cha tu,' thuirt ise. 'S dh'
fhalbh e 's thug e a' choille air. Thàinig an so an tritheamh fear
a dh' ionnsuidh a thaighe fhéin, agus chaidh e fhéin 's a bhean
a laidhe, 's chaidh gairm a mach am màireach chum an duine
marbh a thiodhlacadh; ach cha robh a bhean-san a' leigeil leis-
san éiridh gu dhol ann. 'Nuair a chunnaic iad an giùlan a' dol
seachad air an uinneig dh' iarr i air a bhi 'g éirigh. Dh' éirich
e 'n so le cabhaig mhòir 's bha e 'g iarraidh a chuid aodaich 's

e air chall, 's thubhairt a bhean ris gu 'n robh a chuid aodaich
uime. 'Am bheil?' ars' esan. 'Tha,' ars' ise. 'Greas thusa ort gus
am beir thu orra.' Dh' fhalbh e'n so 'na chruaidh ruith, agus
an uair a chunnaic cuideachd a' ghiùlain an duine lomnochd a'
tighinn, smaoinich iad gur duine e a bha ás a chiall, 's theich iad
féin air falbh, 's dh' fhàg iad an giùlan, agus sheas mhairbh, agus
thàinig duine a nuas ás a' choille, agus thubhairt e ris an duine
a bha lomnochd, 'Am bheil thu 'g am athnachadh?' 'Cha 'n 'eil
mise,' ars' esan, ''gad aithneachadh.' 'O cha 'n 'eil; na 'm bu mhi
Tòmas dh' aithnicheadh mo bhean féin mi.' 'Ach car son,' ars'
esan, 'a tha thusa lomnochd?' 'Am bheil mi lomnochd? Ma ta,
thubhairt mo bhean rium gu 'n robh m' aodach umam.' ''S i mo
bhean 'thubhairt riumsa gu 'n robh mi fhéin marbh,' ars' a' fear
a bha 's a' chiste. Agus an uair a chuala na daoine am marbh a'
bruidhinn thug iad na buinn asda 's thàinig na mnathan 's thug
iad dhachaidh iad, agus 's i bean an duine a bha marbh a fhuair
am fàinne, agus chunnaic esan an sin triùir cho gòrach ris an
triùir a dh' fhàg e aig an taigh, agus thill esan dhachaidh.

(*Leabhar na Céilidh*, Glaschu 1898: 78–80)

*

53. Cor na Feadhnach a Chaidh Fhàgail aig an Taigh, 1904
Feumaidh sinn aideachadh, gu bheil a reir coltais, cor na
feadhnach a chaidh fhuadach, moran na's fhearr, mar a 's tric,
na cor na feadhnach a chaidh fhagail aig an tigh. Ged a tha gu
leoir de dh'fhearan anns an duthaich so, miltean acair-fearainn
fo fheidh agus fo mheanbh-chrodh, tha'n sluagh dol bàs le
bochdainn fearainn.

   Gus o chionn beagan bhliadhnachan, 's gann gu'n robh
tighinn-beo idir aig na croitairean anns a Ghaidhealtachd. Bha
mal trom, agus na dianadh a h-aon 's am bith fearas-taighe air
croit, agus na'n togadh tigh ùr dha fhein, bha e an dara cuid an

cunnart barlinn, no gu'n reachadh barrachd mail a chuir air. Ach a nis, taing do'n Fhreasdal, thainig atharrachadh mor air cuisean. Faodaidh iad fearas-taighe a thogaras iad a dhianamh air an criomag-fhearainn, faodaidh iad tighean ur a thogail dhaibh fhein, agus is ioma tigh grinn a chaidh a thogail o'n a fhuaras an t-shocair so, agus cho fad 's dhiolas iad a mal, cha'n eil comas aig uachdaran air thalamh aona chuid pris a mhail a thogail no barlinn a thoirt dhaibh.

Ach, mo thruaighe! Co a chunnaic riamh a leithid de dh'fhearann 's th'aca ri oibreachadh! mur a biodh iad dichioleach, trailleil, ga leasachadh le stamh, agus le rod is beag an toradh a bheireadh iad as an fhearann.

(*Guth na Bliadhna* I, Aireamh 3, 1904: 238–39)

*

54. AN T-ARM DEARG AGUS AN DEARG AMADAN, 1905

Labhair luchd-sgriobhaidh is luchd-comhairle na rioghachd mòran nithe as ùr 'thaobh daingneachaidh chum muinntir is dùthcha – ni ris an abrar 's a' Bheurla *national efficiency*: 'nis ciod e *national efficiency*? agus co iad 'tha labhairt mu dheidhinn aig an àm so? Tha *national efficiency* a' ciallachadh daingneachaidh, sabhailteachd agus dion air Sasunn a mhàin: agus tha an t-Iarla Rosebery agus Ioseph Chamberlain 'nan ard-fhaidhean dheth. 'Siad sin ris an canar *Missionaries of Empire* 's a' Bheurla, agus is mòr agus nimheil an spairn agus stri 'tha eadar an dà laoch sgaiteach so. Ach ciod so, no iadsan, dhuinn? Chunnaic sinn, mar chinneach air leth 'Sasunn laidir' iomadh uair, agus o chionn iomadh bliadhna, agus am bheil sinn ni 's fheàrr dheth a nis 'thaobh nan uile nithe 'tha feumail dhuinn mar mhuinntir air leth, na bha sinn anns na linnibh a dh'fhalbh? Ciod e 'Sasunn laidir' (no lag is faoin) dhuinn fein? Nach Sasunn a mhàin a th'ann? Gu dearbh, gu dearbh, cha'n 'e a' Ghàidhealtachd no Albainn a th'ann. Thuig ar sinnseara so gu math, agus, leis a sin,

chog iad ris na Sasunnaich uair is uair, cha' n' ann air an taobh
mar a tha sinn a' deanamh, air an àm so. Agus ged a chaidh an
ruaig a chur orra mu dheireadh mu'n àm ris an abrar 'Bliadhna
Thearlaich' is dona a thig e dhuinn a' bhi daonnan a' striochdadh
ri agus (ni a 's miosa na sin) a' bhi' cuideachadh ar naimhdean,
agus sinn anns na slabhraidhean a chuir sinn oirnn fein. *National
efficiency* ciod e sin dhuinne? 'S e bheir freagairt gu ceart do na
cheist sin, ar gleanntan fàsail neo-threabhta, gun mhuinntir 's ar
taighean briste, léir-sgriosta, 's ar cinneach is muinntir ar gràidh
air am fuadachadh a mach do gach cearn 's do gach aite de'n
t-saoghail. Gu dearbh tha *national efficiency* cosmhuil ri deirceachd
– 's e sin ri ràdh bu choir dha 'toiseachadh 'nar measg fhein,
air neo tha è 'na sheorsa de dh'fhochaid 's de chealgaireachd a
mhàin.

Tha e 'na amadan 'na aonar – gach neach 'tha 'dol a steach
do'n Armailt Shasunnach, a chionn 's gur e an t-arm Sasunnach
a th'ann. Tha Arm nam Breacan beagan ni 's fhearr na sin,
chionn 's gur e seorsa de dh'armailt Gàidhealach a th'ann; ach co
dhiùbh a 's fearr no a 's miosa e na sud, 's e so ar comhairle féin
do na h-uile fear 'Cuimhnichibh na daoine o 'n d'thàinig sibh,'
agus cumaibh bhur n' urchuir air a h-ais! Theagamh gu'n d'thig
an làtha sin fhathast anns am faod sinn a ràdh a ris. Bithidh an
oidhche na h-oidhche nam biodh na gillean 'nan gillean.

(*Guth na Bliadhna* II, Aireamh 4, 1905: 328–29)

*

55. CUID NAM FINEACHAN, 1906

Fada fa-dheireadh, agus an déigh mòran bhliadhnaichean tha
againn a nis Bille ùr Fearainn – Bille, mar an ceudna, anns an
urrainnear tlachd mhòr a ghabhail, agus as am bheil sinn a'
tarruing earbsa mhòr air taobh Fineachan na h-Alba.

Cha 'n 'eil teagamh sam bith againn nach 'eil Bille Mhr.
Sinclair 'na Bille anabarrach maith airson nithean na beatha-sa,

agus buileach feumail mar an ceudna; agus, mar tha cuid ag ràdh aig a' cheart àm so, is maith an comharradh oirre gu'm bheil an *Scotsman*, agus a luchd-leanmhuinn am measg uachdarain an fhearainn, 'na h-aghaidh am muigh agus am mach. Ach, is éiginn duinn, roimh ar beannachadh a thoirt dhi, a cuid ponganan fhaighinn a mach, agus an cur mu choinneamh ar luchd-leughaidh; beachd curramach[1], smiorail, a ghabhail air na stéidhean sin a tha aig bonn na Bille so. Agus gu sin a dheanamh air dhòigh agus nach leig sinn e fo amharus sam bith a thaobh nam bunailtean sin, as am bheil e 'toirt làn earbsa ruinn fhéin, is éiginn duinn dorus Eachdraidh na h-Alba fhosgladh car tamuill, agus sùil a thoirt ré ùine bhig air sean nithean na Gàidhealtachd ...

[F]ada mu dheireadh, thàinig (taing do Dhia), a' cheud chuideachadh a fhuair Fineachan na h-Alba o chionn iomadh bliadhna; agus chaidh Achd nan Croitearan air a shuidheachadh anns an dùthaich le cead na Pàrlamaide, anns a' bhliadhna 1886. Thug an Reachd sin cuideachadh mòr do na Croitearan; ach cha do fhreagair e a' chùis mar bu chòir. Ach is ann an sin a thoisich an obair fheumail, éiginneach, mhaith, ged nach robh e ach mar thoiseachadh a mhàin air a' ghnothach. Cha do bhean e ach ri oir a' ghnothaich. Cha robh e comasach do'n Achd sin an t-olc no an eucail uile a thoirt air falbh uapa, ged nach robh e gun sochair gu léir. Mar sin, rinn na Croitearan, agus an cuid càirdean a bha air taobh a staigh, maille riusan a bha air taobh a muigh de na Pàrlamaide stri nach robh beag gu leasachadh is farsaingeachd a chur air an Achd; ach, fad mòran bhliadhnaichean, is ann mar dhaoine aig nach robh ach a' bheag de dhòchas a bha iad a' cumail suas aobhair nam Fineachan Albannach. Ach, a nis (taing do Dhia), tha gu bhith againn 'Reachd nan Gabhaltaichean Beaga'; agus a réir gach coltais, bithidh an Achd so mar chairt-iùil ùr do na Croitearan, agus mar inneal shaorsa do'n dùthaich air fad.

---

[1] .i. cùramach.

Tha sinn deas, mata, ar seul a chur ris a' Bhille so, agus na reusanan sin a thathas 'gan toirt oirnn sin a dheanamh, is iad mar so iad.

An toiseach, is e ar barail gu'm bi a' cheud bhuannachd a théid a mach o'n Reachd so is e so, Fineachan na h-Alba a chur air am bonn fhéin, a rìs agus a chaoidh. Anns an dara àite, is ro thaitneach leinn na cumhachdan eigineach sin a tha e 'toirt a staigh leis. Anns an treas àite, tha a' Bhille so air a dealbhadh air dhòigh agus nach bi 'dol an aghaidh nòis is cleachdannan nan Gàidheal: air an làimh eile, tha e 'cordadh gu maith riutha. Anns a' cheathramh àite, tha a' Bhille so 'na gnìomh ceartais, agus bithidh sinn glé thoilichte nam biodh e comasach cuid de dh'fhearann a bha air a thoirt air falbh o'n t-sluagh anns na bliadhnaichean a chaidh seachad a thoirt air ais as ùr do na Fineachan Gàidhealach. Anns a' chuigeadh àite tha sinn a' faighinn tlachd mhòir as a' Bhille so, a chionn agus gu'm bheil i gu bhith air a cur ri'n dùthaich gu léir. Gu dearbh is e so comharradh anabarrach maith oirre; agus tha dòchas againn gur ann mar so a bhitheas e a ghnàth agus gu buileach anns na bliadhnaichean a tha ri teachd. Gu dearbh, is mithich do na Gàidheil a bhith ag iarraidh a' chiuil, gus an dean Albainn dannsa air sgath an lagha ùir so. Agus is e so an séathamh reuson airson gu'm bheil sinn a' cur ar taice ris a'Bhille, gur h-e, a nis, an Stàid a tha mar dhìon agus mar inneal-gléidhidh do'n t-sluagh gu léir ...

(*Guth na Bliadhna* III, Aireamh 4, 1906: 307, 314–15)

*

56. AM FEARANN, 1907
Faodar aideachadh nach do chaill Sir Eanruig Caimbeul Bannerman agus a chàirdean an taobh a staigh na Pàrlamaide Sasunnaich mòran de dh'ùine ann a bhi toirt a staigh Bille

an Fhearainn as ùr do Thaigh nan Cumantan. Thàinig e air beulaobh an Taighe anns a' cheart chruth, ach beag, anns am facas an uiridh e. Tha aon ni a tha toirt mòr sholais dhuinn, agus is e sin gu'n deachaidh laghdachadh air an rùn leis an rachadh ceangaltas eadar Cùirt nan Croitearan agus Mòd nan Criochan Domhail. Cha robh e idir aona chuid iomchuidh no freagarrach gu'm biodh ceannachd an fhearainn is toirt a mach binn air nithean an fhearainn anns an aon làimh, mar gu'm b'eadh. A réir a' Bhille ùir, thugadh seachad an t-aon ni do Chùirt an Fhearainn ùir, agus an ni eile do Chomhairle Aitich na h-Alba. Tha so ceart mar bu chòir. Tha sinn toilichte, mar an ceudna, nach 'eil am Bille idir toirt seachad do Chùirt an Fhearainn am fearann a cheannach o na h-uachdarain, chum a bhi ga reic ris an t-sluagh. Is e cumhachd ciorramach a bhiodh an so; agus tha sinn a' cur làn aonta ris na tha aon de ar luchd-comh-aoiseach ag ràdh mu'n chùis so. Gu dearbh, 'tha am pailteas uachdarain againn, mar tha, agus r'a sheachdnadh, gun a bhi gan deanamh na's lionmhoire.'

Tha so 'toirt oirnn a radh gu'm b'e ar n-iarrtus féin, greim a thoirt do'n Stàid air an fhearann agus an greim sin a mheudachadh is a dhaingneachadh cho mor sa ghabhas deanamh.

Gu dearbh 'tha pailteas uachdarain againn' a cheana; ach se ar beachd nach biodh e chum saorsa no feum, gu'm biodh na h-uile fear 'na uachdaran air fhearann fhéin.

Bu mhaith leinn féin fhaicinn an Stàid an àite an uachdarain an iomadh cùisibh, agus sin airson iomadh reuson math. Chan 'eil sinn dol an aghaidh nan uachdaran *mar uachdarain*; ni mò a tha sinn dol a chur ar seul ri beachdan creachach is tur neònach nan Còmunnairean. Gidheadh, se ar barail féin gu'n deachaidh tuille sa chòir de fhearann na dùthcha a thoirt seachad do na h-uachdarain anns na làithean a dh'aom; gu'm bheil am pailteas, agus r'a sheachdnadh, aca fathast; agus, gu h-àraidh, gur e dleasnas na Stàide a greim féin air an fhearann a mheudachadh agus a dhaingneachadh anns a h-uile rathad a's urrainn i chleachdadh, agus a tha ceart is freagarrach ...

*

57. Cuid nam Fineachan, 1907

Tha a' Phàrlamaid a nis 'na tàmh, agus Bille Mhr Sinclair gu tur air a dhi-chuimhne.

Is glé bheag de dh'ùine na Pàrlamaide a chaidh bhuileachadh air, agus am measg an luchd-neo-chiontais, fhuair i binn is ditidh a chuir as da. Chaidh de dh'ùine chaitheamh ri Bille nan Sgoilean Sasunnach is nach robh dòigh no rathad air buntuinn ris an fhearann; agus aon uair eile, dh'feumadh an Croiteir Gàidhealach sàr fhoighdinn a bhi aige.

An iomadh dòigh, nar beachd-ne, bu mhaith an airidh am Bille sin a bhi air a chàramh fa chomhair na Pàrlamaide, agus a bhi air a dheanamh 'na lagh do'n Rioghachd. Bha iomadh ni ann, mar a thuirt sinn féin aig an àm, 'a bha anabarrach maith airson nithean na beatha-sa, is buileach feumail, mar an ceudna.' Ach, an aghaidh sin, chaidh binn-ditidh thoirt a mach 'na aghaidh leis a' Phàrlamaid Shasunnaich, agus aig a' cheart àm, chan 'eil e ni 's mò air mhaireann ...

*

58. Lagh nam Bochd, 1910

Is ann 'nan dachaidhean fhéin is mò a tha de chuideachadh air a thoirt do na bochdan an Albainn. O cheann a suas ri deich bliadhna-fichead, bha glaodh mór ri chluinntinn o bhòrdaibh bhochd agus o Ard Bhòrd an Riaghlaidh an Dun-éideann air son tuillidh feum a bhi air an deanamh de na taighean-bhochd agus na's lugha de chuideachadh a bhi air a thoirt seachad anns na dachaidhean. Sguir an glaodh sin ri ùine, agus cha d' thàinig atharrachadh sam bith 'na lorg. Cha'n 'eil fuath chomharraichte aig an t-Sasunnach ainniseach do thaigh-nam-bochd, ach tha gnè agus inntinn an Albannaich gu tur agus gu searbh 'na aghaidh. Uime sin, bu dìomhain do 'n luchd-ùghdarrais againne a bhi feuchainn ri bochdan na dùthcha a dhruideadh a staigh anns na taighean neo-chaoimhneil so ...

A thaobh lighichean a chumail air son feum an t-sluaigh, bha Lagh nam Bochd riamh fàilneach, araon anns na bailtean agus air an dùthaich. Anns na bailtean, cha 'n 'eil taighean-eiridinn air son nan ainniseach ri 'm faighinn dealaichte o an taighean bhochd – ach an Glaschu a mhàin. Mur toirear dhaibh iad le lighiche nam bochd, cha 'n urrainn aon sam bith aig nach 'eil dad 'na sporan cungaidhean-leighis fhaighinn. An neach a gheibh iad troimh lighiche nam bochd, caillidh e a ghuth-taghaidh. Air an dùthaich cha 'n 'eil lighichean ach anabarrach tearc. Is aithne dhuinn móran sgìreachdan a tha bho 100 gu 300 mìle ceithir-chearnach am meud, ach a tha 'n earbsa gu buileach ri aon lighiche. A thaobh sgil-leighis, cha 'n 'eil a' Ghàidhealtachd móran na 's fhearr an diugh na bha i o cheann cheud bliadhna. Tha i air a dearmad agus air a dì-chuimhneachadh; agus tha mìltean de a luchd-àiteachaidh a' dol gu bàs gach bliadhna a dh' easbhuidh cobhair o lighiche. Nan robh pàrlamaid an Dunéideann air son cùisean na h-Alba a riaghladh, cha bhiodh clanna nan Gaidheal gun mheas, gun mhodh mar a tha iad. Is aithne dhomh cearnachan gun àireamh de Thìr nam Beann far am feum an sluagh 20s, 25s, 30s, 40s, no eadhoin cho àrd ri 50s a phàigheadh do 'n lighiche gach uair a thig e d' an coimhead. Cha 'n 'eil mi 'g ràdh gur h-uilear do 'n lighiche an duais so nuair a th' aige ri dol astar fhada – fichead no dà-fhichead mìle – ach aig a' cheart àm, tha e glé dhuilich do 'n tuath suim cho mór so a chur am mach gach uair a thig tinneas do na teaghlaichean aca. Cha 'n ioghnadh idir ged tha e tachairt gu minic nach cuirear fios air an lighiche gus am bi an duine tinn cho fada roimhe is nach dean sgil no aire feum dha.

(*Guth na Bliadhna* VII, Aireamh 2, 1910: 107–09)

*

59. AM FEARANN AGUS CÌSEAN, 1911

... Is e an deagh fhear gniomh a tha sinn a ghnàth a' luchdachadh le cìsean; agus, mar is mò a shaothraicheas agus a chothaicheas e, is ann is mò a bheir sinn uaithe. Chan eil ar dòigh eucoltach ri dòigh a' phrionnsa Innseanaich air am bheil iomradh. Bha esan a' cur chìsean air a chuid ìochdaran a réir àireamh nan craobhan meas a bha cinntinn aca. Dé a thachair? Dé ach gu'n do sguir an sluagh de bhi a' cur chraobhan òga, agus gu'n do theann feadhainn ri cuid de'n t-seann choille a ghearradh a sìos. Nan robh am prionnsa ud glic, b'ann a chuireadh e cìsean air a chuid ìochdaran a réir luach an cuid fearainn, agus bhiodh iad mar sin air an co-éiginneachadh gu uiread thoraidh is a bha comasach a thoirt ás a' ghrunnd, no a thoirt seachad do mhuinntir eile bhiodh deas agus foghainteach gu sin a dheanamh. Dh'fheumta airgead fhaighinn an àit-eiginn chum na cìsean a phàigheadh, agus cha ghabhadh e faighinn ach leis a' bhuil a b'fhearr a bhi air a dheanamh de'n fhearann. Mar so, thigeadh craobhan meas gu bhi lìonmhor, agus bhiodh doireachan bòidheach, torach ri'm faicinn far nach robh roimhe ach fàsaichean.

Tha sinne leantainn gu dlùth an cois-cheum a' phrionnsa dhuibh. Tha sinn a' deanamh peanais air-san a tha saothrachadh – co-dhiùbh is fear-oibre e, no maighstir, no fear malairt, no cuideachd rathaid-iaruinn. Tha sinn a' buntainn riu uile mar a bhuineadh riusan aig an robh na craobhan meas. Chì an neach is doille gu'm bheil so anabarrach docharach do mhalairt agus do ghniomhachas. Cha d' thàinig sinn fhathasd dh' ionnsuidh an t-suidheachaidh sin sam bheil muinntir a' diultadh saothrachadh idir, mar a dhiult na h-Innseanaich bhochda tuillidh chraobhan a chur; ach ma théid sinn móran na's fhaide air ar n-aghaidh gheibh sinn a mach gu'n robh sinn pailt sanntach, agus nach cuirear móran ri ionmhas na rioghachd le ruith nan cìsean a bhi air a h-àrdachadh. Bidh an t-eun air a mhilleadh do'm b'àbhuist a bhi breith an uibhe òir ...

(*Guth na Bliadhna* VIII, Aireamh 1, 1911: 15–16)

*

60. Cor na Gàidhlig, 1912

... Dé a cor anns a' Ghàidhealtachd, ma tà? Anns a' cheud àite, tha e ceart gu'm bheil an àireamh a tha 'ga labhairt a' dol na 's lugha gach bliadhna; oir cha'n e a mhàin gu'm bheil sluagh na Gàidhealtachd a' dol na 's gainne; ach gu'm bheil a' chuid mhór de na tha fathast ann glé choma a thaobh cànain am màthar. Bruidhnidh cuid diubh i ri chéile; ach ris a' choigreach, ged a bhiodh a' Ghàidhlig aige, cha bhruidhinn iad i mur fheudar dhoibh; ni mò a bhruidhneas iad i ri an cloinn, am mòran de àitean. Cha'n 'eil déidh aca gu'm biodh comas aig an cloinn air a bruidhinn, gun ghuth air a leughadh 's a sgrìobhadh. Is e a their a' chuid mhòr de na pàrantan ribh: 'Ciod e am feum a tha innte?' Cha'n 'eil e idir iongantach gu'n can iad sin; oir is òg a chaidh oileanachadh dhoibh nach robh feum 'nan cànain. Cha'n e a mhàin gu'n deachaidh so oileanachadh dhoibh 'nan sgoilean féin; ach bha eisimpleir na feadhnach aig am bu chòir an tuilleadh toinisg a bhi, a' seòladh dhoibh nach robh 'nan cainnt mhàthaireil ach cainnt nach bruidhneadh neach a b' fhiach an t-saothair.

Anns na h-àitibh anns am bheil coigrich a' taghal, no a' tuineachadh ré cuid de'n bhliadhna – far am bheil rathaidean iarainn is bàtaichean-smùid a' ruigheachd – an sin tha a' Ghàidhlig, ach beag, air a cur air cùl na còmhla. Is glé bheag de na marsantanan Gàidhealach nach anns a' Bheurla Shasunnaich a tha iad a' deanamh an gnothuich ris na Gàidheil mar ris na Goill. Cha'n 'eil fear no té a tha 'gan smaointinn féin na's fèarr, no os ceann chàich, nach ann am Beurla Shasunnaich a bhruidhneas e no i, ris an fheadhainn a tha air an aon bhonn, no os an ceann féin.

Cha mhò a tha Gàidheil ullamh gu dol do 'n t-seirbhis Ghàidhlig 'nan eaglaisean, ma tha seirbheis Shasunnach air a gleidheadh annta. Gun teagamh, théid iadsan a tha chòmhnuidh anns na h-àitibh iomallach de'n dùthaich, do 'n t-seirbheis Ghàidhlig; ach is glé bheag dhiubh a chì sibh aig seirbheis Ghàidhlig far am bheil coigrich a' taghal.

Seallaibh thairis air paipear naidheachd a tha tabhairt cunntais air tachartasan an clachain 's am bailtean beaga no móra anns a' Ghaidhealtachd. Tha gu tric an sin iomradh air cuirmean-ciùil a tha air an tabhairt seachad leis an luchd-àiteachaidh féin. An d' thug sibh aire riamh cho ainneamh is a chì sibh òran Gàidhlig air a' chlàr-innsidh aig na cruinneachaidhean sin? Mo thruaighe! is feàrr leis a' Ghaidheal a bhi ag éisdeachd ri treamsgal tallachan-ciùil a' bhaile mhóir, na fuinn is òrain bhinn, ghlan, mhilis a' chànain féin. Tha e tighinn gus an so, gu'm bheil cuid mhór de na Gaidheil glé choma mu'n cànain, agus gu tric is ann a ni iad tàir oirre.

Cha'n e mhàin sin; ach tha iad tàirmeasach air an fheadhainn a tha 'ga cleachdadh. Nach tric a gheibh an coigreach gach uile urram agus ùmhlachd gus an labhair e r' a chomh-luchd-dùthcha anns a' Ghàidhlig. Nuair a ni e sin théid 'car eile an ruidhle a' bhodaich.' Cha'n e mhàin gu'm bheil e na's lugha meas na an Gall air son an do ghabh iad e, ach gur e glé bheag de mhodh no de chòmhnadh coimhearsnachail, ma tha sin a dhìth air, a gheibh e.

Tha na Gaidheil air an là an diugh mar am ballach beag a bha anns a' Ghearrastan. Bha an t-Urramach nach maireann, Alasdair Stiubhart, Bun-loch-abar, a' dol troimh aon de shràidean a' bhaile air la àraidh, agus aig àm dol seachad air dithis bhallachan a bha a' cluich le buill bheaga cloiche, thubhairt e: 'Thoir an aire, a bhallaich, nach saltair mi air do làmhan.' 'Nach laghach an duin'-uasal ud, nuair a bhruidhinn e mar siud,' ars aon diubh. 'Cha'n e duin'-uasal a tha ann: tha a' Ghàidhlig aige,' fhreagair am fear eile.

Taing do Ni Maith, tha Gaidheil ann nach eil mar sin; ach, gu mi-fhortanach, tha iad tearc.

Mu'm fàg mi a' Ghaidhealtachd, bheir mi eiseimpleir de Ghàidhlig mar a tha i air a labhairt le sean is òg aig an tigh. Aig coinnimh Cléir, b' i a' cheist: Am biodh cead air a thabhairt do fhear de na buill, eaglais eile a ghabhail. Bha foirfeach an làthair a bha 'na bheachd féin, ro eudmhor air son na Gàidhlig, agus bho nach robh Gàidhlig aig a' mhinistear a bha anns a' chathair, dh'iarr am foirfeach cead labhairt 'na chànain féin. Fhuair e sin, agus b' e so òraid: 'Tha mise a' moveigeadh gu'm bi Mr. Smith air a thranslatigeadh.' An ionghnadh leibh gu'n d' thubhairt an ceann-suidhe, is e gàireachdaich an aodann a' Ghaidheil: 'If that is Gaelic, I understand it myself.'

Cha'n e coire na Gàidhlig a tha ann gu'm biodh a leithid sin de chomh-thlamadh a' dol air son ar cànain. 'S e is coireach gu'm bheil Gaidheil cho leasg is nach feuch iad ri Gàidhlig cheart a labhairt. Cha'n fhada gus am bi e ri ràdh mu'n Ghaidhealtachd uile mar thubhairt fear mu Ghaidheil Chinn-tìre: 'Cha'n eil aca ach 'agus', is *Johnson's Dictionary*.' ...

(*Guth na Bliadhna* IX, Aireamh 1, 1912: 24–27)

*

61. A' GHÀIDHLIG AGUS NA PÀIPEARAN-NAIDHEACHD, 1913

Duisg suas, a Ghàidhlig! Tha'n fhàire briseadh, na neoil a' sgapadh, agus an dorchadas a' teicheadh. Is fhad a shuidh thu san duibhre agus an sgàil a' bhàis, fo tharcuis aig do naimhdean agus fo dhìmeas agus fo spìd eadhoin aig do chàirdean. Ré ùine is aimsir, iadsan bu chòir a bhi mùirneach umad agus uaill a dheanamh asad, is ann a bha iad 'g ad chur air chùl agus a' gabhail nàire dhìot – a' mionnachadh gus a' bóideachadh aig gach cuirm is còmhdhail nach b' aithne agus nach b'eol dhaibh thu. Gu minic, minic bha thu air do lot agus air do chiurradh an taighean do luchd-daimh. Ach, glac misneach! Tha'n àirde n-ear a' fàs loinnearach, agus, a réir gach coltais, tha a' ghrian a' cur roimpe. Chan fhad an dàil gus an éirich i os ceann nan sléibhtean casa, ciara, le solus agus blàths.

An sin, bheirear air t'ais thu chum na staid agus na h-inbhe a bhuineas dhuit, bidh tu air t' altrum le spéis agus meas, agus fuadaichear air falbh gu buileach breisleach na h-oidhche fhada, chianail.

Tha e furasd fhaicinn gu'm bheil adhart nach beag air a dheanamh leis a' Ghluasad Ghàidhealach. An taobh am mach de'n ghràisg aineolach, cha mhór Ghàidheal a nis a ghabhas tàmailt ás an t-seann chànain, agus cha mhór a dh' fheuchas ri àicheadh gu'm bheil iad comasach air a labhairt. Chan eil clann cho tric no cho garg air an cronachadh air son tighinn am mach le facail Ghàidhlig aig an taigh-sgoil, agus gheibhear sgoiltean-oidhche air son teagasg na cainnt so an iomadh cearn. Is adhart nach beag na nithean so, agus chan eil teagamh nach eil a' Ghàidhlig air teannadh am mach a bhuadhachadh agus a chum buaidh a chosnadh — an taobh a staigh de a crìochan dligheach féin. Tha'n sruth an déigh tionndadh leatha, agus cha chùram dhi a nis gu'n tilgear air a' chladach leis. Is ann na's braise bhios an sruth a' fàs gu ceann iomadh latha ...

Dé tha sinn a' deanamh a chum sinn féin a chomharrachadh am mach an sùilean an t-saoghail mar chinneach eadar-dhealaichte o chinnich eile — mar dhream air leth dhuinn féin? Dé tha Gàidheil na h-Alba a' deanamh a thaobh na cùise so? Am bheil sinn a' deanamh na dh' fhaodamaid? Dé tha paipearan-naigheachd na Gàidhealtachd a' deanamh? Cha deachaidh ìnnleachd riamh a dheilbh cho tàbhachdach ri paipearan-naigheachd air son gluasaid mhóra a dhùsgadh, a bhrosnuchadh agus a chuideachadh. Tha'm pailteas dhiubh againn sa Ghàidhealtachd, agus is fhiach e fharraid dé a tha iad a' deanamh air son na Gàidhlig, agus air son a' ghluasaid dhùthchail ris am bheil ar cànain an dlùth-dhaimh. Am bheil iad a' riochdachadh agus a' samhlachadh an spioraid dhùthchail Cheiltich? Am measg gach rioghachd agus cinnich eile anns gach cearn de'n talamh tha na paipearan-naigheachd a' nochdadh tog
raidhean agus

aignidhean an t-sluaigh air son am bheil iad air an deasachadh. Am bheil paipearan na Gàidhealtachd a' deanamh so? Air chinnt, chan eil. Tha iadsan Sasunnach – buileach Sasunnach – an smaoin cho math ri an cainnt agus an litir. Is iad briathran an t-Sasunnaich a tha iad a' cleachdadh, agus is iad beachdan an t-Sasunnaich a tha iad a' toirt seachad. Ged a labhras iad mu chùisean a bhuineas d'an dùthaich féin chan ann mar Ghàidheil a bheir iad seachad am barailean. Is furasd fhaicinn o na their iad gu'm bheil iad ag amharc air gach ceist troimh ghloineachan an t-Sasunnaich.

Gabhamaid, mar eisimpleir, an t-*Oban Times* agus an *Highland News* (ma tha ainmean Gàidhlig orra cha chluinnear iad uair sam bith). Is iad so na paipearan ris am mò am bheil an sluagh Gàidhealach a' sealltainn air son cuideachaidh agus comhairle a thaobh gach cùis a bhuineas dhaibh mar chinneach. Am bheil iad a' deanamh na dh' fhaodadh iad chum taice chumail ris a' Ghluasad Ghàidhealach? Chan eil, no dad coltach ris. Fóghnaidh dhuinn an leughadh car seachduin no dhà gu fhaicinn mar a tha iad a' deanamh dearmad air a' chùis so – mar a tha iad a' tighinn an déigh-làimhe air an dleasnas. Neo'r thaing nach eil gu leoir aca ri ràdh mu dhéighinn nan Gàidheal, agus an cànain; ach is anns a' Bheurla their iad e. Ann an cuid dheth, tha cuimse de phurp agus de thoinisg; ach tha chuid is mò dheth, ás is ás, gun sùgh, gun brìgh, gun bhun, gun bhàrr. Aig an fheadhainn a tha sgrìobhadh, chan eil beachd soillear mu na ceistean ris am bheil iad a' buntuinn, air neo ma tha tha eagal orra a chur an céill. Chan eil aca ach buille 's gach aon chraoibh, agus chan ioghnadh nach eil aon chraobh a' tuiteam.

Is Beurla ach beag gach smid a gheibhear san *Oban Times* agus anns an *Highland News*. Air son na tha iad a' toirt seachad an Gàidhlig, cha mhór an rathad nach b'fhearr e asda. Chan eil e a' cur móran ri meas no cliu na cainnt san do labhair Oisean agus Fionn. Tha e air a dheanamh a suas mar is trice de naigheachdan beaga, aighearach, rannan de rabhtaireachd ris an can iad bàrdachd, seanfhacail air am bheil sinn sean eolach,

agus golamais eile nach eil aon chuid chum oilein no spreigidh.
An uair a tha na paipearan a' toirt seachad am beachdan féin
gu sgoinneil agus gu ceirdeil a thaobh ceist chudthromaich sam
bith a th'air beulaobh na dùthcha, ni iad sin am Beurla, agus am
Beurla a mhàin. Chan eil nì is fhiach air ìnnseadh an Gàidhlig.
Chan fhaighear air a thoirt seachad innte-se ach gearr-fhacail,
mar a chleachdar air son a bhi breugadh chloinne bige. A réir
nam paipearan so, chan eil inntinn fir na Gàidhlig comasach air
nì a chnuasachadh is treise na iomradh air 'Turus Dhòmhnuill
do'n Bhaile-mhór', 'Am Pìobaire agus an Gunna-sgailc', 'An
Gàidsear agus a' Mhulchag Chàis', agus faoineis de'n t-seorsa
sin. Chan fhaodar ceist chudthromach sam bith a rannsachadh
no a mhìneachadh anns a' chainnt is fhearr a thuigeas an sluagh.
Air son iomraidh a thoirt an Gàidhlig air obair Pàrlamaid no air
ceistean a bhuineas do shluagh-iuil, bheireadh iad iomradh cho
luath orra an Laideann no'n Greugais (nam b' aithne dhaibh).
Tha iad cho neo-chomasach air Gàidhlig a chur an clò gu
cothromach is a tha iad air a cur gu feum chum am barailean a
thoirt seachad, no naigheachdan an latha a chur an céill. Tha'n
luchd-deasachaidh buileach aineolach, cho fad sa tha cainnt na
dùthcha air a gabhail a staigh. Cha b'urrainn fear seach fear
dhiubh na facail so – 'A' suas leis a' Ghàidhlig' – a sgrìobhadh gun
mhearachd na's mò na b'urrainn dha rann Calluinn aithris, no
'Bìrlinn Chloinn Raonaill' eadar-theangachadh. Agus, is iadsan
na fir-dheasachaidh air na paipearan sin a tha gabhail orra bhi
na's Gàidhealaiche na feadhainn sam bith eile. Nach ann an so
a tha a' chulaidh-mhulaid! Nach ann an so a tha'n tàmailt do'n
Ghàidhealtachd! ...

(*Guth na Bliadhna*, X, Aireamh 2, 1913: 133–34, 136–39)

*

62. AN T-EACH AN ALBAINN, 1913
Bha mhòr dhaoine leis nach toil an t-each – an creutair
eireachdail, lùthmhor, meamnach a bha riamh a' saothrachadh

cho dìleas air ar son, araon an cogadh san sìth. Ged is math na carabadan-ola, cha lìon iad gu bràth an t-àite sin 'n ar n-aignidhean a bha sinn riamh a' toirt do'n each. Cha bu mhath leam an latha sin fhaicinn sam biodh gach cairt is carbad air an cuir air ghluasad le innealan marbha, agus anns am biodh mo charaid ceithir-chasach air fhògradh air falbh gu buileach.

Chan eil nì is luaithe a thogas sùil agus inntinn duine air sràid baile no air rathad dùthcha na deagh each le blàth deagh bhiadhaidh agus deagh aire. Chan urrainn sinn gun soin a ghabhail dheth, co-dhiùbh bhios ann gearran mall no steud-each àluinn, astarach. Air son cabhaige, cha d'thig e air chor sam bith a suas ris a' charbad-ola, ach, air son bòidhchead agus toileachadh-sùla, tha e astar is cian air thoiseach ...

Bha a' cheud inbhe aig an each riamh am measg chreutairean ceithir-chasach. Bhuineadh sin dha o àm Phegasus nan sgiath a thugadh do Bhellerophon le Athena. O'n àm sin a nuas tha iomradh air an each an dàn san sgeul. Bha Oisean déigheil air a bhi deanamh luaidh air na treun-fhir a' marcachd air steud-eich gheala. Is cuimhneach leis gach neach a leugh obair a' bhàird aosda sin gu'm b'e ainm nan each aig Cu-chuilinn Dubh-shròn-gheal, agus Dubh-shrannal. Ainmean eile bh'air cuid de na h-eich a bhuineadh do'n Fheinn b'iad Dubh-shùilean, Liath-mara, Stuadh-mhór, agus mar sin air aghaidh. Bha fir na Féinne déigheil mu'n cuid each, agus, o àm gu àm, bha réisean ainmeil air an gleidheadh 'nam measg ...

Bha na h-eich Spàinndeach riamh ainmeil air son spionnaidh, astair agus bòidhcheid. Bha cuid dhiubh air an toirt a staigh do 'n eilean so cho tràth ri linn Righ Athelstan air son an t-sìlidh so a chur am feabhas. Bha'n nì ceudna air a dheanamh gu minic a nuas uaithe sin. An uair a chaidh a' chabhlach Spàinndeach a mhilleadh agus a bhriseadh air cladaichean na h-Alba, shnàmh móran each air tìr asda, agus theann iad ri sìolachadh am measg nan ainmhidhean a bha nàdurra do'n dùthaich. Thachair so an Ceann Deas na h-Alba, agus bu mhath a bhuaidh anns na cearnachan sin. Thachair e mar an ceudna am Muile, an uair a chaidh an long sin air am bheil uiread de fhorbhais a chur ás a chéile le fùdar an acarsaid Thobar-mhoire. Tha a bhlàth agus a bhuil ri fhaicinn san eilean, agus anns na h-eileanan a tha mu thimchioll, eadhoin gus an latha diugh. An nuas o'n t-sè-linn-deug, cha robh sìlidh each idir ri fhaighinn an airde n-Iar na Gàidhealtachd a b' fhiach a choimeas ris na h-eich 'Mhuileach'. Bha iad am meas agus am miadh le ceannachadairean o'n deas agus o'n tuath; agus, tha tomhas nach beag de a seann ghlòir fhathasd a' leantainn ris an Fhaidhir Mhuilich ...

(*Guth na Bliadhna* X, Aireamh 1, 1913: 27–33)

*

63. CLEACHDAIDHEAN NAN AIRIGHEAN GAIDHEALACH, 1914
[Le Alasdair Camshron (Bàrd Thùrnaig), Poll Iùbh]

Ged a tha còrr is trì fichead bliadhna bho na sguir iad de dhol gu Airigh 'san Sgìre so, tha deagh chuimhn' agam air na bothain a bhi suas. Dh'fheumadh na bothain an leasachadh na h-uile bliadhna; agus cha bhiodh caileagan latha 'n diugh ach diombach na'n canadh neach riutha gu'm feumadh iad leth na bliadhna chur seachad 'na leithid de dh' àite. Ach 's beag a tha de fhios aig sluagh an lath 'n diugh air na bha de fheala-dha 's de chridhealas agus de shùgradh neo-chiontach a' dol air aghaidh air an Airigh.

Ach còmhla ris na h-uile cridhealas a bh' ann, bha dragh is call mór aca leis cho olc dàna 's a bha na sìthichean, mar a dhearbhas mi dhuibh gu h-aithghearr. Bha móran seirbhis an lorg na h-Airigh. Bha 'n toiseach na bothain ri 'n togail agus na cròithean ri 'n deanamh air son a' bhainne, nan laogh 's nam meann. Rachadh prasgan dhaoine ri monadh le tuaghan is spaidean; is bhiodh gathan biorach eil aca gu stobadh nam blar mòintich gus amais air na craobhan giuthais a bha bho linn nan linntean am falach annta sin. Dh'fhaodadh gu 'm faigheadh iad aon chraobh a dheanadh a dhà no trì bhothain. Bha na

bothain tubhte le sgrath; is sguabach fhraoich no bharraich 's
an doras. Bha na leapaichean deante de fhraoch 's de luachair,
is na cluasagan de 'n chanaich, a bha cho pailt ann an cuid de
dh' àitean is gu'm faiceadh neach an talamh geal leatha. Bha
na caileagan a' buain na luachair, 's a tional na canaich, 's 'ga
cìreadh air son nan cluasag. Tha iomradh againn, cuid de
na caileagan a bhi snìomh na canaich air a' chuigeil, agus a'
deanamh léintean d' an leannain dhi air son an seunadh bho
chunnart an àm cogaidh no gnothaich chiogailtich¹ eile – Tha
cuid fathast a' creidsinn gu'm beil buaidh làidir aig a' chanaich
an aghaidh an uilc. Co luath 's a bha na bothain deante, bha na
soithichean ri 'm faighinn an òrdugh. Cha robh aon soitheach
creadha air Ghaidhealtachd, ach iad deante de fhiodh. Cha robh
fear-taighe 'sam bith air a chunntadh ealanta mur togadh is mur
càradh e gach soitheach a rachadh as a chéile ...

B'iad na soithichean (a' tòiseachadh leis an aon is lugha)
Sùileag, Fiodhan, Meadar, Cuman, Miosair, Cuinneag, Stòp,
Muighe, Tuba, Cùdainn, Tunna, Baraille, Stannt no Stanna,
Togsaid. Bheir e cus rùim uam feum gach soithich innseadh air
leth. Cha robh a' dol gus an Airigh dhiubh ach an ciad seachd a
dh'ainmich mi, agus bha 'n fheadhainn mhór dol gu feum an àm
deanamh Uisge-bheatha.

'S mór an obair a bha aig na boirionnaich ri dheanamh air
an Airigh. Bha 'n crodh ri bhleodhann 's ri shaodachadh² agus ri
bhuachailleachd; an t-ìm ri dheanamh, 's an càis ri oibreachadh,
's an toirt dhachaidh air an druim. Na h-uile nì ghabhadh
doirteadh, bha e air a chur ann am meadar le iomaidil air. 'S e sin
craicionn ceangailte le sreing ghaosaid mu bhial a' mheadair, is
air a ghiùlan air an druim ann an guailleachan. 'S e guailleachan
mìr de chlò, ceithir chèarnach, no de phlangaid air a dath dubh
no gorm.

'S ann a' falbh leis na h-eallaich a bha neach ann an cunnart
e bhi air a thogail leis na sìthichean an àm leigeil an sgìos. B'
aithne dhomh bean chòir, agus is minic a dh' innis i dhuinn

---

¹ dhiogailtich, eagalaich (gin.).   ² iomain.

mar a chaidh a togail leis na sìthichean. Bha i féin is a piuthar
air Airigh, fada bho chòmhnuidh dhaoine. Thàinig i dhachaidh
le eallach annlainn, is a dh'iarraidh 'Biadh Airigh'. An àm falbh
thog i ri bruthaich gu math moch, oir bha asdar mór aice ri dhol.
Bha 'n latha blàth 's an aimsir teth, agus thainig i gu bruaich
shocraich is shuidh is sìos a ghabhail beagan socair; ach cha b'i
'n t-socair a bha feitheamh oirre. Na 'n robh de thùr aice na
shuidh air cloich, cha b' urrainn Sìthiche no Fuath buntainn
rithe; ach 's ann an uair a bha e tuillidh 's anmoch a chaidh so
innseadh dhith. Cha robh i fada 'na stad nuair a dh'fhairich i bhi
'ga togail suas 'san adhar. Cha b'urrainn i facal a ràdh no laic[1]
fhaicinn, agus ge do bha i air leatha féin a' coiseachd, 's ann air
a' ghaoith. Dh' fhàs i fior sgìth agus, gus a bhi aithghearr, fhuair
i i féin 'na seasamh air bruaich locha nach fac i riamh roimhe.
Thuig i gu math mar a thachair, agus ge do bha i air seacharan,
bha i taingeil nach do leig iad os cionn an loch i. Cha robh
beud no dochann oirre; ach bha i sgìth, sgìth. (Agus cha robh
sin iongantach oir 's mór an t-asdar a rinn i 's i 'na cadal, agus
's iomadh lòn is boglach air an deach i thairis, oir tha mi math
eòlach 's an asdar.) Cha robh fios aice nis cia 'n taobh idir a bha
i gu dol. Ach an uair a bheachdaich i air a' bheinn, thuig i gur
ann an taobh so bu chòir an Airigh bhi, ge do bha i fad air falbh.
Shuidhich i a cùrsa do réir a beachd is bha i siubhal gu mall nuair
thug i 'n aire do sholus. Ars ise 'gu'n seall E orm-sa ma tha iad a'
dol a thoirt coinnimh a rithist dhomh.' Chunnaic i 'n solus a' dol
mu 'n cuairt is thug i fainear gu 'n robh e dol deiseal – ni nach
dean solus shìthichean. 'S i bha ann an so, a piuthar a' cur mu
'n cuairt leus air mullach cnoic; oir bha dùil aice gu 'n tigeadh
i; agus, air dhith bhi anmoch, bha i gu nàdurach fo eagal gu 'n
togadh na sìthichean i. Ràinig i le éiginn; ach bha i lathaichean
mu 'n d'fhuair i sgìos nan sìthichean as a cnàimhean. 'S e 's
coslaiche gu 'n d' fhàs na sìthichean sgìth de 'n eallach fior luath;
oir fhuaireadh cuid de na rudan a bha 'm boirionnach a' giùlan,
gu math dlùth do 'n àite an deach a togail. Ach fhuaireadh cuid

[1] priobadh, sealladh.

eile dheth fada bho 'n àite thall 'sa bhos air feadh na mòintich. Cha 'n eil fios an do shanntaich na sìthichean an guailleachan 'san robh an t-eallach an ceangal gus am feum féin; ach 's e aon ni tha cinnteach nach facas luideag riamh dheth as deidh sin ...

(*The Celtic Annual* 1914: 27–28)

*

64. Togail Shaighdearan air a' Ghaidhealtachd, 1914

A réir àireamh a luchd-àiteachaidh thug a' Ghaidhealtachd cheana do'n arm na's motha de dhaoine na cèarn eile de 'n rioghachd. Cha 'n 'eil sin 'na chuis-ìoghnaidh, an uair a bheirear fainear an spiorad a tha dual do'n Ghaidheal, mar gu'm biodh e toinnte 'na inneach 's 'na dhlùth[1]. Chual e a' ghairm an diugh aig àm a' chunnairt 's na deuchainn mar a chual a shinnsir e iomadh uair, agus cha d' fhuair diùltadh àite 'na smuain. Abradh daoine mar a thogras iad mu'n Ghaidheal, ach, ann an aon seadh, mar a bhà e 's ann a thà e, agus, math dh'fhaoidte, 's ann a bhitheas e gus an traoidh am boinne-cinneadail as a chuislean; agus an caill e a bhith-air-leth, ma's e sin a dhàn. Cha bhiodh e idir taitneach gu 'n tachradh a bhàthadh ann an sruth càllachaidh an là an diugh, mór mar a tha sin air a mheas. A réir teagasg nam feallsanach, cha ghabh e ghné a' sgrios. Cha 'n 'eil cleamhnas aig a' bhoinne dhiomhair ud ri fuil choimheach.

Rinn a' Ghaidhealtachd gu duineil aig àm a' chàis seo, ach cha 'n urrainnear sin a radh mu chuid de na bailtean móra far am faicear gach feasgar lasgairean a sràidimeachd, agus pìobag phaipear 'nan gob. Cò ach iadsan! Air son na sliomairean, agus na sgimilearan eile tha 'cumail air ais, cha 'n abair sinn ach gu'r bochd nach robh lagh air chois a chum greim a dheanamh orra, agus an cur gus a' champ ud far am bithear a' cur cumadh air an leithid, agus an deanamh deiseil airson an àite a ghabhail ri taobh nan laoch a tha 'dion dùthcha air a son-san.

---

[1] *toinnte 'na inneach 's 'na dhlùth* 'air fhilleadh na nàdar'.

Tha aon chèarn de 'n dùthaich a thug bàrr air na h-uile àite
'san rioghachd airson an àireamh a dh'fhàg i chun a chath; agus
's e sin 'Leòdhas bheag riabhach'. Cha 'n 'eil paraiste bho 'n
Bhuta Leòdhasach gu crioch na h-Earradh nach d' thug do'n arm
duine as gach tigh. Tha 'n cunntas sgrìobhte an dubh 's an geal
anns a phaipear Shasunnach ris an abrar, *The Times*; agus na'n
deanadh bailtean móra is beaga na rioghachd cho math, bhiodh
aig Breatunn aig a cheart àm seo, suas ri ochd muillean saighdear
airson sgiùrsadh nan Gearmailteach! Bha na Leòdhasaich riamh
calma – bu choingeis[1] leo muir seach tìr.

(*An Deo-gréine* X, Aireamh 3, 1914: 33)

*

65. CÀIRDEAN SLEAMHAINN, 1919

O cheann còrr is fichead bliadhna thuirt Mgr. Cunninghame-
Greumach nach b'aithne dha ach aon sa' Phàrlamaid de
chàirdean na luchd-oibre nach gabhadh, a réir a bheachdsan,
milleadh agus ceannach. B'e an t-aon sin Mgr. Keir Hardie. Tha
sinn an diugh a' faicinn gu'n robh Mgr. Cunninghame-Greumach
ceart. Am measg mhealltairean lìonmhor, bha am fear ud a mhàin
tréibhdhireach agus dìleas. Cha ghabhadh e ceannach. Am bheil
aon neach an diugh a' seasamh gu follaiseach mu choinneamh
nan Gàidheal do'n gabh an cliù ceudna toirt? Ma tha a leithid
so de dhream 'nar measg, tha an àireamh anabarrach beag. Air
an làimh eile, tha e furasd amas air na h-uiread de chàirdean
sleamhuinn sodalach a tha daonnan ullamh gus am pobull a
thréigsinn agus réite dheanamh ri Belial[2] ...

An aon de Eileanan na h-Airde n-Iar tha neach a sheas
gu fearail gaisgeil ás leth nan croitearan o cheann còrr is
dheich bliadhna fichead, an uair a bha cath dìon dìorrasach
a' dol air aghaidh eadar tuath is tighearn. An uair a chuir

---

[1] bu choma.   [2] .i. ris an diabhal.

Ard-uachdranachd Shasuinn luingis-chogaidh do'n Eilean Sgitheanach a chum màil ana-cuibheasach a thrusadh ás leth nan uachdaran, thuirt am fear so gu daingeann dàna nach robh e ceart feachdan na bàn-righ a chur an sàs 'na leithid de obair. Thug na briathran so oilbheum do bhòrd-uaine Lunnainn, agus chaidh ar caraid a ghlacadh agus a sparradh am prìosan. An uair a fhuair e ma sgaoil, dé a thachair? Gun mhóran moille, cheangail e e féin ris a' Bhuidhinn ud a chuir na luingis gu tuath an aghaidh an t-sluaigh – a' Bhuidhinn Adhartach. Fhuair e mar dhréuchd a bhi 'na fhear-riochdachaidh aig na h-Adhartaich anns an Eilein, agus eadar sin is so chan eil nì air aire ach an dreuchd so a choimhlionadh gu dìcheallach agus gu h-oidhirpeach. Chan eil neach anns na h-Eileanan is dealasaiche na e a chum Adhartaich a chur a staigh do'n Phàrlamaid, agus is gràineach leis iomradh a chluinntinn air còirichean nan croitearan. O cheann iomadh latha chaidh e thairis o thaobh a' phobuill gu taobh nan uachdaran. Dh' aidich e so gu saor soillear aig coinneamh a bh' air a gleidheadh an Dun-éideann air an 17mh de'n Chéitein so chaidh. So mar thugadh a chuid bhriathran a sìos le *Herald* Ghlaschu: 'I am as good a Radical as any, and I am sitting here beside Lord Lovat.' Bha'n fhìrinn aig an fhad so[1] – gu'm bheil e cho math ri 'Radicals' eile, oir tha iad uile air an tearradh leis an aon mhaide. Tha iad uile air an *ceannach* – nì nach gabhadh deanadh air Mgr. Keir Hardie. Cha toireamaid uiread bheum do'n eileanach gleusda so nan d'innis e do'n phobull gu'n robh e dol 'gan tréigsinn agus dol 'ga liubhairt féin do na nàimhdean. Ach so nì nach d'rinn e. Tha e a' gabhail air fhathasd a bhi air an taobhsan, gun chaochladh, gun atharrachadh. Air a' mhodh so, chaidh aige air am mealladh ré còrr is fichead bliadhna. Ré na h-ùine sin, bha e 'gam breugadh le geallaidhean pailte. Ré na h-uine sin, cha d'rinn e fiach tasdain a chum an cor a chur am feabhas no cumhachd nan uachdaran a chur an lughad. Reic e e féin ris na h-Adhartaich air shaor chùnnradh, agus, gu fìrinneach, tha a thuarasdal aige. Air son aon nì, ma chaill e meas

---

[1] bha an fhìrinn aige an uair seo.

agus deagh-ghean an t-sluaigh, fhuair e cead suidhe air uairibh le 'Lord Lovat' agus cead nan litrichean luachmhor, O.B.E., a chur sìos an déigh a shloinnidh ...

(*Guth na Bliadhna* XVI, Aireamh 3, 1919: 302–03)

*

66. Cò a Thogas na Taighean Ura? 1919

Anns an àireamh ma dheireadh thuirt sinn nach robh am beachd na h-Ard-uachdaranachd aon pheighinn a thoirt seachad a chum taighean luchd-oibre ùra a chur suas. Thuirt sinn gu'n deachaidh geallaidhean pailte a thoirt seachad aig an Taghadh Choitcheann, ach nach robh dòigh no rathad air an coimhlionadh. Thuirt sinn gu'm bu chainnt mheallta a bhi ag ràdh gu'n toireadh Mgr. Lloyd-George agus a chàirdean anabarr airgid seachad do bailtean air son fàrdaichean ùra a sholar do'n phobull.

Tha an fhiosachd a rinn sinn o cheann thrì mìosan a' tighinn cheana air a cois. Tha geallaidhean somalta na h-Ard-uachdaranachd a' teannadh ri tuiteam gu neo-bhrìgh. Tha e soillear gu'n robh iad air an stéidheachadh air a' ghainneamh, agus nach b'ann air a' charraig. Do na bailtean is lugha tha e ro dhuilich no mì-chomasach taighean a thogail le airgead réidh. Tha e duilich dhaibh suimeanan freagarrach a fhaighinn an iasad, agus cha chomasach do'n Stàid an cuideachadh. Tha an Ard-uachdaranachd a nis a' tighinn air a h-aghaidh agus ag ràdh nach gabh an obair deanamh air an dòigh a chomharraich i am mach, agus gu'm feum i socrachadh air rian eile. Tha i nis a' cur roimhpe dol an ceann-còrdaidh ris an luchd-togail, agus misneach a thoirt dhaibh gu dol air an aghaidh mar a chleachd iad a dheanamh san àm a chaidh seachad. Tha iadsan ris na taighean a chur a suas, agus, an uair a bhios iad ullamh, théid an ceannach uatha le comhairlean nam bailtean. Tha'n so againn aon eile de gheallaidhean an Taghaidh Choitchinn air a thilgeadh thar na cliathach. Bha e air iarraidh oirnn a chreidsinn, mar an ceudna, gu'n rachadh an Kaiser a chrochadh agus gu'n rachadh a thoirt air a' Ghearmailt agus air an Ostair gach sgillinn de chosdais a' chogaidh a dhìoladh.

Co aige a tha a' choire taighean a bhi cho ro ghann agus cho duilich a thogail? Tha gun teagamh aig Mgr. Lloyd George. Deich bliadhna roimh'n chogadh spàrr e cìsean troma air taighean an àite an cur, mar bu chòir dha, air an talamh air am bheil iad a' seasamh. Is e a thachair sa mhionaid gu'n deachaidh sgur de thaighean a thogail, agus eadar sin is so bha an luchd-ceird leth-dhiomhanach.

(*Guth na Bliadhna* XVI, Aireamh 4, 1919: 392)

*

67. Fortain à Faraidhean, 1919

Ma bha'n cogadh a bh'ann 'na chall do chuid, bha e 'na bhuannachd nach bu bheag do chuid eile. Am measg na feadhnach a bhuidhinn gu h-anabarrach tha iadsan a tha'n seilbh air luingis agus bàtaichean. Ged a ghabh an Stàid da h-ionnsuigh féin riaghladh nan rathaidean-iaruinn cha do ghabh i gnothach ris na luingis.

Dé a thachair an lorg na cearbachd so? Phàigh i do luchd-nam-bàtaichean ré a' chogaidh uiread airgid is a cheannachadh gach long bheag agus mhór san rìoghachd iomadh uair thairis, 'nan robh iad air am meas aig prìsean reusanta. Cha deachaidh riamh barrachd de struidheas agus de ana-caitheamh a dheanamh 'na rinneadh sa' char so.

Ré na ceud dhà bhliadhna de'n chogadh thàinig probhaid luchd-nam-bàtaichean gu £300,000,000, an déidh gach cìs agus gach sgillinn cosdais eile a bhi air an coinneachadh. Anns an ùine cheudna, chaidh £300,000,000 a chuir ri earras na muinntir so. An lorg na h-ìre gun choimeas gus an do dhìrich faraidhean, dh'fhàs gach bathar agus goireas cho cosdail is gur gann a ghabhadh iad ceannach. Bha aig an t-sluagh ri muillionan a phàigheadh thar a chòir a chum is gu'n rachadh pòcanna luchd-nam-bàtaichean a lìonadh. Fad 1917 agus 1918, am feadh sa bha na Gearmailtich a' cur fodha ar cuid luingis agus a bha sinn a' fàs gann de bhiadh, bha ar n-Ard-uachdaranachd a' pàigheadh do luchd-nam-bàtaichean ás leth gach luing a bh' air a cur fodha a deich luachan, agus sin saor o chìs no càin. Thàinig an Stàid, mar so, gu bhi a' ceannach, cha b'e na longan féin, ach a mhàin an tanaisg. Cheannaich i iad an déidh iad a bhi air an call. Bha sinn gu minic a' cur am mach £2,000,000 gach seachdain anns an rathad so. Rinn luchd-nam-bàtaichean fortain – fortain ris nach robh dùil no fiughair aca riamh roimhe – ach chaidh gach sgillinn a fhuair iadsan a tharruing á sporain a' phobuill.

Tha an Stàid mìodhar gnù gu leoir ma shirear oirre beagan mhìltean a chur am mach a chum cobhair a dheanamh air muinntir bhochd no air luchd-oibre. Tha i fialuidh, aoidheil, an uair a gheibh i cothrom air muillionan agus ficheadan muillion a shìneadh thairis do luchd-an-earrais. An iongantach buaireas a bhi air feadh na dùthcha?

(*Guth na Bliadhna* XVI, Aireamh 1, 1919: 104–05)

*

68. NA CROITEARAN AGUS AN TAIGHEAN, 1919

Ma tha e a' fairtleachadh air an Ard-uachdaranachd taighean ùra a chur suas air son a' phobuill, tha aon dream 'n ar measg a tha glé choma. Is iad so croitearan na Gàidhealtachd. Fo'n rian a chaidh a tharruing am mach, bhiodh acasan ri an cuid a phàigheadh de chosdais nam fàrdaichean a rachadh a thogail, ach a thaobh taigheadais bha iad féin ri mairsinn ceart mar a bha iad. Chan eil so duilich a mhìneachadh.

Air feadh na Gàidhealtachd chosdadh taigh de'n t-seorsa th' air an sònruchadh mu thimcheall £1000. Tha'n t-airgead so ri fhaighinn air riadh aig 5½ *per cent*. Bidh ri a phàigheadh gach bliadhna ás leth riadh agus calpa £55. Thig cosdais càraidhean agus riaghlaidh gu 2 *per cent.*, no £20 sa bhliadhna, agus, le so a chur ri £55, tha againn £75. Théid an taigh a shuidheachadh air fear-oibre aig ruith nam màl is coitcheann sa chearna sam bheil e – their sin £13. Ris a so cuirear £1 7s a thèid a dhìoladh a cìsean na sgìreachd. Tha £60 13s air a fhàgail gu bhi air a choinneachadh á sporan mór nan rioghachdan. Tha so gasda do'n fhear-oibre, ach chan eil an croitear air a chunntas am measg na dream sin. Shaoileamaid gu'n robh e cho airidh ri càch air cothrom agus deagh ghiollachd fhaighinn o'n Stàid, ach chan i so barail Mhgr. Lloyd-George agus a luchd-leanmhainn. Anns a' char so tha an Ard-uachdaranachd ag amharc air an tuath Ghàidhealaich mar chloinn dhìolain, agus chan ann mar chloinn dhlighich. Cosdaidh taigh a' chroitear a' cheart uiread ri taighean eile, agus bidh £75 ri a phàigheadh ás a leth gach bliadhna an aghaidh riadh, calpa agus cosdais, nach gabh seachnadh. De'n t-suim so, cha téid a dhìoladh aon chuid á cìsean na sgireachd no ás an Ionmhas Choitcheann ach a mhàin £15. Is e am màl a bhios aig a' chroitear ri phàigheadh gach bliadhna £60, ach cha phàigh am fear-oibre air son a cheart leithid de fhàrdaich ach a mhain £13.

Tha againn an so an samhladh ceartais a tha air a thuigsinn agus air a chleachdadh le càirdean a' phobuill an Ard-uachdaranachd Shasuinn. An iongantach ged a tha na croitearan glé thoilichte an uair a tha iad a' faicinn oidhirpean nan 'Adhartach' a thaobh togail thaighean a tighinn gu neo-bhrigh agus culaidh-fhanaid.

(*Guth na Bliadhna* XVI, Aireamh 4, 1919: 392–93)

*

69. CLADH BHAILE NA CILLE, 1923
[Leis an Urr. Ailean MacCoinnich, Raoghaird]

Rinneadh Cladh Bhaile-na-cile, an Uig, Leodhas, iomraiteach leis an sgeulachd a tha air aithris mu Choinneach Odhar am

Fiosaiche. Bha màthair Choinnich a' buachailleachd feadh oidhche air bruaich os ceann a chlaidh, agus anns an dubh-thràth thug i an aire do na h-uaighean a bhi fosgailte, agus na spioradan a' pilleadh do'n uaighean fa leth. Bha i cho dàna 's gun do ruith i sìos do'n chladh, ach an uair a ràinig i na h-uaighean cha robh fosgailte dhiubh ach aon. Leag i an cuigeal a bha 'na làimh tarsainn air an uaigh, agus dh'fheith i gus am faiceadh i ciod a thachradh. Ma dheireadh chunnaic i spiorad a' deanamh dìreach air an uaigh, ach dhruid an cuigeal an rathad.

'Leig a-steach mi,' ars an spiorad.

'Cha leig,' ars a' bhan-bhuachaille, 'gus an innis thu dhomh ciod e a chum thu cho fad air dheireadh air càch.'

'Is mi,' ars an spiorad, 'nighean rìgh Lochlann. Bhàthadh mi agus thìodhlacadh mi an so, agus o'n bha agam ri dhol na b'fhaid as dhachaidh, bha mi air dheireadh a tighinn air ais. Agus a nis, o'n bha thu cho neo-sgàthach, so dhuit clach gheal, agus beiridh tu mac, agus bheir thu dhà a' chlach, agus leis a' chloich so chì e seallaidhean air nithibh a thig gu teachd as déidh so.'

Cha toil leam a bhi milleadh sgeulachdan gasda dheth an t-seòrsa so, ach 's fhearr an fhìrinn ìnnseadh! Chan eil e sgriobturail a bhi smuaineachadh gu bheil spioradan nan daoine marbha a gabhail còmhnuidh maille ri cnàmhan marbha ann an duslach na talmhainn! Feumaidh gu robh na h-Iudhaich ceàrr ann a bhi smuaineachadh gu robh spioradan nan daoine marbha a' fuireach ceithir làithean còmhla ri'n cuirp as déidh am bàis.

Tha cladh Bhaile-na-cile comharraichte air son beagan de rudan eile cuideachd. Bha beagan shlatan dheth air a choisreagadh le Clann Mhic Amhlaidh – sìnnsre Mhorair Mhic Amhlaidh[1] – air son àite dion, cho math ri àite adhlacaidh. Bha neach sam bith tearuinte an so a ruigeadh e mum beireadh a naimhdean air. Bha uiread do mhór-chuis ann an Clann Mhic Amhlaidh so agus nach feudadh duine a bhean fhéin adhlacadh

---

[1] Thomas Babington Macaulay (1800–1859), duine mòr cudthromach san riaghaltas, a sgrìobh *The History of England* (1848–1855). Rinneadh Baron Macaulay of Rothley dheth an 1857.

anns an ionad naomha so, mur robh i de'n aon sloinneadh ri a fear! Ach dh'éirich fear là dheth na làithean aig an robh gràdh do bhean na bu treise no géilleadh gun bhrigh, agus dh'adhlaic e a bhean 'sa mhìr so de'n chladh gun taing do neach air talamh; agus riamh o'n là sin fhuair na mnathan an còraichean anns an uaigh!

Ach tha freumhag bheag de'n t-seann spiorad beò fhathast. Thachair ann a bhi cladhach uaigh 's an àite so, air là àraidh, gu'm b'éigin clachan a thoirt as agus an tilgeadh air taobh a muigh gàradh a chlaidh. Luidh iad an sin gun fheum ùine fhada ri taobh gàradh lios a mhinisteir. 'S e Mac Amhlaidh a bha na ghille-ministeir, agus a nuair a thuirt am ministeir ri Murachadh, 'A Mhurachaidh, am bi thu cho math agus gu'n càirich thu an gàradh leis na clachan sin a tha nan luidhe gun fheum sam bith?' cha dubhairt Murachadh diog! Nuair a chaidh am ministear an rathad a rithisd bha an gàradh air a chàradh le clachan eile, ach bha na clachan coisrigte far an robh iad!

Bho chionn beagan bhliadhnachan bha seirbhisich ministear Bhaile-na-cile a' cumail a mach gu'n robh taibhseachan anns a chladh. Cha do chreid am ministear gu'n robh smid firinn aca. Ach aon oidhche gheal ghealaich bha e na sheasamh aig taobh a muigh an doruis, agus air dha sùil a thoirt air a' chladh chunnaic e bean na suidhe 'na mheadhon agus muidse[1] geal mu 'ceann. Cha robh an nì glé chneasda, ach cha do leig e dad air, air eagal gu'n rachadh na seirbhisich 'nam breislich. An ath oidhche bha a' chailleach anns an chladh! Lean i mar so fad na gealaich, ach an uair a d'fhàs an oidhche dorcha, cha robh robhas[2] oirre! Dh'fheith am ministear gus an d'thàinig a' ghealach ùr, agus an uair a thàinig co bha na suidhe mar a b'àbhaist ach cailleach a mhuidse?

'Ma tha,' ars am ministear, 'cha bhi mi nis faide eadar dha bharail.'

Ghabh e misneach agus theann e dlùth air a chladh, agus, an

___

[1] seòrsa de bhall-aodaich airson a' chinn, bonaid.   [2] brath, sgeul.

uair a theann, ciod e chunnaic e ach clach-chinn a chuir duine
còir anns an sgìr suas mar chuimhneachan air a phàrantan da
mhìos roimh an àm ud, a bha deanamh dealbh caillich ri solus na
gealaich! ...

(*An Gaidheal* XIX, Aireamh 3, 1923: 38–39)

*

70. A' Ghàidhlig anns a' Chùbaid, 1924

Is minic a chuala mi feadhainn ag ràdh, 'Ged a thuigeas mi
còmhradh Gàidhlig math gu leòr chan urrainn mi searmon
Gàidhlig a thuigsinn.' Agus tha sin fìor. Tha iad pailt a labhras
is a leughas a' chainnt cho fad is a tha na facail cumanta.
Bruidhnidh is leughaidh iad an cànain ma tha an còmhradh no
an sgrìobhadh mu dhéidhinn gnothuichean coitchionn. Ach ann
an searmon feumar gu tric cuid de bhriathran a chleachdadh
nach eileas ag ùisneachadh an diugh an còmhradh. Is e so an
t-aobhar nach tuigear searmon Gàidhlig leothasan aig nach eil
fathast ach beagan eòlais air a' chainnt. Tha e soilleir uime sin
gu bheil a' chùbaid 'n a meadhon air iomadh facal a chumail
beò nach biodh idir ri chluinntinn mur biodh iad air an cur
gu feum anns a' chrannaig. Is riatanach gu nochdamaid cho
luachmhor is a tha alt an t-searmonaiche ann a bhi a' teasairginn
fhacal o bhi a' dol air dì-chuimhne. Tuigear nach e so an t-àite
airson leudachadh air brìgh an t-searmon eadardhealaichte o na
briathran. Ach aig an am cheudna tha e ceart gun gabhamaid
beachd air a' chùbaid Ghàidhlig mar sheirbhiseach is mar chùl-
taice ann a bhi a' cumail suas na cànain 'n a lànachd is 'n a
fallaineachd ...

Rinneadh rosg Gàidhlig àiteachadh fada mun cualas mu rosg
rinneil an cainntean ùra mar a' Bheurla is a' Fhrangais. Bha an
seann rosg Gàidhealach 'g a shaothrachadh anns na sgeulachdan
le filidhean is ollamhan. Ghabh luchd teagaisg an t-soisgeil an
rosg rinneil sin mar bhonn is eisimpleir an cuid òraid. Chithear

so anns na searmoin Ghàidhlig a tha còrr is ochd ceud bliadhna
de dh'aois, agus a tha air an clò-bhualadh anns an leabhar ris an
canar *Passions and Homilies*[1]. Riamh o linn Chaluim Chille bha
searmonaichean Gàidhealach a' leasachadh na cànain, agus 'g a
h-àrdachadh an loinn is an cumhachd. Cluinnear gu tric geairean[2]
mu dhorchadas nan Linntean Meadhonach; ach anns na linntean
sin cha robh a' chùbaid Ghàidhlig air a dearmad. Chum Eaglais
an Ath-Leasaichidh ri deadh fhòghlum a cuid mhinisteirean; agus
bha a' Ghàidhlig anns a' chrannaig mar thobar fiosrachaidh a
bha fosgailte a ghnàth do na h-aineolaich. B'àbhaist do ar cànain
a bhi 'g a cleachdadh le searmonaichean fòghlumaichte. Agus
tha an t-iarratus sin fathast beò an inntinn an t-sluaigh. Chan
éisd coimhthional Gàidhealach le foghaidinn no tlachd ri droch
Ghàidhlig. Tha e mar fhiachaibh air gach neach leis an caomh
a' chainnt gu 'n dean iad na dh' fhaodas iad le dùrachd is earail,
a chum gum bi sgìrean na Gàidhealtachd anns a bheil Gàidhlig
air a h-òrduchadh le lagh na h-Eaglais – gum bi na sgìrean sin a'
faotainn luchd-teagaisg a chumas suas neart is maise na Gàidhlig
anns a' chùbaid.

(*An Gaidheal* XIX, Aireamh 6, 1924: 81–82)

*

71. AN CEANN AG ITHE NA MARAIG, 1925

Uair de robh an saoghal bha sud ann ceistear fileanta, aig a
robh sruth bhriathran a bha anabarrach. Cha robh neach a
dh'éisdeadh ris nach biodh làn iongantais ciamar a b'urrainn e
leantainn gun tàmh fad uair an uaireadair is còrr. Mur tugadh
an luchd-éisdeachd deagh aire do na theireadh e cha bhiodh
an ceistear ach diombach; agus cha cheileadh e idir a dhiomb,
oir dh'innseadh e dhaibh an làrach nam bonn ciod e bha e a'

---

[1] Robert Atkinson, *The passions and homilies from Leabhar Breac*, Baile Atha
Cliath 1887.

[2] .i. gearan.

saoilsinn dhiubh. Cha chualas riamh searmon cho annasach; oir dheanadh e iomradh le aon rot air gach nì bha tachairt o cheann gu ceann de'n dùthaich. Is iomadh cuspair air am buaileadh e mun sguireadh e. Cha robh fhios ciod an gnothuch air an toireadh e tarruinn leis an ath anail; agus mar sin bha déidh aig móran air a bhi ag éisdeachd ris a' cheistear, co dhiubh bha iad dùrachdach mu'n aobhar no nach robh.

Thàinig an duine comasach so gu gleann àraidh far an robh e gu coinneamh a chumail air an fheasgar. Chuireadh sanas a mach an deagh am, agus rinn gach creutair inbheach oidheirp air dol do'n éisdeachd. Bha bean anns an àite aig a robh teaghlach de bhrogaich[1] bheaga a' dol do'n sgoil. Dh'fhàg a' bhean chòir poit eanraich air teine, air chùram Dhòmhnuill bhig. Ciod a bha anns a' phoit ach ceann is casan caorach, agus marag mhór anns a robh toirt is taisealadh[2]. Bu mhinic a chuir a leithid sin de bhiadh feòil òg mu chnaimh do ar n-aithrichean. Tha òigridh an latha an diugh a' tighinn beò air biadhannan air nach robh ar sinnsir eòlach. Bha uair ann agus bha toradh nàdurrach na dùthcha a' cumail lòin ris an t-sluagh; agus an uair sin bha iad pailt cho fallain, cho sona, cho saibhir agus cho lìonmhor is a tha iad a nis. Ach co dhiubh fhuair Dòmhnull beag òrdugh teann, cho luath is a ghoileadh a' phoit, gun tugadh e faothachadh do'n mharaig, le bhi a' stobadh bir caol cruadhach innte an dràsda is a rithist air eagal mu spreadhadh i leis an teas. Bha teine mònadh air ùr fhadadh. Cha tug an teine fada air gabhail gu sunndach, agus chuir sud a' phoit air ghoil. Thòisich a' mharag is an ceann air ruith a chéile. Cho luath is a thigeadh an ceann an uachdar air an dala taobh, rachadh a' mharag an ìochdar air an taobh eile.

Cha ruigear a leas a bhi ag ràdh gu robh so'n a aobhar gàire do'n chloinn. Thòisich iadsan air leumraich agus air glaodhaich mu thimchioll na cagailte – fear a' tabhairt misneach is moladh do'n cheann, agus fear eile a' sìor bhrosnuchadh na maraig. B'e Dòmhnull beag bu righ air a' chluich. Ach cuairt a bha sud cha

---

[1] balaich thapaidh.
[2] brìgh is susbaint.

tàinig an ceann no a' mharaig an sealladh car greise. Is ann a
dhearmaid Dòmhnull an earail a chaidh fhàgail aige, bir a chur
anns a' mharaig gus an toit theith a leigeil mu sgaoil. Gu mi-
fhortunach le dian theas an teine spreadh a' mharag air grunnd
na poite. Dh'fhuirich an ceann gu h-ìosal car tiota; ach mu
dheireadh thàinig e nìos is làn a bheòil aige de'n mharaig. Bha na
balaich bheaga an dùil gur ann le fuath a rinn an ceann gnìomh
cho dona. Ghabh iad a nis fearg ris a' cheann; agus chan fhaca
Dòmhnull beairt a b'fheàrr no ruith mar a bheatha far a robh
a mhàthair anns an tigh leughaidh. Is minic a bheachdaich sinn
an uair a tha àireamh sluaigh an suidheachadh sòlumta gur beag
an nì neònach a thogas an aire gu sùil a thabhairt air an dorus.
Tha so fìor gu sònruichte ma tha fear labhairt ann cho mór as
fhéin ris a' cheistear. Bha an duine sin cho goirid anns an nàdur
is nach seasadh e drabadh[1] sam bith; agus faodar a bhi cinnteach
nach b'i an fhàilte a b'fheàrr a thug e do Dhòmhnull beag aig an
am. Cha robh Dòmhnull fada a' ruigheachd an àite anns a robh
an ceistear; agus ged a bha an cainntear deas bhriathrach sin cho
àrd labhrach ri beul uisge air aonach cas, cha do chuir sud eagal
no tilleadh air Dòmhnull. Is ann a ghabh mo laochan a steach am
meadhon a choimhthionail ag éigheach le guth àrd cabhagach, 'A
mhathair, a mhathair, thigibh dhachaidh gu luath. Tha an ceann
ag ithe na maraig – thigibh dhachaidh gun dàil ar neo cha bhi
greim air fhàgail de'n mharaig – tha'n ceann ag ithe na maraig.'

Leis an ùpraid is an othail a bha ann chaidh an coimhthional
gu aighir is mi-riaghailt. Cha robh comas aig a' cheistear, a
dh'aindeoin a chuid càinidh, air rian a ghleidheadh ni b'fhaide.
Bha buaidh an latha gu tur aig Dòmhnull beag; oir bha dùrachd
is dànachd air leth anns a' ghuth àrd ghlan leis an do ghlaodh e
a rithist agus a rithist – 'tha an ceann ag ithe na maraig, tha an
ceann ag ithe na maraig.'

(*An Gaidheal* XX, Aireamh 11, 1925: 161–62)

---

[1] grabadh, bacadh.

*

72. An Ceàrd agus an Tuil, ro 1926

[Le Sèine Fhriseal (1830–1926), bean Aili MhicCoinnich à Tomaich, Giùthsachan, Srath Glais; air a sgrìobhadh le Seòras Coinnich, Baile Lùib, Dabhach iar Cheasaig, Eilean Dubh Rois]

Air là modarra gnùgach[1], thàinic ceard no ràideach[2] tre Bhail Inbhir Fharrair, agus ghabh e slighe Shrath-glais. A réir gach uile choltais, bha sileadh trom ann gu siar fad an là, agus e sin a sìor-thighinn gu sear. Tra[3] thàinic ciaradh an fheasgair, thàinic an t-uisge. Rinn an duine air sobhal croite, ach mhothaich an croitear dha, agus cha leigeadh e a steach e, air eagal gun cuireadh e an sobhal na theine. Ghabh an duine roimhe, ach mhothaich e mulanan[4] feòir, an achadh beag, eadar an rathad agus an abhainn, agus mulan a bu mhó na càch fagus do[5] bhruach na h-aibhne. Air dha seolltainn[6] nach robh e an radharc[7] a chroiteir, thàr e[8] bhàn[9] da ionnsaigh. Thog e leth uachdarach a mhulain, agus phut e e féin, casan air thoiseach, am meadhon a mhulain. Le cudrom an fheòir os a chionn, bha e blàth agus tioram, agus chaidil e fad na h-oidhche mar sin.

Re na h-oidhche sin, leis an trom-shileadh roi-ràite, gu siar, thàinic a nuas nan dìlinn, Aifric, Deathag, Canaich, Glas, Farrar, agus gach allt agus caochan a rinn comar riù. Dh'éirich abhainn na Manachainn da réir, gu airde neo-abhaisteach. Thàinic Abhainn na Manachainn thar a bruaichean, agus thug i leithe, a measg ioma nì eile, am mulan feòir sin, agus an duine na bhroinn, agus sios gu Poll an Ròid leo. Siar, gu beag, o an chroit, far a robh an duine sin bha, agus tha, eas agus creagan agus cunglach

---

[1] dorcha gruamach.   [2] fear-fuadain, fear-siubhail.

[3] nuair a.   [4] *mulan* 'cruach bheag, goc'.

[5] faisg air.   [6] seanltainn.

[7] am fradharc.   [8] ghabh e roimhe.

[9] sìos.

stainnte[1]. Cha rachadh mulan feòir troimh sin. Ach gu sear, cha robh a leithid ann idir.

Dhùisg an ràideach sa mhaduinn, agus dh'amhairc e a mach, gu tòidheach[2], fheuch am faigheadh e as gun dul[3] an radharc a chroiteir. Chunnaic e sàil[4] aig gach taobh, agus dh'aithnich e an Caisteal Ruadh air an dara taobh, agus Leantran air an taobh eile. Dh'aithnich e cuideachd, gu robh e seoladh a mach le traghadh na mara, agus leis a mhulan a sgaradh o cheile, gu mall ach gu cinnteach, cha ruigeadh e Ceasog, gun tighinn air Lochlann, no fiù Geob Moraibh. Thòisich e ri glaodhaich, agus fa dheire 's fa dheòidh, thàinic coit, no eathar, a mach o Bhaile Lùib, agus thugadh gu tìr e.

Agus thog e aghaidh ri Srath-glais a rìs.

(*Tocher* 33, 1980: 206)

*

73. Na b' Aithne dha, 1928

An am ceasnachadh na cloinne ann an sgoil araid, o chionn ghoirid, bha am fear-ceasnachaidh ag cur nan ceist air thuaimse, mar a thachradh dhaibh tighinn gu inntinn. Dh'fhaighnich e de dh'aon ghille ruadh a bha ann, cia meud latha bha ann am bliadhna, agus fhreagair an gille ruadh gu'n robh a seachd.

Cho luath sa fhuair fear nan ceist casg a chur air gaireachdaich nan sgoilearan eile, thuirt e ris a' ghille: 'Bliadhna a thuirt mise, 's cha b'e seachduin. Cia meud latha tha ann am bliadhna?'

Thainig coltas ionghnaidh air aodann a' bhallaich agus fhreagair e: 'Tha, Di-luain, Di-mairt, Di-ciaduin, Dior-daoin, Di-haoine, Di-sathuirne, 's Di-Domhnaich, direach a seachd. Ma tha an corr ann, cha chuala mise iomradh riamh orra.'

(*Fear na Céilidh* 1, Aireamh 1, 1928: 7)

---

[1] caolas cumhang.   [2] gu furachail, gu faiceallach.
[3] dol.   [4] sàl, am muir.

*

74. ADHARTAS NAN INNSEANACH AN CEAP BHREATAINN, 1928

Chaochail Innseanach aig bun na h-Aibhne Meadhonaich air an 6mh la de'n Mhart, fear d'am b'ainm Joe Paul, a bha air aois mhor a ruigheachd, ceud us da bhliadhna deug. An uair a bha am fear sin 'na phaisde, bha an t-eilean so an tomhas mor aig na h-Innseanaich dhaibh fhein. Cha robh imrich nan Gaidheal do Cheap Breatunn ach air toiseachadh gann fichead bliadhna roimhe sin, agus cha robh aca-san a bha air tighinn ach bearnan beaga air an deanamh anns a choille an cois nan cladaichean. Thainig atharrachadh mor air cor nan daoine geala bhuaithe sin, ach tha na h-Innseanaich bhochda teann air bhi cho fad air ais sa bha iad riamh. Cha d'rinn adhartas na duthcha moran a chur na'n rathad-san idir.

(*Fear na Céilidh* 1, Aireamh 2, 1928: 10–11)

*

75. BUAIDH LEIS A' CHOMUNN, 1929

Chuireadh An Comun Gaidhealach air chois ann an Alba air a' bhliadhna 1891. Tha e mar run dha a bhi ag cumail suas 'ar canain 's ar ceol', agus tha cruinneachadh bliadhnail aige ris an canar Am Mod. Chaidh beagan bhliadhnachan seachad gun am Mod a bhi air a chumail, ach b'e Mod na bliadhna so an treas fear deug a bha aca. Bha e ann am baile Pheairt a' cheud seachduin de dh'October, maduin Di-mairt gu oidhche Di-haoine. Bha sluagh mor cruinn, agus bha moran dhuaisean air an toirt seachad air son sgriobhadh, leughadh, labhairt us seinn Gailig, gu sonruichte air son seinn.

Bho'n thoisich na Moid so ri bhi 'cruinneachadh, rinneadh adhartas mor ann an seinn nan oran Gailig, air dhoigh ionnsaichte. Rinn an Comunn, mar an ceudna, obair mhor,

mhath ann a bhi 'faighinn na Gailig air a teagasg anns na
sgoilean, air sailibh am bi an oigridh a' fas suas comasach air
an canain fein a leughadh 's a sgriobhadh. Chuir An Comunn a
mach aireamh de leabhraichean a tha an da chuid taitneach agus
feumail. Tha e moran na's usa do neach foghlum Gailig a thoirt a
mach an diugh na bha sin mu'n do shuidhicheadh An Comunn.

Ma tha coire ri fhaotainn do'n Chomunn, is e gu'n robh e bho
thoiseach a' leigeil a thaic gu mor air luchd na Beurla; agus gu'm
bheil a ghnothuichean fhathast air an cur air adhart ann an doigh
a tha tuilleadh us Gallda. Tha gearain air sin ri fhaicinn, uair us
uair, anns a' phaipeir a tha an Comunn fhein ag cur a mach; agus
is math gu'm bheil. Chan eil moladh a's fhearr air a' Ghailig na
a bhi 'ga cleachdadh. Gheibh i barrachd cuideachaidh bho aon
duine a bhruidhneas i gach uair a gheibh e cothrom na gheibh i
bho dha dheug a bhios daonnan 'ga moladh ann am Beurla, no
an cainnt eile. Buaidh leis An Chomunn!

(*Fear na Céilidh* 2, Aireamh 4, 1929: 26)

*

76. Na h-Orduighean, 1944

Thug mo charaid, ministear Eaglais Mhór a' Chealla, cuireadh
dhomh mi thighinn 'ga chuideachadh aig na h-Orduighean air
an treas seachdain de 'n Og-mhios so chaidh. Ghabh mise ris a'
chuireadh sin, agus bha mi glé thoilichte sin a dheanamh, chan
ann a mhàin air son mo charaid Mgr. Moireasdan, Ministear
na sgìre, ach air son mo chairdean is mo luchd-dàimh, on is e so
sgìre mo bhreith is m' àraich.

Tha mi ag creidsinn nach 'eil na h-Orduighean air an cumail
an àite sam bith eile a nis cho eudmhor, agus cho seasmhach ris
an t-seann dòigh 's a tha iad an Leodhas agus feadh nan Eileana
Siar eile, mura h-eil fìor chorr àite. Is e sin a tha toirt orm innse
an so dìreach mar a thachair air an turus so a bha mi an Uig,
sgìre mo cheud eòlais. Tha e ceart agus iomchuidh gum biodh
fios agus iomradh cinnteach againn air mar a bha na Gaidheil o

chionn iomadh linn ag cumail na cuirme sòluimte so, agus mar a
tha iad fhathast 'ga cumail an corr àite.

Bha ceathrar mhinistearan againn ann – ministear a' Chealla
fhéin, agus ministear Cheann Langabhat, ceann eile na sgìre,
ministear Eilean Bheàrnaraidh, agus mi fhein. Bhatar 'ga mo
chunntadh-sa mar choigreach, no mar strainnsear mar a their iad
fhéin, seach gum bu mhi a b' annsaiche do 'n t-sluagh, agus mar
sin bha cudthrom na h-obrach air a leagail orm.

Tha na seirbhisean a' tòiseachadh air Di-ardaoin, ach tha
iomadach ullachadh 'ga dheanamh air Di-ciadaoin, agus toiseach
na seachdain, fa chomhair chairdean a dh' fhaodas a bhith
tighinn á sgìreachdan is á bailtean eile. Chan 'eilear ag cur làmh
an obair sam bith fad an Orduigh ach banas-tighe, mura h-eil
obair a dh' fheumas a bhith air a deanamh, mar a tha sealltainn
an deidh spréidh, agus crodh a bhleoghain agus eadradh[1], 's a
leithid sin. Tha seachdain an Orduigh – 'se sin bho Dhi-ardaoin
gu Di-luain – air a toirt seachad a mhàin chum nithean cràbhaidh
is spioradail.

Tha dà shearmoin san Eaglais air Di-ardaoin. Shearmonaich
mi fhein air meadhon-là innte, agus bha an coimhthional an
lathair as gach ceàrnaidh de 'n sgìre, cuid dhiubh cho fad as ri
naoi mìle bho 'n Eaglais. Bha am ministear eile nach buineadh
do'n sgìre air ceann na seirbhis san Eaglais air an fheasgar, agus
chaidh mise agus bha coinneamh agam ann am bailtean a bha
eadar naoi agus deich mìle air falbh bho 'n Eaglais. Bha mór
shluagh a muigh aig gach seirbhis ged is e so toiseach an Orduigh,
agus gur h-ann nas motha a bhios an coimhthional a' fàs.

Is e Di-ardaoin, ma tha, Latha Traisg, no latha irioslachaidh,
agus tha seirbhisean an latha air an òrdachadh a chum agus
gum bi an sluagh 'gan irioslachadh fhein an lathair Dhé, agus fa
chomhair sàbaid Comanachaidh. Tha ainm fa leth aca air gach
latha de 'n Orduigh, a reir is mar a tha gach latha a' freagairt
ri feum is suidheachadh spioradail an t-sluaigh. Tha Di-ardaoin
mar a dh'ainmich mi 'na latha irioslachaidh; agus is e Di-haoine

[1] a chur dhan bhuaile.

Latha na Ceist, no latha ceasnachaidh, no rannsachaidh, nuair a
tha cothrom aig an t-sluagh air iad fhéin a cheasnachadh, no a
rannsachadh fa chomhair Bord an Tighearna. Is e Di-sathurna
Latha Ullachaidh fa chomhair sàbaid Comanachaidh. Agus
is e latha na sàbaid Latha Comanachaidh, agus Di-luain Latha
Taingealachd.

Tha aoradh is seirbhisean gach latha de 'n Ordugh chum a
bhith neartachadh creideamh, agus ag ùrachadh gràidh, agus
a' meudachadh eòlais an t-sluaigh air am Fear Saoraidh. Is e
féisd spioradail a tha so os cionn gach nì. Tha an cois sin ann,
gun teagamh, ùrachadh cairdeis, agus ath-aithne air eòlaich am
measg feadhainn á sgìreachdan eile. Tha rithist tadhal eòlach
is chairdean anns na bailtean as fhaisge air an Eaglais far am
fuirichear eadar dà shearmon. Chan 'eil gainne air coibhneas is
fialaidheachd; an dubhairt seana bhean chòir, 's i 'na seasamh
aig dorus na h-eaglaise: 'Thigibh còmhla riumsa, tha tigh agam
a ghabhas a' fichead, agus tha cridhe agam a ghabhas ceud.' Tha
naidheachdan chairdean is nan eòlach ann, agus gach ùrachadh
a tha an cois sin, agus eadhon naidheachdan an t-saoghail
mhóir; ach os cionn gach nì eile is e tha so féisd naomh, agus tha
aoibhneas sonraichte, aoibhneas eadar-dhealaichte bho aoibhneas
eile an cois an Orduigh. Chithear sin gu soilleir an gnùisean is
an giùlan an t-sluaigh, do neach a thuigeas e. Tha sin 'ga fhàgail
furasda do 'n Mhinistear a theachdaireachd a liubhairt, agus
aoradh a chuairteachadh, aig ám Orduigh.

(*An Gaidheal* XXXIX, Aireamh 12, 1944: 133–34)

*

77. FÈILL CHEANN A' GHIÙTHSAICH, 1952

[Air aithris leis a' Bhean-phòsta NicGriogair, Tromie Mill, An
Innis, Siorrachd Inbhir Nis, an 1952]

Oich! bha mi ann tric. Bha mi ann dar a bha mi òg is bha mi ann
gus na stad iad. O! 'se latha mór a bhiodh ann sin. Bha stallachan

sìos o Drochaid Ghuibhneag sìos go móran thairis air teis miadhoin a' bhail'. Well bhiodh... feirmeirean a' tighinn is bhiodh caileagan is proitsich ann. Bhiodh iad a' tighinn a Blàr Athal 'gan còrdadh[1] is ó! bha iad uamhaidh déidheil air na proitsich air son a bhith a' buachailleachd is na caileagan air son searbhantan. Is bhiodh na feirmeirean feadh seo fhéin ann. Chan fhaigheadh bàn-searbhanta ach trì nòtachan no theagamh dà nòt anns an leath-bhliadhn' agus theagamh nach fhaigheadh na buachaillean thar nòt.

Aig na féilltean bhiodh iad a' toirt *fairings* dha na caileagan, *sweeties.* Bhiodh na *sweeties* air stangachan[2] a mach. Bhiodh bascaidean aca cho mór is bhiodh iad a' fàgail nam bascaidean aca am bùth dar a gheibheadh iad gràinn[3] de na *fairings* a staigh, gan cur 'sa 'bhascaid. Och, mo chreach! feadhainn bheag' mar a bha mise, cha robh sinn a' faighinn aon. Dar a bha sinn a' fàs suas bha sinn 'ga faighinn an uair sin.

Na cailleachan adag, bhiodh iad ann sin is stangachan aca. Bhiodh iad a' tighinn a Nairn. Adagan aca – chan fhaca mi riamh nì aca ach adagan. Bha bùrn an uair sin air an t-sràid am *pumps*. Bha móran taighean is tughadh fraoch orra. Bha dà fhéill ann 'sa' bhliadhn', féill ann a *May* agus féill ann a *November*, féill Màrtainn.

(*Tocher* 40, 1986: 246, 233)

*

78. MANA AN NISICH, 1953
Le Iain Moireasdan

Bha e 'na chleachdadh aig na Nisich o linn Oisein a bhith dol a dh'eilean Shùlaisgeir, le sgothan fosgailte, a dh'iarraidh

---

[1] gam fastadh.   [2] stàilichean.
[3] meud.

ghugannan. Tha Sùlaisgeir suas ri dà fhichead mìle tuath is an ear-thuath air Rubha Robhanais. Chan eil an t-eilean ach leth-mhìle bho cheann gu ceann, agus tha e dà cheud troigh os cionn na mara. Chan eil bàgh ann anns an gabh eathar ùr, agus is ann suas aodann na creige aig ìochdar geodhaidh a tha na h-eathraichean air an tarruing ...
Is tric a ruith sgoth gu math caol ag iarraidh nan gugannan.

Chaidh an dàrna té de na h-eathraichean am bliadhna a chall aig an eilean, agus an ceathrar Mhoireasdanaich a bha innte fhàgail am measg nan sùlairean gus an tug eathar-sàbhalaidh Steòrnabhaigh cobhair dhaibh an ceann ceithir latha. Chothaich an t-éile – Mairi Dhonn a Beàrnaraidh – troimh fhairge air leth le ochd ceud guga gus an tug i mach Steòrnabhagh. Mus do chuir i Abhainn Ocaisgeir as a déidh, is iongantach mur robh Niseach agus Uigeach ag aontachadh le facail Mhic an t-Srònaich 'Nan gleidheadh tusa beanntan Uige, ghleidheadh beanntan Uige thusa.'

Cha robh eathar Shùlaisgeir ann an 1912 fada air fàgail an uair a thainig stoirm neo-chumanta. Bha an sgìre ann an teagamh an do ràinig iad sàbhailte. An uair bu chòir dhaibh tilleadh, cha do thill. Chaidh am bàta-freiceadain (am fishery-cruiser) a chur chun an eilein ach chan fhaca i sgoth no duine. Ann an ceann mìos, thill na Nisich gu am 'bantraichean' le sgoth mhath ghugannan, agus na bailtean an déidh an tighean-faire a chur seachad.

Chaidh dhà no trì chuairtean a bhriseadh ann an sgoth eile ri fasgadh Eilean Shanndaidh agus a' ghaillionn air breith oirre anns an Stac.

Cha tàinig call air muinntir Shùlaisgeir riamh ach aon bhliadhna agus tinneas aithghearr air fear aca thoirt a mach – Alasdair Moireasdan a Dail fo Thuath.

A dh'aindeoin gach gàbhaidh anns an robh an Niseach, cha tàinig air riamh an rud a rinn an Hiortach a dhèanamh an uair a ghlas droch shìde e ann an Stac an Armuinn; rinn e dubhanan de na sginean airson breith air iasg a chumadh beò e ...

Cha bu rud annasach uaireigin do dhà no trì mhìltean guga bhith tighinn do'n sgìre a h-uile bliadhna. Thug am 'Pride of Lionel' 'na h-aonar dhachaidh bliadhna dà mhìle is seachd ceud guga. Is iongantach gum bheil uibhir de chluasagan glasa ann an sgìre 'san domhain is a tha ann an sgìre Nis.

A rèir coltais, bha na Hiortaich a' dol na bu neimheile chun a' ghuga na bha an Niseach fhéin. An uair a bha Màrtainn Màrtainn ann an Hiort, bho chionn còrr is dà cheud bliadhna gu leth, bha na naoi fichead duine bha 'san eilean ag ithe sia ceud is dà mhìle fhichead sùlaire 's a' bhliadhna. Nach ann aca a bha an latha dheth!

Tha cuid a' faighinn coire dhuinne an diugh airson gu bheil sinn ag ithe eun blasda. Chan eil sinne ag ithe an diugh ach am biadh a bha air bòrd an rìgh an dé. B'e sia sùlairean anns a' bhliadhna am màl a bha air a phàidheadh do'n rìgh airson a' Bhass Rock.

Tha an guga measail fhathast. Cha chanainn nach eil cuid aca air an eàrrlaiseachadh[1] mus tig iad as an ugh. Có-dhiùbh, tha earrainn mhath aca air an eàrrlaiseachadh mus tig iad as a' chreig. Cha luaithe thig eathar Shùlaisgeir dhachaidh na chithear Nisich as gach ceàrnaidh a' falbh bho thighinn an sgioba le drannag[2]. Mìos as déidh sin, cha cheannaicheadh òr na h-Ophir[3] spòg ann an sgìre Nis.

Tha an guga a' dol nas fhaide air falbh air a' phost na tha an sùlaire air an sgéith. Chan ann a mhàin eadar Tigh nan Cailleachan Dubha an Uig agus Tigh Mhic Dhùghaill an Nis a tha iad air an ithe, ach ann an tìrean céine anns am bheil Nisich a' gabhail còmhnaidh. Is minig a dh'fhairich cailleach uasal ann an Glaschu, fàileadh 'na tigh fhéin air nach robh i eòlach!

Tha càil an Nisich cho fosgailte do'n ghuga 's a tha càil an Hiortaich do'n eun-chrom. Canadh coigrich na thogras iad, ach is e an guga annlan a' bhuntàta. Chan fhaca an Niseach a' chearc

---

[1] tìoradh, tiormachadh san àth.

[2] ultach.

[3] Faic, mar eisimpleir, I Rìghrean 9: 28.

sin air truinnsear a b' fheàrr leis na guga air asaid[1]. Cha bhiodh féidh Dhiùra, càis Cholla, tonnagan an Rubha, no bughaidean Tholastaidh ach mar shealbhag[2] ann an sùilean an Nisich taca ris a' ghuga ghlas.

(*Gairm* 2, an t-Earrach 1953: 15–18)

*

79. AN DUINE AGUS NA CREUTAIREAN, 1954
Le Domhnall MacLaomainn[3]

Uaireigin an uiridh bha mi a' bruidhinn ri ban-choimhearsnach a bha a' biathadh cearc-ghuir air an robh naoi no deich de bhigeanan. Bha sinn 'nar seasamh air réidhlean gorm aig ceann an tighe, agus anns a' bhruidhinn a bha againn, an deidh dhi am biathadh, thàinig faoileann agus beiridh i air fear de na bigeanan, is falbhar leis. Thachair an rud cho grad, is bha an fhaoileann air falbh cho clis 's gun deachaidh sinn le chéile 'n ar breathall[4], agus leis an aimlisg[5] a thàinig orm, cha do rinn mi uiread agus am bata a thilgeadh oirre. Ach nan cluinneadh sibhse an càineadh agus am mallachadh a rinn am boireannach ud agus mi-fhéin air an fhaoilinn! Thuirt sinn ri chéile gum b' uamhasach an rud a rinn i; nach robh innte ach creutair mosach an-iochdmhor, agus nach b' fheàrr i dad na na daoine dubha a bhios ag itheadh nan soisgeulaichean a chuirear thuca.

An sin thug mo bhan-charaid a stigh mi a ghabhail greim suipearach còmhla riutha, mun rachamaid suas do 'n choinnimh-ùrnuigh, ach, an uair a shuidh sinn aig a' bhòrd, agus sinn fhathast a' cur sìos air an fhaoilinn, thàinig an smuain so 'nam

[1] mias, truinnsear. [2] priobadh, faoineas.
[3] Domhnall MacLaomainn (1874–1958) à Tiriodh, a bha na mhinistear an Gleann Urchadain agus am Blàr an Athaill, agus a bha air fear de na sgrìobhadairean roisg Ghàidhlig a b' fheàrr.
[4] nar tuaineal. [5] leis a' bhreislich.

inntinn, nach robh annainn ach Phairisich a bha 'gar mealladh
fhéin, a' sìoladh na meanbh-chuileig agus a' sluigeadh càmhail,
oir ciod a bha air a' bhòrd ach coileach mór reamhar a mharbh a' bhean
chòir air ar son, le a dà làimh fhéin, dìreach mar a mharbh an fhaoileann am
bigean le a gob fhéin!
Ghabh mise mo chuid fhéin de 'n choileach, agus dh' ith
ise crioman dheth cuideachd, ach, cha d' aidich aon seach aon
againn nach b' fheàrr sinn dad na'n fhaoileann, oir bha seòrsa de
chàirdeas eadar am boireannach agus an coileach, no co-dhiùbh,
bha eòlas maith aca air a chéile, oir is e a làimh a bheathaich e o
bha e 'na bhigean. Cha robh aice ach *Diug, Diug* a ghlaodhach,
agus ruitheadh e 'na còmhdhail gu toilichte, ach latha de na
làithean a ruith e 'g a h-ionnsaigh, gun eagal, gun amharus, rug i
air is chuir i car 'na amhaich, is ithear e.

Sin agaibh lagh na machrach, agus lagh na coille, agus lagh na
mara – 'a' bhéist as motha ag itheadh na béiste as lugha' ach, ged
nach toigh leinn aideachadh tha an lagh ceudna so a' riaghladh
beatha chloinn-daoine. Agus rud glé neònach, chan eil an lagh
no an seana-chleachdadh so, a réir choslais, a' toirt oilbheum
do reusan no do choguis mhic an duine. Tha ar reusan agus ar
coguis air an teagasg air a' leithid de dhòigh 's gun toirmisg iad
dhuinn nithean sònraichte a dheanamh nach eil idir nàrach no
brùideil annta fhéin, ach, cha toirmisg iad dhuinn lamhachas-
làidir eagallach a dheanamh air creutairean laghach neo-
chiontach nach do rinn cron oirnn riamh.

Nam biodh coinneamh mhór air a gairm agus cuireadh air
a thoirt do na creutairean uile a dhol innte, cearcan is crodh, is
eòin is caoraich, agus nan cuireadh iad aon dhiubh fhéin anns
a' chathair, abair seana choileach glic, agus nan iarradh iad air
a bheachdan air clann-daoine a thoirt do dh' òigridh na coille
agus na machrach, theagamh gu labhradh e mar so: 'O, a chlann
ghaolach na machrach, na cuiribh ur n-earbsa ann am mac an
duine oir tha a chridhe fuar agus cealgach, agus tha e cho seòlta
ris an nathair. Bruidhnidh e ruibh le briathran mìne, slìogaidh
e sibh agus cnìodaichidh e sibh mar gum biodh gaol aige oirbh,

ach an uair nach saoil sibh, leumaidh e oirbh mar an tìgear, agus marbhaidh e is ithidh e sibh.'

Nam biodh agam-sa ri argumaid no òraid de 'n t-seòrsa sin a fhreagairt air beulaibh nan creutairean, chan eil fhios agam ciod a theirinn. Chan eil teagamh nach feuch clann-daoine ri iad fhéin fhìreanachadh le bhith ag radh gun tug Dia uachdaranachd dhaibh os cionn gach nì beò a ghluaiseas air an talamh. Ach chan eil anns an 'teachdaireanachd' so ach ainm bòidheach air an duais shaoghalta a choisinn clann-daoine dhoibh fhéin am measg chreutairean eile le 'n seòltachd agus le 'n innleachdas fhéin.

Dh' ionnsaich sinn anns an sgoil, an fhreagairt do 'n cheist so, 'Ciod i crìoch àraidh an duine?' ach nan robh e air fhaighneachd dhiot 'Ciod i crìoch àraidh daimh?' ciod a theireadh tu? An abradh tu gur e crìoch àraidh daimh a bhith air a reamhrachadh, air a mharbhadh, agus air itheadh; gur e crìoch àraidh na seice aige brògan a dheanamh dhut-se; crìoch àraidh na h-adhairc aige bocsa-snaoisean no còrn-òil a bhith air an deanamh leotha. Cha robh an damh riamh air a chunntas am measg nam beathaichean eile mar bheathach anns a bheil móran tùir, air chor agus nach b' urrainn dha labhairt air a shon fhéin, ach nan robh mise a' labhairt as a leth, dh' fhaodainn a ràdh gun do rug a mhàthair e le saothair, agus gu robh gaol agus ionndrainn aice air, mar tha gaol aig ar màthraichean fhéin oirnne. Ré a chùrsa anns an t-saoghal, dh' fhuiling e fuachd agus acras agus pathadh; b' aithne dha gaol is fearg is ionndrainn air comunn a cho-chreutairean, agus, air cho maol 's gun robh a thuigse, agus fhaireachdainn, b' aithne dha có a bha ciùin agus coibhneil ris. Bha e fallain agus làidir; rachadh aige air crann no cliath a tharruing nan toilicheadh a mhaighstir, agus bha e cho òg 's gum faodadh e bhith beò iomadh bliadhna, ach an sin gun rabhadh a thoirt dha, bhuail maighstir a bheathaich tuagh air ann an clàr an aodann, agus mharbh e e, agus an oidhche sin fhéin dh' ith e marag dhubh a rinneadh d' a fhuil ...

(*Gairm* 9, am Foghar 1954: 17–18)

*

80. AIR AN SPIRIS, 1955

Tha na trì coinnlean a' dol air bonnach bangaid *Gairm* ann am bliadhna cho cudthromach 's a bhuail a' Ghaidhealtachd bhon a loth am buntàta. Air aon duilleig de phaipear naidheachd an latha, chì sinn sgeul aoibhneis mu Choimisean nan Croitearan. Air duilleig eile, chì sinn straighlich mu rocaidean ann an Uibhist-a-Deas. Air an treas duilleig, chì sinn gu bheil An Comunn Gaidhealach, gun chùram fo'n ghréin, a' dol air aghaidh air a shlighe chiùin, shìobhalta, fhéin, le a chuid mhòdan 's le a chuid chéilidhean. Facal le gach spéis is coibhneas, ann an cluas a' Chomuinn an ath bhliadhna. Feuchadh e nach cuir e seachad an latha a' fidhleireachd, mar a rinn Nero, is an Ròimh a' dol 'na teine!

Chan ann tric a bhios *Gairm* a' dol an comhair a chinn an connspaid. Ach tha rudan ann mu nach h-urrainn dhuinn cumail sàmhach. Tha sinn toilichte, làn thoilichte, le Coimisean nan Croitearan. Ma ni e dhleasdanas, agus leis na daoine a tha an urra ris tha sinn cinnteach gun dèan, cha dean e dad ach feum do'n Ghàidhlig ged nach eil cànain, mar chànain, fo ùghdarras. Ma ni e feum do'n chroitear – ma dh'aotromaicheas e 'uallach agus ma chuidicheas e a theachd-an-tìr, cumaidh e a' Ghaidhealtachd fo shluagh aig a bheil a' Ghàidhlig bho'n chìch. Agus fòghnaidh sin.

Ach, ceart mar a tha an reul dòchais sin a' priobadh air fàire na Gaidhealtachd, tha neul, nach eil fhathast ach mar làimh duine, a' nochdadh os cionn beanntan Uibhist. Tha sinne seulaichte gur e obair nan rocaidean ann an Uibhist cunnart cho teann 's a bhagair air a' Ghàidhlig bho am Chuil-lodair. Ann an eilean a tha loma làn de na nòsan 's de na gnàthasan as fheàrr a tha againn – ann an eilean far a bheil a' Ghàidhlig beò, fallain – bithidh, ann am bliadhna no dhà, na ceudan de Ghoill 's de luchd Beurla de gach seòrsa, a chuireas an t-àite fòdhpa fhéin

agus a bhàthas cànain is gnàthasan is nòsan is eile! Chan eil dà
theagamh sin. Tachraidh e. Agus ann am bliadhna eile bithidh
sinn ro fhadalach gu dad a dheanamh mu dheighinn. Their cuid
gu bheil dà thaobh air a' mhaoil – gun toir so beairteas agus obair
dh'Uibhist. Bheir! Ach an ann do na h-Uibhistich?

Eadar obair fearainn is obair mara – eadar uibhean is
feamainn – tha na h-Uibhistich riatanach math dheth taca ri cuid
de na h-eileanan eile. Mar sin, cha leigear leas a ràdha gur ann
air sgàth nan Uibhisteach a tha an obair 'ga stéidheachadh. Na
bitheamaid 'gar mealladh fhéin. Cha toir an fheadhainn a tha air
ceann so, hóró air Uibhist no air Uibhistich fhad 's a theid an
cuid oibreach fhéin air adhart.

Càite a bheil An Comunn Gaidhealach 's nach eil e ri trod 's
ri ùpraid? Tha sinn a' cur na ceiste, agus ma bheir An Comunn
freagairt dhuinn, clò-bhualaidh sinn an fhreagairt anns an ath
àireamh. Faodaidh e bhith, gu bheil iad an dùil gu faigh iad
'Whist Drive' no dhà ann am Mars airson Mòd 1992[1], agus gu
bheil iad coma co-dhiùbh a bhios Gàidhlig an Uibhist an uair sin
no nach bì. Chluinn sinn ...

(*Gairm* 13, am Foghar 1955: 11)

*

81. Na Rocaidean, 1955
[Le Alasdair Mac Dhomhnaill, à Bòrnais, Uibhist a Deas]

A rèir mo bheachd-sa, ma bheir iad leotha an talamh àitich is
ionaltraidh as fheàrr nì an ionad-rocaidean call air na croitearan
an Uibhist. Air an làimh eile is dòcha gum bi a' bhuannachd nas
motha na bhios an call. Tha còir gum bi margaid nas fheàrr aig
na croitearan anns an eilean airson bàrr na talmhainn. Gheibh
sinn rathaidean nas fheàrr, cidheachan is drochaidean. Tha droch
fheum aig feadhainn de ar bailtean air rathaidean gu h-àraidh,

---

[1] Chaidh a' chiad Mhòd a chumail ann an 1892.

oir chaidh feadhainn de na th' ann an dèanamh do chairtean, o chionn iomadh bliadhna, agus chan eil seasamh aca ri innealan troma an là-an-diugh. Ach anns na bliadhnachan ri tighinn, is sinn an crochadh ri daoine-uaisle Westminster, bidh dòchas againn gum bi cùisean nas fheàrr.

Tha gu leòir a' smaoineachadh nach fheàirrde a' Ghàidhlig uiread de Ghoill a thighinn do'n àite. A rèir mo bheachd-sa tha a' Ghàidhlig 'na cnap-starraidh dhuinn nuair a thig oirnn a dhol amach air crìochan nan eileanan, mar a thig oirnn a dhèanamh o àm gu àm. Mar sin, ma bhios a' Bheurla timcheall orra, bithidh e 'na bhuannachd do'n fheadhainn òga, ma thig orra siubhal fada amach air na crìochan.

Tha mise trì fichead bliadhna 's a h-ochd, ach tha mi an dòchas gum faic mi an t-ionad-rocaidean fo ghleus, agus bithidh e 'na thoileachas dhomhsa agus do dh'iomadh croitear eile gun do chuidich Uibhist-a-Deas gu mór le bhith dìon ar rìoghachd.

(*Gairm* 14, an Geamhradh 1955: 125)

*

82. Eachdraidh Chreag Goraidh, 1956

Air taobh a deas Bheinn-nam-Fadhla tha cirb bheag de bhaile ris an abrar Creag Gorraidh. Tha e a' cur móran iongantais air luchd turuis cionnas a fhuair am baile beag so an t-ainm, is bithidh iad a' faighneachd gu tric, 'Càite a bheil a' chreag a tha air a h-ainmeachadh air Gorraidh?' Is dòcha nach eil móran an diugh ann am Beinn-nam-Fadhla a tha comasach air a' cheist so fhuasgladh.

O chionn fhada, bha banntrach bhochd agus aon mhac aice d'am b'ainm Gorraidh a' tàmh ann am bothan beag faisg air far an robh Tigh-òsda nan Camshronach. Bha tigh aon chroiteir faisg air a' bhothan, agus 's ann ag obair astigh 's amach mu thigh is fearann an duine so a bha a' bhanntrach a' deanamh a beò-shlaint. Bha am mac aice aig an àm so mu chuairt air deich bliadhna a dh'aois, agus bha e air a dheagh thogail ann an eagal an Tighearna, fìrinneach agus beusach. Bha an croitear agus a' bhean aige a' cuideachadh na banntraich ann an togail a' bhalaich bhig.

Thainig madainn fhuar mu chuairt, agus cha b'urrainn do'n bhanntraich éirigh air a' mhadainn sud, oir bha i ro thinn le fuachd agus le fiabhras, agus mo thruaighe cha robh gréim bidhe anns a' bhothan bheag air a son féin no airson a' bhalaich. Dh'innis i do Ghorraidh an staid anns an robh i, agus nach b'urrainn dhi nì a thoirt dhà ri itheadh. Dh'iarr i air a dhol anull gu tigh na bana-mhaighisteir agus a cor innse dhi. Bha mulad mór air Gorraidh nuair a chuala e nach robh nì ann dh'a mhàthair, oir bha e ro mhiosail oirre. Is ann a smaoinich e gu rachadh e a thràigheach, fiach a faigheadh e portain anns an tràigh a bhruicheadh e ann an teine ri cois a' chladaich.

Mar a bhios tubaist a' tachairt, ciod e ach aig an àm so chuir bean a' chroiteir amach mulchagan càise air bhàrr tobhta na h-àthadh[1] airson an tiormachadh. An ceann ùine bhig, dh'ionndrainn bean an tighe tè de na mulchagan, agus is ann a smaointich i gur h-e Gorraidh a thug air falbh i, agus chuir sin móran feirge oirre. Is ann a leum i null gu bothan na banntraich agus thuirt i rithe nach robh i a' togail Ghorraidh mar bu chòir dhi nuair a ghoid e a càise oirre.

Cha duirt a' bhanntrach facal, ach dh'éirich i a leaba an fhiabhrais, agus thog i oirre amach fiach a faiceadh i Gorraidh. Bha am balach a' dìreadh an cois a' chladaich nuair a chunnaic e a mhàthair a' tighinn fagus dha. Chuir e fàilte choibhneil air a mhàthair, a' glaodhaich aig an aon àm, 'Cha bhi an t-acras fada oirbhse; tha rud math agamsa dhuibh.' 'A dhroch phreasain,' orsa a mhàthair, 'cha do ghabh mise gnothach riamh ri meirle, agus cha ghabh.'

Aig an àm sin bha Gorraidh a' dol seachad ri taobh creige, agus gun fhios aige ciod a bha a mhàthair a' ciallachadh. Ann an dol seachad na creige phut a mhàthair e le a h-uile neairt an

---

[1] *àth* 'àmhainn tiormachaidh'.

aghaidh na creige, agus bhuail a cheann ris a' chloich. Thuit e sìos chùm an talamh agus 's ann an uair sin a thuit ceig[1] phortain amach o'n chòta aige, agus iad air am bruich, agus dà ìongna mhór air fhàgail orra. Cha do dh'éirich Gorraidh riamh. Thog bean a bha dol seachad e, ri taobh na creige. An ceann ùine bhig thòisich e ri dìobhairt[2], ach cha robh nì air a stamaig ach ìongnan caola nam portan, agus tha fios aig gach neach nach eil móran susbaind ann an ìongnan caola portain. Shàbhail an truaghan na h-ìongnan móra gu a mhàthair.

Bhàsaich an gille bochd agus chaidh a thiodhlacadh ri taobh athar ann an cladh beag Lìnicleit, oir bha so mun do thòisich tiodhlacadh ann an Cladh Mhoire.

'S e rud bu chruaidhe de'n tubaist gun do ghabh fear de na seirbhisich aig a' chroitear ris gur esan a ghoid an càise, agus nach robh gnothach fo'n ghréin aig Gorraidh ris a' mheirle.

Nuair a thainig a' bhanntrach dhachaidh feasgar an tiodhlacaidh dh'fhuirich banacharaid dhi còmhla rithe anns a' bhothan, ach nuair a thainig glasadh an latha cha robh sgeul air a' bhanntraich: bha i air falbh agus thug i leatha trì gobhair a bhuineadh dhi féin. Cha robh fios càite an deachaidh i. Sheall iad air a son, ach cha robh i ri a faotainn an àite air bith.

Air an ath bhliadhna chunnaic cìobair a bha a' siubhal ann an gleann uaigneach sa' Bheinn Mhóir ann an Uibhist-a-Deas i. Aig an àm sin bha i 'na cadal ri taobh creige agus na gobhair 'nan sìneadh mun cuairt oirre.

An ceann ùine mhóir, air do chroitear Chreag Gorraidh éirigh tràth aon mhadainn ciod a chunnaic e ach na gobhair aig bun na creige far an do thachair an gnothach muladach. Chaidh e chùm nan gobhar, agus is ann an uair sin a chunnaic e a' bhanntrach 'na suidhe, agus coltas a' bhàis oirre. Bha i comasach air labhairt, agus thuirt i ris, 'Tha mise air a dhol roimh mhóran o'n là anns an d' éirich an cruaidh fhortan dhòmhsa, agus tha fios agam nach eil am bàs fada bhuam. Cha do dh'éirich a leithid riamh do bhoireannach 's a thachair dhòmhsa. Thill mi

[1] grunnan.   [2] cur a-mach.

a bhàsachadh an so. Tiodhlaigte mi ri taobh mo mhic, a fhuair am bàs neochiontach. Tha mi a' fàgail nan gobhar aig an neach a ghabhas dragh mo thiodhlacaidh. Fiach gum bi e coibhneil riutha.'

Cha robh a' chreag ro mhór; bha i 'na stob ri taobh na Fadhlach a Deas, agus bha i ann gus an do chuir sgiobadh an rathaid mhóir as a chéile i leis na *bulldozers*. Sin agaibh eachdraidh Chreig Gorraidh.

(*Gairm* 18, an Geamhradh 1956: 132–33)

*

83. A' TOGAIL UISGE-BHEATHA, 1963
[Air aithris le Angus MacLellan, Fròbost, Uibhist a Deas]

Bha Pàdruig Mac a' Phearsain, bràthair seanmhair dhomh a bh'ann, agus bha e 'fuireach ann a' Loch a' Chàrnain shìos. Bha e 'g obair air togail uisge-bheatha, agus gu mi-fhortanach dh'fhalbh a nàbuidh agus bhrath e e. Chaidh e far a robh a' gèidsear. Agus thàinig a' gèidsear 's e fhéin chon a' taighe aig Pàdruig. Bha Pàdruig gun éirigh. Agus dh'eubh a' géidsear dha, 'Bheil thu sa' leabaidh fhathast, a Phàdruig?'

'*Well*, tha,' arsa Pàdruig ris. 'Tha mi 'tuigsinn g'eil an t-àm agam éirigh nuair tha sibhse air tighinn cho tràth seo.'

Dh'éirich Pàdruig 's thàinig e nuas. Thuig Pàdruig taghta gur ann air a bhrath a bha e agus... 'Dèanaibh suidhe ann a shin mionaid bheag,' arsa Pàdruig. Bha a' buideal aig Pàdruig a's an àthaidh[1] làn uisge-bheatha. Dh'fhalbh e agus thug e leis siuga agus ghabh e mach, agus thòisich e air toir rud as a' bhuideal ga chur a's a' t-siuga. Ach thuig a' fear eile gur ann air àrainn air a' bhuideal[2] a dh'fhalbh Pàdruig, 's dh'fhalbh e mach as a dheoghaidh. Bha Pàdruig a's an àthaidh 's an doras dùinte aige 's thàinig a' gèidsear chon an doruis.

---

[1] anns an t-sabhal.   [2] *air àrainn air a' bhuideal* 'a fhrithealadh a' bhuideil'.

'Fosgail a' dorus, a Phàdruig.'

'Ó dèanaibh dàil bheag,' arsa Pàdruig.

'Fosgail a' dorus air neo bhristidh mi e.'

Agus 'Ó bhobh, bhobh! Nach dèan sibh air ur socair?'

Dh'fhalbh a' gèidsear 's chuir e dìreach a ghualainn ris 's chuir e staigh a' dorus. Dh'fhalbh Pàdruig 's thilg e rud air muin a' bhuideil. Agus bha tonn mhath aige a's a' t-siuga.

'Dèanaibh suidhe air a siod,' arsa Pàdruig.

Dh'fhalbh a' gèidsear 's shuidh e air a' bhuideal, 's ... [N]uair a riaraich Pàdruig dram no dhà dhaibh thuirt a' gèidsear, 'Ó tha mi 'tuigsinn, a Phàdruig, gur h-e na breugan a bha iad a' cur ort, a' smaointinn gu robh thu a' togail uisge-bheatha.'

'Ó 's e gu dearbh,' arsa Pàdruig. 'Chan eil mise 'togail uisge-bheatha, ach 's math leam dileag a bhith agam a staigh daonnan air mo chon fhìn.'

'Ó *well*, tha sin ceart gu leòr, ma tha.' ... Dh'fhalbh a' gèidsear. Agus a' ceann seachduin as a dheoghaidh sin thachair a' gèidsear air Pàdruig.

'Seadh, a Phàdruig,' ars esan. 'Dé mar tha thu 'faighinn air aghaidh?'

'Ó tha math gu leòr,' arsa Pàdruig.

'Ó *well*,' ars esan, 'ged a bha mise air mo mhionnachadh air son gu dé chithinn,' ars esan, 'cha robh mi air mo mhionnachadh co air a shuidhinn,' ars esan. 'Ach feuch an toir thu 'n aire.'

(*Tocher* 48/49, 1994: 427–29)

*

84. Aig an Uisge-bheatha, 1967

[Air a h-innseadh le Ailig Breac (Alec MacDougall) à Treisinis, Muile]

Mo shinnseanair agus a dhà bhràthar, 's ann a Éirinn a thainig ad a' seo an toiseach, suas do Lagan-Ulbha, agus bha ad a' deanamh uisge-bheatha a' sin. Bha dòrlach aca do'n uisge-beatha agus chan fhaigheadh ad a reic a' seo ann: b'fheudar dhaibh dol do dh'Éirinn. Dh'fhàg ad a' Lagan shuas bial na h-oidhcheadh, 's chaich ad amach tro' Chaol Idhe, gus a' robh ad as a' fhradharc air a h-uile h-àite mun dainig a' latha, agus ràinig ad Bealbhaist. Reic ad an t-uisge-beatha – 's e tasdan am botull a bha ad a' faotuinn air – agus bhiodh ad a' faotuinn flùr 's rud mar sin cuideachd. Co-dhiù, bha ad air ais a' mhaduinn an treasamh latha, air ais ann a' Lagan-Ulbha – triùir aca, bàta ràmh.

Thainig ad an sin anuas do Threisinis, 's thòisich na mic aig an uisge-bheatha a dheanamh – mo sheanair 's a bhràthair. Bha iadsan ag obair treis mhór air, agus chan fhaigheadh ad a reic. Bha fear ann an Colla, 's e bha 'ga cheannach, ga brith e an dòigh a bha esan 'ga fhaotuinn air folbh do dh'Éirinn. Bha dòrlach uisge-bheatha aca 'latha seo, 's chaich innseadh oirbh gu robh e aca. Ach thagh ad latha fiadhaich dhol dha Cholla leis, gur ann a bu dòcha nach biodh bàta no nì mun cuairt a chìtheadh ad.

Dé ach, dar[1] bha ad amach leitheach gu Colla, nochd i air a' Chaillich[2], an *cutter*, as an deidhich. Loisg ad urchar fiach a' stadadh i. Cha b'urrainn daibh a tionndadh leis an fhairrge cho mór, agus cha do rinn ad, ach a ligeil air falbh air Tiriodh, 'gan cur as an othail. Ràinig ad Tiriodh, lig ad astoigh do gheodha sin i, 's bha na Tiristich anuas, uamhas dhiubh, far a' robh ad. Thuig ad 's a' mhionaid gu dé a bh'ann. Thog ad leotha an t-uisge-beatha 's dh'fholbh ad, is chuir ad a' falach an àiteiginn e. Thainig a' sin *squad* eile 's thog ad am bàta as an uisg', 's chuir ad e suas ri cùl nam bàtaichean eile. Thainig an *cutter* co-dhiù, 's chuir i bàt' air tìr: ruamhlaich[3] i h-uile h-àite, ach cha d'fhuair i 'n t-uisge-beatha.

(*Tocher* 2, 1971: 62)

*

[1] nuair.   [2] Rubha air ceann an iar-thuath Mhuile.   [3] ruamhraich.

85. AN DÀ SHEALLADH, 1968

[Air aithris le Raghnall Ailig (Ronald Macdonald), Uibhist a
Tuath]

Cha robh mi ach glé òg aig an am, agus bha duin' àraid a's an
àite, cha leig mi leas ainmeachadh an dràsda có-dhiubh, agus bha
e air a ràitinn gu faiceadh e seallaidhean agus rudan a bhiodh go
tachairt ma'n tigeadh iad go teachd idir.

Agus, bha 'n duine sen a' tighinn a nuas còmhla rinn feasgar
briagha samhraidh an déis dhuinn a bhith 'coimhead air crodh
agus 'n uair a bha sinn a' tighinn a nuas rathad ònaranach, sinn
'nar streathan tarsuinn a' rothaid, sheas esan 's thug e dheth a
bhoineid 's thuirt e,

'Seasaibh,' ars' esan, 'as a' rathad 'illean,' ars' esan. 'Tha
giùlan[1] a nuas ann a sheo.'

Agus sheas sinne null ri taobh... fàil a' rothaid có-dhiubh, agus
dh'faighneachd e dhuinn a robh duin' againn deònach a' sealladh
a bh'ann fhaicinn; agus cha do leig an t-eagal leinne dad a ràitinn
có-dhiubh, ach bha aona bhalach ann a bha na bu tapaidhe na
càch, có-dhiubh, agus thuirt e,

'Chì mis' e,' ars' esan, agus,

'Trobhad, ma tha,' ars' esan, 'agus cuir do làmh air mo
ghualainn,' ars' esan, 'chearr, agus coimhead a mach air mo
ghualainn dheas,' ars' esan. Agus, 'Ach tha mi 'ràitinn seo,' ars'
esan, 'ma chì thu 'n dràsd' e,' ars' esan, 'chì thu rithist iad.'

Ach cha do chuir sen bacadh air a' bhalach, có-dhiubh, agus
sheall e agus,

'O,' ars' esan, 'tha gu dearbha,' ars' esan. 'Tha e seachad ann
a shen.'

Agus, chuir esan an ceann tiotan air a bhoineid an uair-sen 's,

'Tha e ceart gu leòr,' ars' esan, 'a neist. Tha h-uile dad air a
dhol seachad.'

Agus dh'fhalbh sinne suas dhachaidh mar a b'àbhaist, agus
beagan sheachdainean an déidh sen thainig giùlan a nall far[2]

---

[1] .i. giùlan tiodhlacaidh.   [2] bhàrr.

taobh eile na dùthchadh agus 's ann a' dol a dh'àite ris an can
iad Aird a' Mhorrain... tha e coltach a bha iad a' tiodhlagadh,
agus sen a' rathad a ghabh iad leis a' ghiùlan. Agus, 's e cairtean
is each a bh'ann an uair-sen – cha robh càraichean, mar a
th'ann an diugh, ann – agus sheas iad dìreach aig an dearbh àite
bh'ann a sheo agus sheinns iad am beathach each as a' chairt
agus chuir iad beathach eil' ann. Agus bha sen dhòmh-sa 'na
chuimhneachan, agus tha fhathast, cho soilleir agus bha e, a' rud
a bh'ann – gur h-ann dìreach aig an dearbh àit' a's an duirt esan
gu robh e 'dol seachad, gur h-ann a stad an tiodhlagadh a bha
seo, a' dol sìos.

Well, tha 'n duine sen, a bha 'na ghille 'n uair-sen, a chunnaic
a' sealladh a bha seo, tha e beò fhathast ach cha robh dhànachd
agam riamh na dh'fhaighneachd dheth ciamar a chaidh dhà an
déidh an am a bha siod.

(*Tocher* 6, 1972: 192, 194)

*

86. Pathadh an Treabhaiche, 1968
[Air aithris le Kate Dix à Beàrnaraigh na Hearadh]

Bha, dithis a mhuinntir Bhrùsda, ma tha, 's iad a bha sen. Bha
'ad a' ... sìos a' treabhadh ann a' Siabaidh latha teith, teith agus
'ad air 'n casa' ris. Agus 'nuair a chaidh 'ad suas an cnoc 's ann a
chual 'ad boireannach agus smùid aice air mastradh. Agus thuirt
a' fear air a robh Eoghainn ris a' fear air a robh Dòmhnall:
    'Ò Dhòmhnaill,' as eisin, 'nam biodh mo phaghadh air a'
bhanachag nach ì dh'òladh 'n deoch bhlàthchadh.'
    Thuirt Domhnall ris: 'Ò bhithinn fhèin coma dhi.'
    Thill 'ad sìos 's 'nuair a thàinig 'ad a nuas leis an ath sgrìob
bha boireannach briagha is aparan geal orra[1] 'na seasamh agus
siuga blàthchadh aice. Agus thabhainn i e dhan an fhear a dh'iarr

---
[1] Leugh *oirre*.

e agus cha do ghabh e idir e: 's ann a ghabh e eagal. Agus a' fear
a bhiodh coma dhe 's ann a dh'òl e a' bhlàthach agus bha e ràdh
nach do dh'òl e fhéin aonan riamh cho math rithe.

'Ò,' as eisin[1]. 'Fhir a dh'iarr 'n deoch,' as ise, ''s nach do
ghabh i, saoghal goirid air dhroch bheatha dhut. 'S a' fear nach
do dh'iarr 'n deoch agus a ghabh i, saoghal fada is deagh bheatha
dhut.'

Th'e colach 'nuair a chaidh Eoghainn bochd dhachaidh gu do
laigh e ris a' leabaidh is nach do dh'éirich e riamh leis 'n dragh a
chuir a' bhana-bhusdrach as a' chnoc air – na sìtheanach na ga
brith dé a bh'ann.

Agus 's ann am Beàrn'raigh fhéin a thachair sen.

(*Tocher* 20, 1975: 132, 134)

*

87. Na Trainnsichean (1915), 1970

14.4.15 Ràinig sinn K2A a raoir sunndach suigeartach – sinn
a bha aoibhneach a' lìonadh phocannan ùrach, 's fead nam
peilear m'ar cluasan. Sguir sinn an càileanachadh an latha –
sgiamhach le grian làn, an saoghal uile fo aoibhneas. Ceilear
nan eun, pong shiùbhlach milis. Ach fhuair sinn aobhar bròin.
Chaidh James Orr Cruickshank a leòn troimh 'n cheann – a
bhathais chaidh a sgealbhadh; a dh'aindeoin oidhirp thaom
fhuil gu làr is shìoladh sìos a bheò. Shìn sinn e air an ùrlar
sàmhach socair, Isaac is mi fhìn a' suathadh a chasan is a
làmhan gu cumail buille a' chridhe dol. Dh'aithnich e sinn.
Dh'fhalbhadh leis 'san inneal giùlain ach cha do rinn cobhair
feum, oir fhuair e bàs troimh'n oidhche.

15.4.15 Latha eile tha cur ceilear 'nam chré. Gach duine am
mullach a shòlais. Cho luath 's a chuir an oidhche sgàil oirnn
thòisich an obair. Co leis tha 'm balach tha dèanamh a' bhalla-
phoc? An cuala tu riamh mu Mhurchadh Mac Alasdair

---

[1] Leugh *ise*.

Mhurchaidh Bhàin? Murchadh ac! Is có na gillean grinn tha lìonadh nam poc – có tha ach sàr ghillean Leódhais – Aonghas Chalum Dhòmhnaill 'Ic Urchaidh. Aonghas ac is Isaac Bàn Mac Iain an Tàileir, An Gille Dubh. Shuas Seoc Beag Mac Iain Duinn is Iain Ardthunga is Alasdair Bhruncha.

Chluinnt ar gàireachdainn a' lìonadh na h-oidhche a dh'aindeoin fead a' pheilear chaoil. Cinn sìos aig Seon Angus: 'S mise a chumas sin. Brag! Dh'fhalbh mo ghloineachan is dhàth an ùire m'aghaidh. Bhuail e am poc air mo bheulaibh. Ach b'e mo laochan Murdie a bhuail am peilear caol leis an spaid 'ga shadadh gu taobh. Ach gu mi-shealbhach chaidh e gu Isaac Iain an Tàileir. A mach a so gu Lieut. Watson. Isaac air a dhà ghlùin 's mi-fhìn a' sadadh a léine m' a cheann. Ged a bha, chan fhaighear toll a' pheilear. Ach so thàinig sinn gu builgean beag dearg mar bhìdeadh deargain – 'se sin leòn Isaac. Thòisich a rithist an obair.

16.4.15 Latha eile 'nan cois. 'Drum up' is cadal, is cadal is 'drum up.' Dol a dh'fhàgail na trainns a nochd. Na gunnachan móra a' dol.

17.4.15 Latha dhuinn fhìn. Iain Gobha air falbh uainn do'n tigh-eiridinn. Sealladh math air aeroplane a' tighinn a nuas 's a beart-iomraidh air bristeadh.

18.4.15 Latha na Sàbaid – searmon 'san raon – route march 'san fheasgar.

19.4.15 An t-salm a bh'againn a roimhe. H— fosgailt air an làimh dheis – am feasgar 's an oidhche 'na h-aon fhuam gu léir. Lasadh nan gunnachan a' taomadh bàis.

20.4.15 Obair Dhi-luain a rithist. J. Aonghais air fatigue 'san oidhche. Chuala e 'san t-sabhal gun deach Victor Charles Macrae, Plockton, a mharbhadh, a' toirt a steach leòinteach. Geo. Reid air a leòn 'san obair cheudna. Sergeant Robertson air a mharbhadh 'san aon àite.

21.4.15 An obair àbhaisteach.

22.4.15 Latha briagha. Nuair a bha sinn a' tighinn bho *rapid fire* chunnaic sinn an *stretcher* le Macaulay 's e air a leòn. Dh'fhalbh sinn do'n trainns feasgar. Fhuair sinn sìos sàbhailt – ach cha robh sinn deich mionaidean 'san trainns nuair a chaidh Munro (G. Comp.) a leòn, agus Serg. Alex. Skinner, Dingwall, a bha còmhla ruinn 'san Oil-thigh, a mharbhadh.

23.4.15 Maduinn fhuar. Chaidh J.M. Stewart Paterson a mharbhadh troimh'n oidhche raoir. Na gunnachan a' dol taobh Ypres le fuam eagallach o thàinig sinn – *rapid fire* dol 'na aon fhuam. Garbh 'san fheasgar.

24.4.15 Cha robh 'n Artillery eagallach gus an diugh. H— da rìribh taobh St. Elois agus Ypres – a' feuchainn ri glacadh na trainns a chaill sinn shuas air taobh ——. Troimh 'n latha thàinig *Grenade* dha'n trainns againn 's chaidh leòn Isaac le gearraidhean beaga. Triùir eile, Johnston, Banon, ——, air an aon dòigh. Calum leis a' bheart-ghiùlain air a chumail a' dol. Na gunnachan taobh na làimhe clìthe a' dol le turrabaich eagallach. Baile a chor-eigin 'na theine – an t-adhar 'na aon rughadh dearg. Sùil ri attack oirnn fhìn – ammunition gu leòr 'san trainns, bucais ùra – na grenades deiseil ri mo thaobh gu smùid a chur asda. J.A. is Seòras 's mi fhìn 'san aon *traverse*.

(Murchadh Moireach, *Luach na Saorsa*, Glaschu 1970: 17–18)

*

88 STRUAN MHÌCHEIL, 1970
[Air aithris le Catrìona NicNèill, Bruairnis, Barraigh]

Well, a' chiad mhin a bha iad a' deanamh o'n eòrna … a' chiad eòrna de'n bhliadhna … bhiodh iad 'ga dheanamh 'na bhonnach mór cruinn. Bhiodh iad a' cur sòda 'us bainne ann 's 'ga bhruich air greideil. Agus bhiodh iad a' deanamh taois de thrèiceil, min flùir agus beirm, 's a' chiad charbhaidh cuideachd … bhiodh iad a' cur a' chiad charbhaidh a fhuair iad a' bhliadhna sin a's an taois. Bhiodh iad a' deanamh na taoise mar gum biodh iad a' deanamh panceic. Nuair a bha'm bonnach bruich air a' ghreideil shuaineadh iad an dara taobh dheth leis an taois agus chuireadh iad ris an teine e 's bhruicheadh e an sin, 's bhiodh iad ag uisneachadh sgian mhór airson na taois a chumail air a' bhonnach gus am biodh an taobh sin deiseil gus a thionndadh. An uair sin chuireadh iad an taois air an taobh eile dhe'n bhonnach a's an aon dòigh 's chuireadh iad ris an teine e... agus 's e teine mòna bhiodh ann... 's bhiodh e bruich cho briagha leis an taois 'ga cumail air a' bhonnach leis a' sginn. Chan fhaigh thu strùan mar sin a nis ... Cha robh 'n trèiceil cho ruithteach an uair sin – a' chiad bhiadh de'n bhuain – a' mhin-eòrna 's an trèiceil fhein – *molasses* – 's e sin a' chiad bhuain ... a' charbhaidh 's a h-uile rud a bh'ann.

Bha iad 'ga dhèanamh air an oidhche daonnan, gus a bhith deiseil airson La Fhéill Mhìcheil.

(*Tocher* 7, 1972: 232)

*

89. DAOINE EIBHINN SAN SGÌRE, 1973

Bha Murchadh 'na bhall-eaglais agus, ag ùrnaigh, chleachdadh e aig amaibh cainnt air leth annasach. Thug e luaidh san ùrnaigh uair air Crìosd air a bhuaireadh san fhàsach agus nuair a dh'aithris e mar gheall Sàtan uile rìoghachdan an domhain dha, seo mar a thubhairt e: 'Esan braidean[1], 's gun fhios agam an robh aige fhéin na cheannaicheadh bap a' bhonn-a-sia[2].'

Thubhairt am ministear ris uair mur an sguireadh e radh cainnt mar sud san ùrnaigh nach robh e idir gu bhi 'ga chur an ceann dleasnais. 'Matà, mhinisteir,' arsa Murchadh, 'cha bhac sin mise bho bhi 'g ùrnaigh.'

Bha e uair a' labhairt air ceist air Di-haoine òrduighean agus thug e ionnsaidh air irioslachd agus am prìomh eisimpleir, Iosa Crìosd. Nuair a dh'aithris e mar a dh'ullaich E iasg ròsd do

---

[1] *braidean* 'cùbaire, an donas'.

[2] a bu luach leth sgillinn.

dheisciobuil air tràigh Thiberiais, thug e sùil suas air a' chùbaid, far an robh triùir mhinistearan agus thubhairt e, 'Obh, óbh! Mas dèanadh sibhse sud. Nach ann oirbh a bhiodh an t-eagal gu salaicheadh sibh ur còtaichean.'

'Se dà uair a chronaich m'athair mi gu ìre toirt dhìom na briogais agus 'se Murchadh Siar ag ùrnaigh a b'aobhar air aon dhiu sin. Bha iad a' cumail coinneamh-taighe do bhoireannach a bha tinn agus 'sann 'nar suidhe air an ùrlar a bha mise agus triùir bhalaich eile. Thòisich Murchadh ag ùrnaigh faisg oirnn le seirm chianail, àrd 'na ghuth, is e dabhdail a-null 's a-nall. Thàinig e seo gu leagail a ghuth agus thòisich e ag ìnnse mu chonaltradh a bha eadar e fhéin agus cailleach co-cheangailte ri éifeachd fuil an t-slànaigheir, agus nuair a chrìochnaich e an còmhradh, dh'fhalbh e gu h-obann suas air ais le glaodh àrd agus na facail, 'O! An fhuil, an fhuil!' Chaidh sinn gu gàireachdaich is cha b'urrainn stad gus am b'éiginn ar cur a-mach ás an taigh.

(Aonghas Caimbeul, *A' Suathadh ri Iomadh Rubha*, Glaschu 1973: 71–72)

*

90. LATHA BÀTHADH BHAILE PHUILL, 1974
[Air innse le Eachann Ceanadach (1899–c. 1985) às a' Chruairtean, Tiriodh]

Latha bàthadh Bhaile Phuill, bha Gilleasbuig bràthair mo sheanamhar, bha e 'g iasgach cuideachd, agus *share* aig' ann an geòlaidh le Mac Nèill, làmh ris ann an Goirtean Dòmhnaill. Agus 'nuair a dh'éirich e a's a' mhaduinn, bha maduinn bhreagha ann, agus thuirt e ri athair – bha athair a' fàs sean – gu robh e 'dol a-mach a dh'iasgach. Bha athair air a chois cuideachd, còmhla ris.

Thuirt athair ris, 'Chan eil thu dol a mach a dh'iasgach an diugh.'

'Carson?' ors esan. 'Latha math ann an diugh.'

'Thà, latha math ann an dràsd', ach cha bhi e mar sin,' ors esan, 'mun tig a' feasgar. An fhaca tu an fhadag-ruadh[1],' ors esan, 'a bha 's an àird an iar-thuath?'

'Chunnaig, ach dé'n deifir a tha sin?'

'*Well*, bidh fios agad air a sin,' ors esan, 'mun tig a' feasgar.'

Agus cha robh Gilleasbuig, cha robh e toilichte da athair; bha e fiadhaich diombach gun robh e 'ga ghleidheil a-staigh. Agus cha deach na feadhainn eile a-mach, bho nach do ràinig Gilleasbuig a-null iad, còmhla riutha. Agus bha iad fhéin a-staigh; agus bha Gilleasbuig a' cur dheth ri athair gum biodh clann an tuathanaich a-staigh, cheart cho math ris fhéin.

'Bithidh sibh *lucky* ma bhios sibh a-staigh, 'nuair a thig a' feasgar.'

Agus an déidh mheadhon-latha, shioft a' ghaoth ris an iar-thuath – storim – agus thuirt athair ri Gilleasbuig, 'Dé do bharail air an t-sìde nis?' ors esan. 'Nach eil thu *lucky*,' ors esan, 'gu bheil thu air tìr,' ors esan, 'nach eil thu mach eadar seo agus a' Sgeir Mhór? Nam bitheadh,' ors esan, 'cha tigeadh tu staigh!'

Sin latha bàthadh Bhaile Phuill. Cha tigeadh na geòlachan a-staigh don Phort Mhór 's na Cùiltean ann am Baile Phuill a' latha sin. Bha iad air a fuadach air falbh on eilein. Cha tigeadh esan a-staigh ann na bu mhò. Chaidh pairt dhiubh do Cholbhasa. Cha deach an call air fad, ach chaidh caigeann dhiubh a chall, latha bàthadh Bhaile Phuill. 'S iomadh uair a' chuala mise Gilleasbuig 'ga innse dom mhàthair 's dom athair mun cuairt, cho *lucky* 's a bha e, a' rud a mhothaich e, agus gun do ghabh e 'chomhairle.

(*Tocher* 32, 1979/80: 90)

*

91. Mar Phrìosanach aig Deireadh an Dàrna Cogaidh, 1974

Cha robh fuaim is turtar nan gunnachean a stad a nis a dh' oidhche no latha. Bha na rathaidean-iaruinn uile nan iallan, 's

---

[1] No *fadag chruaidh* 'cuibhreann de bhogha-frois mar mhanadh air doininn'.

cha robh an salunn a fàgail na Factoridh, le cion innealean-aiseig. Bha na tuathanaich mun cuairt a deanamh latha math dheth 'n t-suidheachadh so, a toirt air falbh na thogradh iad do shalunn leis na cairtean.

Chaidh a mheinn 's a Factoridh a ghearradh sios gu ochd uairean oibreach anns gach ceithir uairean fichead le cion cumhachd-dealain. Thainig pléin tarsuinn aon latha gu math iosal, 's leum sinn uile mach a sméideadh le searbhadairean 's le leintean. Chuir i trì cuairtean os ar cionn a leigeil fhaicinn gu fac' iad sinn, s' thug i as dha'n àird-an-iar a rithist.

'Deutschland Kaputt!' Cha chuireadh iad an aghaidh so a nis idir, ach 's gann gu robh iad a creidsinn a ghnothuich a bha tachairt. Cha robh cogadh ga chur air fonn an dùthchadh fhein o àm Napoleon, 's 's e suidheachadh buileach ur dhaibh a bh'ann. Cheasnaicheadh a luchd-oibreach sinne mu dheidhinn na Yanks. De dheanadh iad, 's dé seòrsa dhaoine bh'annta? 's a fàgadh iad beò iad.

Mu dheireadh dh'inns na geàird dhuinn gu robh sinn gus falbh maduinn a màireach. 'Cà'il sinn a dol?'

'Tha 'n t-òrdan againn. Feumar na priosanaich aiseag gu àite sàbhailte caoiteas throm-theine nan gunnachean.'

'Chan eil sinne g'iarraidh falbh.'

'Feumaidh sinn ar toirt air falbh.'

Maduinn an ath latha, chaidh triùir againn am falach fon urlar am beachd gum falbhadh càch gun sinn idir. Ach rannsaich na geàird an t-àite bho bhun gu bàrr, 's cha robh againn ach càch a leantail. Bha na h'ameriganaich mu choig mile deug an iar oirnn, 's a sior dhlùthachadh 's se gnothach bochd a bh'ann leinne bhi teannadh na b' fhaide bhuapa. Ach bha sinn a reusanachadh nach b'urrainn dhaibh ar toirt ro fhad' an ear, no thachradh na Ruiseinaich oirnn 's bha cho math leis na geàird a bhi 'n ìongnan an donais 's a bhi'n iongnan nan 'Ruskies'.

Bha na geàird so fior mhath ruinn. Dh'fhàg an t-oifigeach dha'n tug mis' an teistaneas 's a' litir mios roimhe so; tha mi creidsinn gu robh eagal fhein air. Cha robh fear 's a champa nach cuireadh an gunna ris a cheud chothrom.

An ceann trì latha coiseachd, thainig sinn gu baile, 's dh'fhan sinn an oidhche sin 's a làire-mhàireach ann a Factoridh na iomall. Feasgar chaidh ìnnse dhuinn nach robh sinn a dol na b'fhaide; nach robh an t-arm 's a bhaile gus cath a chur suas idir, 's bha na Yanks mu mhìle muigh. Ach goirid na dhéidh so, thainig feachd mòr S.S. a stigh, 's thòisich deisalachadh gus am baile dhion.

Thuirt na geaird – 's e deichnar dhiubh bha còmh ruinn – gu feumamaid falbh; nach robh cinnt 's am bith dè dheanadh an S.S. Agus bha sinne air a rathad a rithist. Bha an còmhlan a sior fhàs mór, baidean is baidean a tachairt oirnn 's a fuireach còmhla ruinn. Bha gach seorsa nàsain ann, Frangaich, Belgianaich, Polaich, Eadailtich is Ruiseanaich; priosanaich uile roimhe so, ach a nis a ruith leis an t-sruth, gach aon a leantail a chéile. Bha criochan dhùthchannan air am putadh an dàrna taobh 's bha gach pearsa mar aon teaghlach, Ruiseanach, Breatannach, no Eadailteach. Cha robh anns gach fear ach ball dheth 'n chinne-daonnda, a cò-phàirteachadh anns an aon driod-fhortan. 'Se eadhon an aon chànan a bh' againn ri cheile ged be a Ghearmailt[is] fhein i.

Bha sinn an oidhche sin ann an tigh tuathanachais mu chòig mile 'n ear air a bhaile as na dh'fhalbh sinn. Bha tancaichean is carbadean-iaruinn a tighinn seachad air a fuadach air ais aig an arm a bha brùchdadh air a muin. Cha robh 's a chuid mhòr dhiubh ach balaich òga mu sheachd-bliadhn' deug, 's bha iad claoidhte le sgios is cion cadail. Ged bu Ghearmailtich fhein iad bha truas againn riutha, ach aig an aon àm nuair a smaointichmaid air Poland, air a Fhraing 's air an Olaind, 's gach dùthaich Eòrpach eile a stamp iad fhein fon casan, theiramaid "'s math an airidh.'

Mun tàinig a mhaduinn bha sligean na Yanks a spreadhadh air gach taobh dhinn.

Thainig rèisamaid thancaichean Gearmailteach a stigh far an robh sinn 's b'fheudar sinne thoirt air falbh a rithist. Dà mhile eile coiseachd 's chan fhaighamaid na b'fhaide. Bha sinn cuairtichte. Tigh tuathanachais eile, ach an gluasad mu dheireadh.

(Domhnull Iain MacDhomhnaill, *Fò Sgàil a' Swastika 1940–45*, Glaschu 1974: 60–62)

*

92. Am Mùn is an t-Ionnsachadh, 1976
[Air aithris leis a' Bhean-phòsta D. Brown[1] à Port an Sgioba, Ile]

Chual mi mu dhuine a bha aon uair aig banais ann am Port Askaig, agus nur a sgaoil a' chuideach, bha'n duine so agus feadhainn eile air an rathaid dhachaidh 'sa mhadainn mhoich. Stad esan mionaid air dheireadh a mhùin, dìreach fo cnoc a tha'n sin far an robh sithrichean[2] a' fuireachd. Dìreach nur a bha e dol a dheanadh 'uisge, chruinnich dorlach de dhaoine beaga mu thimchioll. 'Se rinn e, ghabh e ceann a bhreacain, agus rinn e 'uisge ann a lùib, agus thilg e 'nam measg e. Cho luath 's a rinneadh so leis, ghabh na daoine beaga air falbh, a' glaodh 'nan deigh gum bu mhath dha-san gun robh an ionnsuchadh aige air ciod a' chuireadh air falbh iad; oir mur b'e air son an rud a' rinn e, bhiodh e air falbh leo.

(*Tocher* 22, 1976: 242)

*

93. Cleachdadh na Gàidhlig, 1976
Bha a' Ghàidhlig ... air a cleachdadh anns na meadhonan (no *domains*) 'ìosal' agus a' Bheurla anns an fheadhainn 'àrda' (ach a-mhàin an Eaglais). Canar *diglossia* ris an t-seòrsa suidheachadh seo far a bheil àite is inbhe air leth aig gach cànan, agus tha sgoilearan cànain air a shealltainn gu faod seo mairsinn fad linntean gun aon chànan buaidh a thoirt air an t'éile.

[1] Ann MacEachern, is dòcha, a bha pòsta ri Duncan Brown an 1871.
[2] .i. sìbhreachan, sìthichean.

Ach chan *eil* an *diglossia* Gàidhealach suidhichte – agus sin air adhbhar no dhà: chan eil a' Ghàidhlig, do'n mhór-chuid, 'na suaicheantas air nàisean no pobull: tha aig móran de Ghàidheil ri dol chun na Galldachd airson foghluim agus cosnadh; tha àireamh mhór de Ghaill a' tighinn a-staigh do'n Ghàidhealtachd, agus tha a' Bheurla a' sìoladh a-steach do dhachaighean nan Gàidheal fhéin a-nise troimh bhuaidh telebhisean agus na cloinne. Bha a' Ghàidhlig aon uair feumail airson conaltradh anns an dachaigh agus a' choimhearsnachd: chan eil sin fhéin cho fìor a-nise is a bha e.

Tha an *diglossia* mar sin a' briseadh sìos, agus tha sgoilearan air seall. tainn nuair a tha seo a' tachairt 'gur e a' chànan leis an neart eaconamach air a' cùlaibh an còmhnaidh a gheibh làmh-an-uachdair.'

Ma ghabhas stad cur air an seo idir, 'sann le feuchainn ris a' chànan 'ìosal' obrachadh suas do bharrachd de na meadhonan 'àrda'.

'Tha e duilich cus luach a chur air inbhe oifigeil ann a bhith cumail cànan beò,' tha an sgoilear-chànanan, Nathan Glazer, air a sgrìobhadh. Tha na Cuimrich mothachail air a seo, mar tha Comunn na Cànain Chuimrich a' seall. tainn sa' bhonn-stéidh aca: ''Se a' phuing as cudthromaiche gum biodh an aon inbhe aig a' Chuimris ris a' Bheurla ann an sùilean a' lagha agus an gnothaichean oifigeil'. Tha seo fìor a thaobh na Gàidhlig cuideachd.

An dràsda, gach taobh a thionndaidheas duine air a' Ghàidhealtachd, tha Beurla f'a chomhair – air clàir-rathaid, sanasan, clàir-bùtha, gu ruigeas còmhdach phacaidean is thunaichean[1]. Agus, a h-uile staid is cudthromaiche 'na bheatha – déiligeadh ris a' Riaghaltas, a' lìonadh Leabhar-cunntais Breith, Bàis no Pòsaidh, ga dhìon fhéin no a' toirt fianuis an cùirt-lagha – 'sann troimh 'n Bheurla a dh'fheumas e a choimhlionadh.

Tha droch bhuaidh aig an seo, chan e mhàin air a' Ghàidhlig

---

[1] chanastairean (gin.).

ach air a' Ghàidheal fhéin cuideachd. Oir, nam biodh barrachd
misnich aig a' Ghàidheal anns a' chànan agus an dualchas leis an
do rugadh e, bhiodh barrachd misnich aige ann fhéin agus 'na
dhòigh-bheatha – agus cha bu mhisde cor na Gàidhealtachd sin
idir. A-rithist, nam biodh cùirtean, polasmain agus gach meur
de'n Riaghaltas a' cleachdadh na Gàidhlig, bhiodh Gàidheil na
bu deiseile gabhail riutha chan ann mar rud coimheach a bha air
a sparradh orra o muigh ach mar rud a bhuineadh dhaibh. 'Se
seo, 's dòcha, an argamaid as treasa airson a bhith cleachdadh na
Gàidhlig an gnothaichean oifigeil an Alba ...

(Dòmhnall Iain MacLeòid, 'A' Ghàidhlig am Beatha Fhollaiseach
an t-Sluaigh', *Gàidhlig ann an Albainn*, air a dheasachadh le
Ruaraidh MacThòmais, Glaschu 1976, 12–27: 13–14)

*

94. AR-A-MACH AM BEÀRNARAIGH (1874), 1980

'Se an ath rud a thachair gun chuir an siamarlan air a' 24mh
dhen Mhàirt 1874 earraid, Cailean MacGillFhinnein, agus
Seumas MacRath, am maor-fearainn, le pàipearan bàirlingidh
chun an 56 croitear a bha am Beàrnaraigh gan cur a mach as an
taighean is as an croitean agus as an còraichean mòintich an ath
latha Bealltainn.

Thàinig an dithis, agus maor-cìse, no gèidsear, a bha 'nan cois
air ceann a ghnothaich fhéin, air tìr faisg air a' chrìch eadar baile
Bhriathcleit agus Circeabost (a bha, mar a bha Tàcleit, an uair
sin na thuathanas), agus ghabh iad romhpa gu ceann a tuath an
eilein far an robh tromlach an t-sluaigh a' fuireach aig an am sin
am baile Bhòsta agus am baile Thòpsann. Bha iad a' cur gille-
turais romhpa gu àite mu seach ag iarraidh air daoine a thighinn
cruinn air an coinneimh, agus a' toirt seachad nam pàipearan
dha na croitearean nuair a ruigeadh iad. Cha b' fhada gus an
robh fhios aig a h-uile duine am Beàrnaraigh air fàth an turais,

agus tha e soilleir nach robhas moltach orra. Cha do rinn iad
fhéin an gnothach na b'fheàrr leis an dòigh a ghabh iad ris na
daoine.

Chuir iad fios gu muinntir Thòpsann an coinneachadh faisg
air taigh-sgoile a' Chnuic eadar Tòpsann agus Crothair – agus
sin a' dol a ghiorrachadh an turais dhaibh. Ach cha tug iadsan
feart orra. 'S ann a chruinnich iad am baile Thòpsann fhéin gus
beachdachadh air dé bha dol a thachairt. Chuir sin fearg air a'
mhaor-fearainn agus nuair a ràinig e fhéin agus càch am baile
shuidh iad air cnoc air cùl nan taighean agus dhiùlt iad a dhol
far an robh na daoine cruinn. Chronaich MacRath na croitearan
bhon nach do choinnich iad e far an deach iarraidh orra. Dh'éigh
e riutha am briathran gu math tàireil nach robh esan a' dol ceum
an taobh a bha iad, agus gur h-iadsan a dh'fheumadh a thighinn
far an robh esan. Mu dheireadh an déidh móran còmhraidh 'nam
measg fhéin, agus feadhainn ann nach robh air son géilleadh dha
chuid àrdain, dh'aontaich iad a dhol far an robh e, agus chaidh
fear mu seach air adhart mar a chaidh éigheach air ainm gus an
sumanadh a ghabhail.

Bha còmhradh an sin cuideachd eadar fir Thòpsann agus
MacRath mu dheidhinn mòinteach Iarseadair, agus thog iad an
cùmhnant a chaidh a stéidheachadh mu a timcheall. Is esan a
bha an sàs anns a' ghnothaich dhan t-siamarlan agus 's ann 'na
làmhan a bhathas air am pàipear aonta a chaidh a sheulachadh
eatarra fhàgail. Fhuair e ceasnachadh nach robh soitheamh, agus
thubhairt iad gu robh e as-onarach a bhith a nise a' feuchainn
ris an cùmhnant a rinneadh a bhriseadh. Ach cha d'fhuair iad
éisdeachd sam bith. Dhealaich an dà bhuidheann ri chéile glé
mhì-riaraichte. Bha fir Thòpsann a' faicinn gun robh iad a' dol a
chall a h-uile càil a bhuineadh dhaibh le làmhachas-làidir, agus a
rèir collais bha MacGillFhinnein agus MacRath diumbach nach
d'fhuair iad am modh ris an robh dùil aca.

Nuair a dh'fhalbh iad á Tòpsann, is an gèidsear agus
conastabal a' bhaile 'nan cois, bha e fàs dorcha. Bha òigridh a'
bhaile air a thighinn cruinn aig a' choinneimh a dh'éisteachd

ris na bha tachairt agus lean buidheann aca iad air an t-slighe. Thòisich iad ag éigheach as an déidh, agus an sin a' sadail chaoranan agus phloc orra. Bhuail ploc air MacGillFhinnein agus chuir seo cuthaich air. Dh'iarr e air a' chonastabal na ciontaich a chomharrachadh ach thuirt esan gun robh e ro dhorcha. Thuirt MacGillFhinnein an sin nam biodh a dhaga aigesan 'na chois gum biodh màthraichean am Beàrnaraigh a' gul an cuid mhac! Nuair a ràinig e Tàcleit, far na chuir iad seachad an oidhche an taigh an tuathanaich, thuirt e, a réir cunntais, an dearbh chòmhradh a rithist; a' cur ris nach biodh gunna as aonais an ath uair a thigeadh e; agus an ath latha, nuair a bha e a' toirt seachad nan sumanaidhean nach robh thìde aca an toirt seachad an latha roimhe sin, rinn e maoidheadh dhen aon seòrsa uair no dhà.

Chuir seo am fuaim air feadh na fidhle. An ùine ghoirid bha fhios aig a h-uile duine anns an àite air na thubhairt e, agus, an ceann na bha air tachairt mu thràth, chuir e mór-iomnaidh orra. Bha na fir a bha an sàs anns an iasgach a' dèanamh deiseil gus falbh gu muir, ach leig iad as. Thàinig iad cruinn agus thog feadhainn aca gum bu chòir a dhol an dàil MhicGillFhinnein agus iarraidh air mìneachadh dhaibh dé bu chiall dhan mhaoidheadh a rinn e; agus, 's dòcha, gealltanas fhaighinn bhuaidhe nach tilleadh e a Bheàrnaraigh a chur a' chuid fhacal an céill. Bha deasbad eatarra mu dheidhinn seo, is feadhainn ag ràdh gur ann bu dòcha e a' chùis a chur na bu mhiosa. Ach mu dheireadh chuir buidheann dhe na fir òga, trì duine deug aca, romhpa gun dèanadh iad e co-dhiù. 'Nam beachd san cha b'urrainn do chùisean a bhith móran na bu mhiosa na bha iad mu thràth.

Ghabh iad taobh far an robh na teachdairean air an t-eathar fhàgail nuair a thàinig iad dhan eilean, gus a dhol romhpa mus ruigeadh iad i. Chaidh aca air an sin a dhèanamh agus chuir iad stad orra air cùl Bhriathcleit. Nuair a chunnaic e iad a' tighinn 'nan dàil, chomhairlich Murchadh Domhnallach, conastabal Bhriathcleit, a bha dol leis na teachdairean chun an aisig, dhaibh a dhol dhachaidh agus gun rud gòrach sam bith a dhèanamh.

Thubhairt iad ris nach robh dùil aca olc sam bith a dhèanamh air duine, agus thuirt Aonghas Domhnallach, Aonghas Thormoid, ris gum faodadh esan a dhol dhachaigh nan togradh e, bhon nach b'ann ris a bha an gnothach!

Dh'fhaighnich iad de MhacGillFhinnein an tubhairt e na facail a bhathas a' cur as a leth, agus ma thubhairt dé bu chiall dha, agus an ann dharìribh a bha e. Cha fhreagradh e an toiseach, agus an uair sin thubhairt e nach ann riuthasan a thubhairt e rud sam bith a thubhairt e, ach ris an fheadhainn a bha a' sadail chlachan air. Agus rinn e an uair sin air son falbh. Cha robh iad riaraichte leis an sin agus rug Iain MacLeòid, Iain Chaluim Mhurchaidh 'c Thormoid, air còta-uachdair a bha aige fo achlais, gus gréim a chumail air. Anns an tarraing a bha aca air a' chòta bho chèile chaidh a reubadh. Chaidh beulabh a sheacaid a reubadh cuideachd is gréim aca air. Nuair a fhuair iad air stad a chur air thug iad rabhadh dha gun a leithid de mhaoidhinn a thighinn as a bhial tuilleadh air neo gum biodh ceannach aige air. Chaidh a chomhairleachadh dha gun e thighinn a Bheàrnaraigh le sumanadh a rithist – nan tigeadh gur ann lomnochd a dheidheadh e dhachaidh. Agus rinn iad soilleir dha nan gabhadh e gnothach ri duine a bha anns an àite, le gunna no gun ghunna, gum biodh e searbh dha dharìribh ...

(Dòmhnall MacAmhlaigh, ' "Aramach am Beàrnaraigh ... " 1874', *Oighreachd agus Gabhaltas*, air a dheasachadh le Dòmhnall MacAmhlaigh, Obar Dheathain 1980: 3–5)

*

95. Both Mhurchaidh, 1985
[Air aithris le Murchadh Gobha (Murdo Murray) à Siabost a Tuath, Leòdhas]

Air taobh an iar na beinne tha àite ris an can 'ad Both Mhurchaidh – cha chreid mi nach e Murchadh MacLeòid a bh' air. Bha daoine ann an uair sin, ris an canadh iad am *press-gang*, a bha ga iarraidh dhan *Navy*. Agus bha e 'g àiteachadh an fhearainn anns a' Phàirc air an oidhch' agus a' dol a-mach chun a' bhoth air an latha. Ach an latha seo bha e muigh ag iasgach bhon eathar, is nuair a thàinig e chun a' chladaich, bha am *press-gang* reimhe ann an shiud. Agus nuair a chunnaic e iad – 's e bàtaichean mòr tapaidh a bh' aca an uair sin, agus bha ràimh mhòr fhad' orr' – nuair a chunnaic e iad shuas reimhe air a' chladach, fhuair e ràmh anns gach dòrn agus ghabh e suas nan coinneimh. Agus nuair a chunnaic iad cho calma 's a bha e, cha do chuir iad dragh air; is cha tàinig iad an taobh a bha e riamh tuilleadh.

(Richard A.V. Cox, *The Gaelic Place-names of Carloway: Their Structure and Significance*, Baile Atha Cliath 2002: 187–88)

*

96. AIG AN SGOIL, 1987

Chaidh mi dhan sgoil – Sgoil a' Mhorghain – nuair a bha mi cóig bliadhna. 'S beag an t-ioghnadh ged nach rachadh dìochuimhn' agamsa air an dearbh latha. Nuair a fhuair sinn a-mach as an sgoil thuirt balach beag coibhneil rium fhìn, 's e breith air làimh orm, 'Fàgaidh mi fhìn a-staigh thu.' Mar nach do dh'iarr am Freasdal, có a bha shuas air a' chnoc os cionn an taigh' againn ach ban-eucorach chòir choibhneil a bha 'nar nàbachd. Cha robh fainear dhise ach spòrs is gàireachdaich. Mhothaich i dhuinn a' tighinn, agus ma mhothaich, bha ceannach agamsa air a' chùis. Riamh bhon latha sin, bha i a' sìor tharraing asam mun bhalach, ach 'se a' chuid bu duilghe dhen chùis gun gabhadh i dhachaigh gus a bhith staigh romham, agus bheireadh i duiseal air an aon iorram sin a h-uile latha mu choinneamh m'athar 's mo mhàthar – 'An tàinig e dhachaigh leat an diugh?' Bha ceannach agamsa air coibhneas a' bhalaich, agus air fealla-dhà mo bhanacharaid – ach cha robh fainear dhi ach spòrs is chan e an t-olcas.

Nis, bha fiughair mhór ormsa a' càradh orm dhan sgoil a' cheud latha. Bha fadachd air a bhith orm gus am fàsainn mór, los gu faighinn dhan sgoil, ùine mhór roimhe seo. Mo thruaighe bhochd, mun do ruith an t-seachdain a-mach, thuit mo ghudan 's mo ghadan orm[1]. Thar leam gu robh gach neach eile cho math san sgoil. Cha robh a' bhan-sgoilear againne, a bha mion-eolach air Gàidhlig Bharraigh, a' cleachdadh rinne ach a' Bheurla chruaidh Shasannach a' chuid mhór dhen ùine. Cha robh agamsa dhith sin ach dà fhacal – '*Yes*' agus '*No*' – agus bha mi ann an ceò. Chan fhóghnadh a' Bheurla fhéin, ach bha fuaim neònach aig a' chainnt mar gun tigeadh i a Lunnainn neo Aimeireaga. Nuair a bu shine a dh'fhàs mi, thuig mi gum b'i a' Ghàidhlig cainnt nan truaghan bochda; agus nam biodh bloigheachas idir agad dhen Bheurla, gu feumadh tu a cur an céill cho luath 's a b'urrainn dhuit los gum biodh tu cho math ri càch ...

Bha mi fhìn a-nis air fàs searbh a bhith gun sgoil 's gun labhairt. Chuala mi té ag éigheach dhan tidsear aon latha, '*Please telling lies.*' Trì latha as déidh sin, chuir mi suas mo làmh is dh'éigh mi fhìn na dearbh bhriathran, ged nach robh fhios agam bho thalamh gu dé bu chiall dhaibh. 'S fheàrr a bhith a dhìth a' chinn na a bhith a dhìth an fhasain!

(Ealasaid Chaimbeul, *Air mo Chuairt*, Steòrnabhagh 1987: 4–5)

*

97. Clann-nighean an Sgadain, 1987

Nuair a thigeadh ciùrair ghar h-iarraidh bhiodh sinn ri faighinn an àirleis[2]. Fhuair mise trì notaichean a' chiad bhliadhna de dh'àirleas. Agus bha ochd tasdain gu bhith againn san t-seachdain agus sia sgillinn sa bharaill. Agus trì sgillinn san uair a thìde ri 'g ath-lìonadh. Ach mus do sguir mise dhol ann chaidh beagan àrdachaidh a dhèanamh air a' phàigheadh.

Bhiodh feadhainn ri tighinn dhachaigh – clàrcan – agus bha boireannach à seo fhèin agus bhiodh iad ri sgrìobhadh thuic', agus bhiodh ise ri gabhail nan criuthaichean[3]. Gheibheadh

---

[1] bhris mo dhùil.   [2] *àirleas* 'airgead mar gheall air obair'.   [3] *criutha* 'sgioba'.

ise rud math airson a bhith ghan gabhail. Uaireannan còrr air fichead criuth.

Phàigheadh iad ar pasaids cuideachd, agus chuireadh iad not thugainn mus fhalbhadh sinn de dh'adbhans airson rud sam bith a bha sinn ri feumachadh. Bhiodh sinn ri toirt leinn tòrr stuth; bhiodh feadhainn dha na ciùrairean ann an Steòrnabhagh ri toirt dhuinn baraill falamh is bhiodh sinn gha lìonadh làn bhriosgaidean agus ìm. Nuair a bha thu dol a Shealtainn bha e mar gum biodh tu dol eadar Col 's am Bac. Bhiodh e tighinn oirnn tòrr dhan bhiadh a thoirt leinn. 'S dòcha gur e mìos a bheireadh sinn an Sealtainn, is thigeadh sinn a-rithist do Fraserburgh neo Ceann Phàdraig. Bliadhnachan eile, bheireadh sinn an seusan ann – ann an Lerwick.

Bhiodh sinn ri fuireachd ann a hutaichean math – hutaichean ùra ann an Sealtainn a' chiad bhliadhna – am poll mònach air ar cùlaibh às an robh sia fòid ri tighinn. Bha Sealtainn fèar mar a bha sinn fhìn ann an seo, ach nach robh Gàidhlig ac'.

Cha robh oidhche ann an Sealtainn ann, agus bhiodh sinn ag obair uaireannan fad na h-oidhche. 'S e bh'ann na bàtaichean-seòlaidh, agus bhiodh iad fada gun thighinn a-steach. Thigeadh iad uaireannan le *overdays*. Bhiodh sinn ri cumail air gu 'n crìochnaicheadh sinn na thigeadh a-steach. Bha e a rèir gu dè mar a bha an tìde dha na bàtaichean-seòlaidh. Bha na samhraidhean cho math an uair ud.

An cùbair na sheasamh ri toightigeadh nam baraillean, agus bhiodh tè na ruith às a dhèidh le clobhd agus peile bùirn ri nighe a' chinn agus tèile le teip agus steansail ri cur ainm a' chiùrair air a' bharaill.

Bhiodh sinn ri dèanamh trì taghaidh air an sgadan, agus uaireannan barrachd air a sin. Bha còir againn dà stab a thoirt air a h-uile sgadan gha chutadh, ged nach biodh a h-uile fear ri faighinn sin.

Bhiodh uaireannan ann a Fraserburgh agus bhiodh tòrr taghaidh ann. Bha *big fulls*, *second fulls*, *mattie* is *mattie fulls*, agus feadhainn bheaga. Còig taghaidhean. Agus deireadh an t-seusain bhiodh *spent* ann cuideachd. Bhiodh uaireannan leis na *Stornoway matjes* mealg agus iuchair annta, agus bhite ri toirt oirnn a bhualadh agus an iuchair agus a' mhealg a thoirt asd', agus bha sin ri dol a dh'Aimeireagaidh. Bha iad uabhasach *particular* mu dheidhinn nan *Stornoway matjes*. Cha chreid mì nach biodh *Stornoway matjes* ri dol air an teip a bhiodh a' dol air an sgadan sin, agus chan fhaodadh sinn tòrr salainn a chur orra a bharrachd. Sgadan Steòrnabhaigh agus Bhàgh a' Chaisteil a b'fheàrr, tha e coltach. Bha iad mòr.

Ann an Sealtainn bha boireannach agus bhiodh sinn ri dol thuice le *fry*, agus bhiodh i toirt dhuinn bainne. Ach bha àiteachan eile agus cha robh càil ann. Bha mi am Bressay cuideachd.

Ach ann am Fraserburgh bha sinn anns a' bhaile agus bha e tòrr na b'fhasa bhith beò, seach gu robh sinn am measg nam bùithtean. Bhiodh ministear agus eaglais againn ann an sin.

Bha gu leòr de chlann-nighean an sgadain ri pòsadh iasgairean. Bhiodh iad ri pòsadh ann an siud fhèin cuideachd. Bha Ceann Phàdraig fada na bu *homely* na Fraserburgh ...

(Tormod Calum Domhnallach, *Clann-nighean an Sgadain*, Steòrnabhagh 1987: 103–04)

*

98. ANNS AN TAIGH THUGHAIDH, 1992

Bha meudachd ann ach cha robh ann ach an dà sheòmar agus àite eatorra anns am biodhte gleidheil a h-uile seòrsa – bho sguab an ùrlair gu putaichean lìon. Ann an uachdar an taighe bha leapa mhòr agus mullach oirre, a ghabhadh gu leòr a ghleidheadh air mar bha lìn 's a leithid sin. Bha i làidir air a dèanamh airson seo agus bha cùrtairean ris an aghaidh aice. Bhiodh cuibhrige brèagha do dh' iomadh dath oirre a fhuaras às a' mhuileann. Bha ceann na leapa ri cùl an taighe agus an cùlaibh aice an tacsa a' chailbhe bha eadar an cidsean agus a' chùil a bha sa' mheadhain.

Bha bòrd beag ri taobh na leapa agus bha 'n sin an dreasair le soithichean snoga flùrach – gu h-àraid sreath de bhòbhlaichean beaga nach eil idir ri fhaighinn a-nis. Bha dà dhrabhair agus dà phreas air. Air taobh eile 'n dreasair bha bocsa, neo furm, air an robh na bucaidean de dh' uisge glan às an tobair, le mullach fiodha air gach aon. Bha uinneag bheag air cùl an taighe. Ri taobh an uisge – ri ceann an taighe bha am bòrd bidhe agus furm mòr ri taobh an teine. Bha àite teine mòr an ceann an taighe le teine àlainn mòna agus slabhraidh os a chionn air am biodh an coire no poit thrì-chasach mu seach. Is iomadh buntàta agus brisgean a chaidh a ròstadh anns a' ghrìosaich aige rim chiad chuimhne. Bhiodh sinn a' faighinn nam brisgeanan aig àm cur a' bhuntàta agus bha iad blasda cuideachd.

'S e poitean iarainn is friochdan[1] agus greideil thiugh iarainn a dh' fheumte airson an teine fhosgailte gus am biadh a chumail gun losgadh. Cha dèanadh na poitean tha againn an-diugh feum. Cha robh àmhainn idir againn ach bhite dèanamh breacagan de dh' aran-flùir, coirce agus innseanach air a' ghreideil – an coirce air a dhèanamh tana agus ga chur ri aghaidh an teine airson crìochnachadh na bruich – agus dhèanadh mo sheanmhair bonnaich mhòra mhath le uighean is siùcar annta air an fhriochdan agus duff (ann a sgòd[2]) 's e làn rèasaidean anns a' phoit thrì-chasach.

Ri aghaidh an taighe bha beinge fiodha fon uinneig agus aig taobh an teine dhi bha na bollachan mine, gan cumail tioram is brat aodaich thairis orra. Cha b'ann am pacaidean beaga a gheobhte a' mhin aig an àm ud idir ach ann a leth-bholla, bolla neo air a thomhas 'na chlachan neo leth-chlachan. Mas cuimhneach leam bhiodh bolla flùir, leth-bholla coirce agus clach innseanach ga cheannach. Cha robh leithid de rud ann ri flùr le rud a dh'atadh i innte, dh'fheumte sòda-arain is cream a' tartair a chur innte ga fuine.

Aig ceann eile na beinge bha ciste mhòr le seotal innte airson phàipearan sònraichte is bha fios againn nach robh againn ri dhol 'na còir. Bhiodh an t-aodach math aig an teaghlach innte

---

[1] aghann.   [2] brèid, clòbhd.

cuideachd ach bha dà chiste eile sa' cheann shìos anns an robh na plaideachan is an t-aodach eile nach robh cho cùramach. Cha robh preasaichean aodaich idir sna taighean tughaidh is 's e na cisteachan a bha gabhail an àite. Co-dhiù cha robh torran aodaich aig na daoine cumanta aig an àm ud mar tha againn an-diugh.

(Catrìona NicNèill, *Mo Bhrògan Ura*, Glaschu 1992: 30–31)

*

99. A' Bhreac ann an Hiort (1730), 1995

'S iongantach gu robh bliadhna riamh ann an eachdraidh Hiort nach robh air a comharrachadh le a h-uirsgeul dhubhach fhèin. Ach anns gach greadanadh agus tabhoin a thàinig air an t-sluagh, tha e iongantach gun tàinig sgrìob a-riamh cho dòrainneach orra 's a thàinig anns a' bhliadhna 1730. Tha toiseach na sgeòil anns an Fhoghar, 1729, nuair a bha sluagh tapaidh fallain anns an eilean, agus aimsir bhòidheach chiùin aca airson obair fuinn agus eunachd. Anns an Dàmhair, a chionn 's gu robh dìth ghnothaichean-taighe air na mnathan, agus seach gu robh an aimsir cho math, dh'fhalbh seachdnar fhireannach leis an sgoth – an aon eathar a bh' anns an eilean – agus ghabh iad iùil air làimhrig an t-Oib anns na Hearadh.

Thàinig iad dlùth air fearann na Hearadh aig Horgabost. Lean iad gu deas le pilleag siùil ris a' chrann agus muir-tràghaidh an reothairt gan giùlain air an slighe. Bha na Hiortaich a' fiughair ri an ceann-uidhe a ruighinn mus tigeadh an oidhche, agus shaoil iad gu robh a h-uile rud air an seilbhe. Ach seo, 's ann a mhothaich iad fad astair mhìltean ri cladaichean na Hearadh gu robh faloisgean aig a h-uile baile. An siud 's an seo, bha an deathach cho dùmhail a' taomadh chun na mara 's nach mòr gum faiceadh na maraichean na comharraidh air tìr. Thog sin deasbad nam measg, is iad a' ceasnachadh leotha fhèin carson a bha na Hearaich a' losgadh an cuid arbhair.

Thuirt fear aca gur ann a bha na Hearaich a' losgadh fodar-tughaidh, an àite dhaibh a bhith ga chur gu math na talmhainn. Ach 's ann a thuirt fear eile nach robh iad a' losgadh ach connlach leapannan. Co-dhiù, chaidh an deasbad a bha sin air adhart, ach nuair a ràinig iad an t-Ob chual' iad an sin an fhìrinn. Bha na teinichean gan lasadh air feadh na Hearadh aig na dachaighean a bha gam fàsachadh leis a' bhreac ...

Nis, cha robh a' bhreac a-riamh air eilean Hiort a ruighinn agus cha robh càil a dh'fhios aig na Hiortaich a bha air a thighinn gu làimhrig an t-Oib mun chunnart anns an robh iad. Bhruidhinn iad ri cailleach a bha air an tràigh a' tional maoraich. Thug ise a' chomhairle orra gun iad cas a chur air tìr, ach tilleadh dhachaigh.

Bha aona Hiortach air bòrd ris an abradh iad Dòmhnall Dòmhnallach, agus b' esan fear aig an robh làn-dhùil tè de chlann-nighean na Hearadh a phòsadh. Nuair a chual' esan an cunnart anns an robh a leannan, nach ann a leum e gu tìr. Dh'èigh e thar a ghuailne ri càch iad tilleadh air ais dhachaigh. Thill an sgoth gu Hiort agus dhùin dùbhlachd a' gheamhraidh mu na h-eileanan.

Air an ath shamhradh thill na h-eòin agus thòisich na Hiortaich, mar bu nòs, a' cruinneachadh uighean agus eunlaith; agus chaidh an sgoth le ceathrar fhireannach agus ochdnar chloinne gu eilean Bhoraraigh a ghlacadh nam buthaidean. Bha dùil gum biodh iad an sin airson trì seachdainean mus tigeadh an eathar air ais gan iarraidh. Co-dhiù, air an ath latha an dèidh dha na seòid a dhol air tìr air Boraraigh, nach ann a thàinig bàta às na Hearadh gu Bàgh a' Bhaile leis an naidheachd gu robh Dòmhnall Dòmhnallach, a bha air a dhol air tìr anns an t-Ob a' bhliadhna roimhe, air a bheatha a chall leis a' bhreac. Chuir na Hearaich ciste bheag air tìr air a' chladach. Innte bha a h-uile stiall aodaich is eile a bhuineadh do Dhòmhnall. Ach gu mì-shealbhach, cha b' e tiomnadh a' mhairbh an aon rud a bh' anns a' chiste. Nuair a chaidh an t-aodach a sgaoileadh aig an taigh-aire, bha mnathan an eilein gu lèir cruinn; 's beag a bha dh'fhios aca, fhad 's a bha iad a' làimhseachadh an aodaich agus a' caoidh Dhòmhnaill, gu robh iad a' sgaoileadh an-lochdan na brice nam measg fhèin.

Mar a dh'ainmicheadh a cheana, cha robh galair na brice riamh roimhe air Hiort a ruigheachd. Co-dhiù, thàinig rotach an ceann dhà no trì làithean, 's le sin cha robh càil a dhùil aig an sgiobadh a chaidh air tìr ann am Boraraigh gun tigeadh an sgoth thuca à Hiort. Ann an lùib na stoirm shocraich an aimsir, agus nuair nach do nochd an eathar dh'aithnich na fir gu robh rudeigin fada ceàrr air eilean Hiort. Bha na fir agus a' chlann a bha air Boraraigh cleachdte gu leòr ri allabanachd nan eilean. Bha pailteas bìdh aca am measg nan eun. Bha fasgadh aca, agus cha robh an aimsir an dàrna cuid fuar no fliuch. Ach a dh'aindeoin sin bha uallach orra gu robh creach uabhasach air choreigin air grèim a ghabhail air an càirdean.

Aona mhadainn, ma-tha, fhuair iad lideadh air a' chreach cheudna a bha sin. Bha a' ghaoth air a thighinn mun cuairt chun an ear-dheas agus dh'èigh a' chlann gu robh iad a' faireachdainn fàileadh losgaidh – fàileadh coltach ri connlach ga losgadh. Chaidh seachdain an deidh seachdain seachad air Boraraigh, 's cha tàinig sgoth, 's cha tàinig cobhair. Chaith am foghair agus thàinig dùbhlachd a' gheamhraidh. Chaith am biadh, is chaith an cuid aodaich. Nuair a thill na h-eòin aig deireadh an earraich, bu chruaidh gu robh de lùths anns na fir na b' urrainn dhaibh a dhol a shreap nam bearraidhean. Bha toiseach an t-samhraidh ann mus tàinig bàta gu Boraraigh a thug an sgiobadh air ais gu Bàgh a' Bhaile. Bha a h-uile fear agus leanabh cho caol ri gadaiche. Cha robh aodach orra ach craicinn chaorach air an ceangal ri chèile le cnàmhan nan eun a bha iad air ithe. Ach nuair a dhìrich an ceathrar fhireannach bho bhràigh a' chladaich chun nan taighean, chuir an sealladh a chunnaic iad às an cuimhne an èiginn tron robh iad air a dhol air eilean Bhoraraigh. Bha a' bhreac air sgrios a dhèanamh am measg an t-sluaigh agus, a-mach air na bha air a thighinn beò à Boraraigh, cha robh ach aon bhodach agus ochd leanabh deug air fhàgail ...

(Calum MacFhearghuis, *Hiort: far na laigh a' ghrian*, Steòrnabhagh 1995: 42–43)

*

100. Cùirt Dhùn Eideann, 1997
[Geàrr-iomradh air Deuchainn nan Croitearan Tiristeach le Niall M. Brownlie]

Anns a' bhliadhna 1886 rinn croitearan Thiriodh ar-a-mach an aghaidh an uachdarain. A' tàilleabh seo chuireadh dà cheud gu leth saighdear-mara don eilean gan ceannsachadh. Ged a chaidh dà chroitear deug a chur an làimh, cha deachaidh ach ochdnar a tharraing gu cùirt. B'iadsan Deòrsa Caimbeul (Deòrsa Mòr), Cailean MacEanraig (athair an Ollamh MacEanraig, nach maireann), Eachann Dòmhnallach (Eachann Mac Nèill a' Chaise), Iain Mac na Ceàrda (Teoic), Gilleabart Dòmhnallach (An Gille), Alasdair MacIllEathain, Iain MacPhàidein agus Dòmhnall MacFhionghain.

Thòisich an deuchainn anns an Ard Chùirt air an ochdamh là deug den Dàmhair leis a' Mhorair Mure 'na bhreitheamh. B' iad na casaidean a thogadh an aghaidh nan reubalach gun do rinn iad àimhreit, ar-a-mach agus gun tug iad dùbhlain do oifigear bhon Chrùn.

A' tagradh air sgàth a' Chrùin bha Am Ball Pàrlamaid, J.H.A. MacDhòmhnaill, Q.C., an Ard Fhear-tagraidh, agus Mgr. MacEachairn, an Iar Fhear-tagraidh. A' dìon nan croitearan bha Mgr. Rhind, Mgr. Orr agus Mgr. MacThomhais. Bha còig duine deug air an diùraidh.

B' e Cailean MacAoidh, Ard Mhaor-sìth Earra-Ghàidheil an ciad fhear a ghairmeadh airson a' Chrùin. Thubhairt e gun robh cùisean cus nuair a ràinig e, air ceann deich ar fhichead poileasman, a chrìoch eadar Bhaile Mhàrtainn agus Baile Phuil. Bha àireamh mhòr de chroitearan a' feitheamh orra is air a' mhaor-rìgh, MacNeacail. Ged a chaidh leis an oifigear còig reachdan a chur an cèill, bha cùisean cho searbh is gum b' fheudar dhaibh uile teicheadh gu Sgairinis leis a' mhaor-fearainn, Teònaidh MacFhionghain (Teònaidh Mòr), air an ceann.

Thog an sin an Stiùireadair Friseal agus fear Ailean Camshron (le chèile bho Phoileas Earra-Ghàidheil) fianais ag ràdh gun do dh'èigh na bha an làthair gun do ghabh iad seilbh air tac Ghrianail is nach strìochdadh iad ach ri bàrr na beugaileid. Thubhairt am Frisealach gun d'iarradh air Teàrlach MacPhàidein, dràibhear cartach-spring, a mhionnan a thoirt gun rachadh e dhachaigh agus nach tilleadh e a chaoidh leis na daoine a bha e a' dràibheadh.

Nuair a cheasnaich Mgr. Rhind Ailean Camshron, thubhairt e, ged a bha cùisean teann, nach fhac e adhbhar sam bith air batan a tharraing is gun robh na polasmain eile ann an aonta ris.

Air madainn Dimàirt chaidh Murchadh MacLeòid, maor-sìth Thiriodh a ghairm. Thubhairt esan gun robh mòran de na croitearan a' giùlan bhataichean is a' maoidheadh gun cuireadh iad a' chairt-spring le Sloc na h-Aird. Nuair a dh'fharraid aon den diùraidh an robh e am beachd gun robh iad an geall air bacadh a' chur air an lagh, fhreagair e gun robh.

Thog Eòghann Camshron, polasman eile, fianais a bha na bu dlùithe air an fhìrinn. Chuir e teagamh anns an dòigh san deachaidh na thuirteadh a thaobh na cartach-spring eadar-theangachadh. Thubhairt e gum b' e a chaidh a ràdh: 'Bu chòir dhuinn a-nis a dhol agus an duine a tha sa' chairt-spring a chur le stalla[1].' Cha b' e seo idir a thubhairt an eadar-theangair ach, 'Bu chòir dhuinn a-nis an duine agus an t-each bàn a chur ann an Sloc na h-Aird.'

Cha do chòrd seo ris a' Mhorair Mure, is chronaich e an Camshronach, ag ràdh, 'Nam bheachd-sa, cha bu chòir cudthrom cho mòr a bhith air a thoirt don Ghàidhlig. Chan eil ùine aig a' chùirt ri èisdeachd ri argamaidean co-dhiù a tha an t-eadar-theangachadh ceart no ceàrr' ...

---

[1] leis a' chreig.

Dh'èirich an sin Mgr Rhind, ag ràdh ris an diùraidh gura b' ann le faireachdainnean a bha tighinn bho chridhe a bha e a' labhairt air sgàth nan croitearan. Is e a bha annta ach luchd obrach onorach nach do bhrist an lagh 'nam beatha.

B' e Diùc Earra-Ghàidheil agus a chuid chomhairlichean, a bu choireach dè na thachair[1] nuair a chuir iad reachdan air bhonn an taobh a-staigh mìos de theachdairean laghail a bhith air an stèidheachadh gu sùil a thoirt air suidheachadh na tuatha. Bha iomadh seòl eile anns am faodadh an Diùc a bhith air dol an sàs sa' chùis. Carson nach do chuir e na reachdan tro oifis a' phuist mar a bha ceadaichte dha le Achd Pàrlamaid a thàinig am bith an 1882. B' i seo an ciad mhearachd a rinn e. B' i an dara mearachd gun do chuir e am poileas agus feachd de shaighdearan-mara a cheannsachadh nan croitearan.

Cha robh aimhreit san eilean riamh roimhe seo. Cha robh fios no fàth aig na Tirisdich gun robh a leithid san amharc gus an tàinig na saighdearan air tìr aig Sgairinis. Nach b' iad na mearachdan seo a bu mhàthair-adhbhair do na thachair? Bha na h-eileanaich sìothchail gus an do ràinig am poileas Baile Phuil. B' ann an seo a thàinig e fa-near dhaibh gun robh dithis de a luchd-dùthcha còmhla ris a' phoileas.

Thug e an sin gu aire na diùraidh an fhianais a thog Mgr. MacPhàidein, nuair a thubhairt e nach fhac e aon duine a' maoidheadh air le bata. A rèir MhicPhàidein, mura b' e cho gealtach is a bha am poileas, dh' fhaodadh na reachdan a bhith air an cur an cèill gun strìth. Cha robh facal fìrinn ann gun deachaidh an t-each a bhualadh le bata, ni mò a dh'èirich beud do MhacNeacail, thubhairt e. 'Is cinnteach,' thubhairt Mgr. Rhind, 'nach eil aon de na daoine a tha fo chasaid airidh air a dhol don phrìosan. Leigibh ma sgaoil iad is leigibh dhachaigh iad gu eilean am breith 's an àraich.' Fhuair Mgr. Rhind àrd-mholadh bhon mhòr-shluagh a bha san èisdeachd.

An dèidh sin, bhruidhinn am Morair Mure ris an diùraidh fad uair a thìde. Bha e glè shoilleir nach robh e leis na prìosanaich.

---

[1] .i. a bu choireach ris na thachair.

Chaidh an diùraidh a-mach, a' tilleadh an taobh a-staigh de leth-uair. Fhuair iad na prìosanaich uile ciontach, ach mhol iad gun a bhith trom orra. Tha air a ràdh gun d' fhuaireadh iad ciontach air aon bhòt. Bha a' mhòr-chuid a bha an làthair cruaidh sa' bheachd gum biodh iad air am fuasgladh. Ach b' e latha dubh a bha san fhicheadamh là den Dàmhair do na croitearan is coitearan a chaidh do Dhùn Eideann a thoirt cùl-taic do an co-eileanaich.

Air an ath latha chaidh na prìosanaich a tharraing air beulaibh a' Mhorair Mure. A' bruidhinn ás an leth, thubhairt Mgr. Rhind nach do thogadh nì 'nan aghaidh a bha airidh air a' bhinn. A' freagairt, thubhairt Mure gun robh e 'nam fàbhar nach do thachair nì do na h-oifigearan. Ach fhathast, cha ghabhadh e àicheadh nach do chuir iad bacadh air MacNeacail bho dhleasdanas a dhèanamh. B' e gnothach cudthromach a bha an seo an lagh. A bhrìgh sin bha e mar fhiachaibh air breith chruaidh a thoirt, is chuir e Alasdair MacIllEathain, Cailean Mac Eanraig, Eachann Dòmhnallach, Iain Mac na Ceàrda, Deòrsa Caimbeul do Phrìosan a' Chaltoin airson sia mìosan. Chuir e Iain MacPhàidein, Gilleabart MacDhòmhnaill agus Dòmhnall MacFhionghain don phrìosan cheudna airson ceithir mìosan ...

(*Gairm* 180, am Foghar 1997: 373–77)

*   *   *

Eàrr-sgrìobhadh

An Litreachadh
Seo caochladh dhòigh air an gabh litreachadh no cruth nam facal
anns na sgrìobhaidhean bho thoiseach na naoidheamh linn deug
suas a bhith eu-coltach seach fear an latha an-diugh. (Tillidh na
h-àireamhan gu na h-earrannan shuas.)

An t-alt
Air uairean, thèid an t-alt a sgrìobhadh gun asgair: *chun a chath* 64
(.i. chun a' chath).

An t-ainmear
Nochdaidh cruthan iolra agus fuaimreag aig an deireadh aca:
eileana 76 (.i. eileanan), *beannta* 19, *linnte* 45, *sinnseara* 54, no ann
an *-ibh* (tabh. iol.): *aig amaibh* 89 (.i. aig amannan), *air uairibh* 25, *le
dhìslibh* 34.

An riochdair
Nochdaidh *se* an àite *e*: *chuir se e fein* 45 (.i. chuir e e fhèin),
dh'ionnlaid 'se e 35 (dh'ionnlaid e e).

An roimhear
Tha asgairean is beàrnan bitheanta: *á's an rathad* 32 (.i. às an
rathad); *bha iad 'g ad chur* 61 (bha iad gad chur); *'n a thurus* 43 (na
thuras); *dheth 'n t-suidheachadh so* 91 (dhen t-suidheachadh seo).
Air uairean, thèid *dhe* a chleachdadh airson *dheth*, agus *dhi* airson
an dà chuid *dhith* agus *dhi*. Thèid *do* a chleachdadh an àite *de*:
do shalunn 91 (.i. de shalann), *do dh-fhearann* 31 (de dh'fhearann).
Airson *an dèidh*, *an dèis*, nochdaidh atharrachadh chruth a rèir
dualchainnt: *an déigh* 31; *as deidhe sin* 63, *as an deidhich* 84, *as a
dheoghaidh* 83; *an déis dhuinn* 85. Nochdaidh *tre* 72 agus *trid* 35 san
aon bhrìgh ri *tro*.

AN GNÌOMHAIR

is – ni mò 56 (.i. cha mhò), *a's usadh* 28 (as fhasa), *ni b'ìsle* 37 (na b' ìsle).

abair, rach, thig, thoir – Dèiligear ri *t*-chruthan nan gnìomhairean seo air chaochladh dhòigh: *cha dubhairt* 69 (.i. cha tubhairt); *cha dtheid* 19 (cha tèid); *cha d'thig* 62 (cha tig); *nach d' thug* 64 (nach tug).

arsa – Gheibhear *as* 86, *ars* 60, *ors* 90 agus *ars'* 52. Nochdaidh *deir* 19 san aon bhrìgh.

FAID NAM FUAIMREAG

Mar as trice, cleachdar *à è* (fosgailte: *gnè*) *é* (dùinte: *glé*, an àite *glè*) *ì ò* (fosgailte: *beò*) *ó* (dùinte: *bó*, an àite *bò*) agus *ù* airson fuaimreagan fada, ach chan eil faid nam fuaimreag air a nochdadh gu cunbhalach. Air uairean, faodaidh facal a bhith aon chuid goirid (*notaichean* 97) no fada (*nòt* 77). Bidh *dean* ag amas air aon chuid *è* no *ia*, ged a bha e goirid ann an Arainn (*Litir à Canada, 1834*; faic Nils M. Holmer, *The Gaelic of Arran*, Baile Atha Cliath 1957: 62). Cleachdar *aobhar* 22 an àite *adhbhar*. Air uairean, comharraichear fuaimreag a tha goirid, m.e. *băta* 23.

ATHARRACHADH FUAIMREIG SAN LIDE CHRUAIDH (le cudthrom)

sen 85 (.i. sin), *neimheile* 78 (nimheile); *sèa-deug* 37 (sia-deug); *leith* 30 (leth), *teith* 86 (teth); *lig* 84 (leig); *miosail* 82 (measail), *lios* 69 (leas), *miadhoin* 77 (meadhan); *seolltainn* 72 (sealltainn), *feothas* 32 (feabhas); *ònaranach* 85 (aonaranach); *briagha* 85 (brèagha), *iasgaidh* 31 (èasgaidh), *dianadh* 53 (dèanadh); *bial* 84 (beul), *riasan* 29 (reusan), *fiach* 82 (feuch); *eatrom* 24 (aotrom); *maith* 25 (math); *focal* 28 (facal), *folbh* 84 (falbh), *codal* 23 (cadal), *sobhal* 72 (sabhal); *dhoibh* 21 (dhaibh), *gloine* 25 (glainne), *moille* 65 (maille); *luidh* 69 (laigh); *feudaidh* 23 (faodaidh), *dh'fheuidte* 28 (dh'fhaodte); *dul* 72 (dol); *reimhe* 95 (roimhe); *cuig* 39 (còig); *laghdachadh* 56 (lùghdachadh); *doilich* 19 (duilich). Mar as trice, cleachdar *ceud* airson an dà chuid *ceud* '100' agus *ciad* 'prìomh'.

ATHARRACHADH FUAIMREIG SAN LIDE BHOG (gun chudthrom)

airgiod 31 (airgead), *boirionnach* 63 (boireannach), *fanoid* 24 (fanaid), *cialluch* 23 (ciallach), *brosnuchadh* 61 (brosnachadh), *bochduinn* 41 (bochdainn), *farsuingeachd* 31 (farsaingeachd).

SÈIMHEACHADH

Ann an *co* 31 (.i. cho), *dachaidh* 19 (dhachaigh), *domh* 34 (dhomh) etc., *fathast* 41 (fhathast), *féin* 42 (fhèin), *is feàrr* 60 (is fheàrr) agus *nis faide* 69 (nas fhaide), bhiodh sèimheachadh cinnteach air neo cumanta an-diugh.

GNÈ NAN CONNRAG

Cleachdar *so* 41, *sud* 44, *tigh* 48 an àite *seo*, *siod siud*, *taigh*. An-dràsta is a-rithist, cha lean leathann ri leathann no caol ri caol, m.e. *croitairean* 53 (.i. croitearan), *taisaltachd* 46 (taisealtachd), *Rusianaich* 20 (Ruiseanaich). Ach tha seo nas cumanta ann an cuid de thobraichean, .i. *Mac-Talla*: *aghidh* 50 (aghaidh), *cheannicheas* 49 (cheannaicheas), *dhealich* 49 (dhealaich), *faodidh* 50 (faodaidh), *riaghlidh* 51 (riaghlaidh), *urrinn* 49 (urrainn); agus *Fo Sgàil a' Swastika* 91: *Factoridh* (factoraidh), *deisalachadh* (deisealachadh), *teistaneas* (teisteanas), *theiramaid* (theireamaid), *gunnachean* (gunnaichean).

Air uairean, sgrìobhar *arson* 22 agus *easan* 34 an àite *airson* agus *esan*.

Nochdaidh cuid de dh'fhacail agus connragan leathann annta far am biodh connragan caola na bu dualtaiche no a cheart cho dualtach an-diugh: *fuam* 87 (.i. fuaim), *leasg* 60 (leisg), *leur* 19 (lèir), *nàsain* 91 (nàisean), *sòlumta* 71 (sòlumte), *faghuinn* 39 (faighinn), *foghaidinn* 70 (foighidinn); agus air an t-seòl eile: *cuir* 62 (.i. cur), *bleoghain* 76 (bleoghan), *boineid* 85 (bonaid), *ceirdeil* 61 (ceàrdail), *doirteadh* 63 (dòrtadh), *eadhoin* 32 (eadhon), *fhuaireadh* 63 (fhuaradh), *geairean* 70 (gearan), *gu leoir* 53 (gu leòr), *leinibh* (gin.) 23 (leanaibh), *oibreach* (gin.) 80 (obrach), *sàil* 72 (sàl). Is e *bille* 55, 56, 57 a chleachdar airson *bile* phàrlamaid tràth san fhicheadamh linn.

ATHARRACHADH CHONNRAG

mh ← *bh*: *leanamh* 22 (.i. leanabh); *gh* ← *bh*: *rugha* 19 (rubha).

gh ← *dh*: *air aghart* 31 (air adhart), *déigheil* 62 (dèidheil), *ruagh* 22 (ruadh), *an deigh* 32 (an dèidh), *taghal* 60 (tadhal), *mu dhéighinn* 61 *mu dhéibhinn* 31 (mu dheidhinn), *naigheachd* 45 (naidheachd), *rughadh* 87 (rudhadh); *mh* ← *dh*: *càramh* 35 (càradh), *calamh* 39 (caladh).

bh ← *gh*: *dh'eubh* 83 (dh'èigh); *tubhte* 63 (tughte); *dh* ← *gh*: *éiridh* 25 (èirigh), *luidh* 69 (laigh), *fidheadh* 23 (figheadh), *aoidheil* 67 (aoigheil), *deadh* 70 (deagh), *bleodhann* 63 (bleoghan), *dachaidh* 19 (dhachaigh).

bh ← *mh*: *riabh* 30 (a-riamh); *dh* ← *mh*: *deanadh* 34 (dèanamh); *th* ← *mh*: *cotharaicht'* 32 (comharraichte).

bh ← *th*: *probhaid* 67 (prothaid); *dh* ← *th*: *biadhadh* 62 (biathadh), *fidheach* 25 (fitheach), *ruidh* 24 (ruith); *gh* ← *th*: *paghadh* 86 (pathadh), *dùgh* 21 (dùth).

Gheibhear *sc* an àite *sg* ann am *bascaidean* 77 (.i. basgaidean); agus *sd* an àite *st* ann an *a rithisd* 69 (.i. a-rithist), *aosda* 19, *asda* (3 iol.) 52, *blasda* 78, *ceisde* (gin.) 80, *cneasda* 69, *cosdaidh* 68, *éisd* 70, *fèisd* 76, *fhathasd* 31, *furasd* 61, *gasda* 68, *misde* 93, *tasdain* 37 agus *sdiùras* 19.

Nochdaidh cuid de dh'fhacail agus connragan singilte annta far am biodh connragan dùbailte na bu dualtaiche an-diugh: *anbarach* 32 (anbarrach), *caint* 30 (cainnt), *comun* 75 (comann), *cumhan* 40 (cumhann), *deuchaineach* 41 (deuchainneach), *feadhain* 41 (feadhainn), *freagarach* 28 (freagarrach), *nàdurach* 63 (nàdarrach), *gàradh* 69 (gàrradh), *nighin* 33 (nighinn), *tighin* 39 (tighinn), *fallain* 39 (fallainn); agus air an t-seòl eile: *ballach* 60 (balach), *botull* 84 (botal), *darra* 50 (dara), *dìllsean* 34 (dìslean), *ni-eiginn* 31 (nitheigin), *tadhall* 24 (tadhal).

Leigear a' chonnrag dheiridh às ann an *rogha* 39 (.i. roghadh), *tagha* 39, *fasga* 19, *tuille* 39, *ioma* 40, *iomadai* 40, *fa dheire* 72; agus *dlù* 19 (.i. dlùth), *tlà* 45, *trà* 22.

*   *   *

Clàr Ainmean nan Aite is nan Daoine

Tillidh na h-àireamhan gu na h-earrannan shuas.

*   *   *

Clàr nan Cuspair

Tillidh na h-àireamhan gu na h-earrannan shuas.